D1698267

Um keinen Preis verkaufen

AMANDA PETRUSICH

Um keinen Preis verkaufen

*Die wilde Jagd nach den rarsten 78ern und
die Suche nach der Seele Amerikas*

Aus dem Englischen von Robin Detje

Mit einem Vorwort von Christoph Dallach und
einem Essay über das Sammeln von Andreas Maier

 Matthes & Seitz Berlin

VORWORT

Vor einigen Jahren entdeckte ich in Stockholm eine Platte, von der ich bis dahin nicht mal wusste, dass es sie überhaupt gibt, aber sofort beschloss, dass ich sie haben musste. In einem schummrigen Laden, in den man nur eingelassen wurde, wenn man an einer nicht weiter gekennzeichneten Tür klingelte, hing sie in einer Galerie von Vinyl-Kostbarkeiten hinter der Kasse an der Wand. Bis zu jenem Tag hätte ich meine Plattensammlung darauf verwettet, dass mein umfangreicher Bestand an Lee-Hazlewood-Tonträgern vollständig sei – ein Irrtum. Ich hatte die Rechnung ohne Schweden gemacht. Denn Hazlewood, der kauzige amerikanische Songwriter, Produzent und Musiker – Autor des Nancy-Sinatra-Welthits »These Boots Are Made for Walkin'« – hatte sich in den Siebzigern aus Los Angeles nach Stockholm abgesetzt, wo er zehn Jahre lang blieb, und allerlei Platten einspielte, die nur in winzigen Auflagen veröffentlicht wurden. Ich war mir dennoch sicher, alle davon aufgespürt zu haben, sogar die Single mit dem schwedischen Kinderchor. Aber da stand es nun, dieses seltsame, nie gesehene Hazlewood-Album, ein Soundtrack für einen schwedischen TV-Film, der selbstverständlich nur in Schweden veröffentlicht worden war. Vermutlich in aberwitzig kleiner Auflage, aber wer weiß das schon genau.

Ob ich das kostbare Artefakt mal näher betrachten dürfe und was es denn überhaupt kosten solle, fragte ich den Verkäufer, der mich, seit ich den Laden betreten hatte, so skeptisch musterte, als wäre ich in seine Wohnung eingestiegen. Ich war ungeduldig, hatte nur wenige Stunden Aufenthalt, musste zu einem Termin und danach umgehend zurück zum Flughafen. Zeit für Plattenläden hatte ich nicht, nahm sie mir allerdings gegen jede Vernunft. In der Vergangenheit hatte ich deshalb schon Flüge verpasst. Dummerweise machte der Verkäufer keine Anstalten, mir die Platte zu reichen. Ob ich denn überhaupt wisse, wer genau Lee

Hazlewood gewesen sei, wollte er stattdessen wissen, und ob mir klar sei, dass der mal um die Ecke gewohnt habe? Damit begann eine zeitintensive Befragung zu Leben und Werk von Lee Hazlewood, deren Resultat der Plattenverkäufer ganz offensichtlich als Voraussetzung sah, für das Privileg dieses Objekt der Begierde bei ihm erwerben zu dürfen. Nachdem ich alle Fragen zu seiner Zufriedenheit beantwortet hatte, drehte er sich um, nahm die Platte vorsichtig von der Wand und überreichte sie mir, als wären es die britischen Kronjuwelen. Es sei das zweite Exemplar, das er jemals zu Gesicht bekommen habe, ermahnte er mich – das erste hatte selbstverständlich in seiner Sammlung eine Heimat gefunden. Der Preis war kühn und die Zeit mittlerweile zu knapp für eine Entscheidung. Ich erbat Bedenkzeit, spielte in Gedanken Flugumbuchungen und Hotelkosten durch und machte mich auf den Weg zu meinem Termin.

Die Jagd nach raren Tonträgern bewegt sich auf einem schmalen Grat zwischen Euphorie und Wahnsinn. Und vermutlich haben sowieso alle, die sammeln, einen Knall. (In diesem Buch wird sogar verhandelt, ob diese Besessenheit als medizinische Krankheit durchgeht). Allerdings führt dieser ausgelebte Irrsinn auch immer wieder zu Glücksmomenten der besonderen Art. Im digitalen Zeitalter, in dem jeder noch so abseitige Song als Stream nur einen Internet-Klick entfernt zu sein scheint, muss jemand schon von allen guten Geistern verlassen sein, um sich analoge Tonträger, die jeden Umzug zur Hölle machen, massenhaft ins Regal zu stellen. Musik zu streamen ist eben ein Beleg seriöser erwachsener Vernunft und Abgeklärtheit. Aber darum geht es glücklicherweise nicht immer.

Die US-amerikanische Autorin Amanda Petrusich hat über dieses Buch mal gesagt, dass es von Irrsinn, Zeit, Musik und Liebe handele, was allein schon großartig klingt. Aber es geht auch um so viel mehr, darum wie eine junge Nation, die Vereinigten Staaten von Amerika, zu sich findet und um das Erwachen einer Industrie, die die Welt elektrisieren sollte und letztlich um die Ursprünge von Musik, die bis in die Gegenwart für Aufsehen sorgt. Für all das hat sich Petrusich auf eine Spurensuche der besonderen Art begeben und Tonträgern nachgespürt, die so aberwitzig rar sind, dass bei vielen gar nicht klar ist, ob sie überhaupt noch existieren – oder längst für alle Zeiten verloren sind. Die Rede ist von Schellackplatten aus der ersten Hälfte des vergangenen Jahrhunderts, fragilen Artefakten von enormer historischer Bedeutung. Dabei hatte die Autorin ursprünglich nur für eine Geschichte über die Wiederauferstehung von Vinylplatten recherchiert und war dabei zufällig auf die besonders exotische Spezies der Schellackplattensammler gestoßen, Paradiesvögel, die jeden noch so verrückten Vinylplattensammler als grundvernünftigen Menschen dastehen lassen. Aber es sind eben diese faszinierenden Eigenbrötler, die Petrusichs Buch zu einem Vergnügen machen. Was auch daran liegt, dass sie sich mit keinem Wort über die wunderlichen Kerle amüsiert, sondern ihnen stets mit Respekt begegnet. Eigentlich ein Wunder, da nicht wenige von ihnen behaupten, die Musik der vergangenen achtzig Jahre würde nichts taugen. Also eben alles was nicht auf Schellack gepresst wurde. Und, dass die Autorin sich überwiegend allein unter diesen, nun ja, seltsamen Männern bewegt, beeindruckt sie auch nicht weiter. Sie besucht Sammler deren Gehör so fein ist, dass sie den Herzschlag vom Hund im Nebenraum wahrnehmen, durchstöbert in klebrig heißen Nächten Trödelmärkte am Rande der Zivilisation und lernt sogar Tauchen, nur um dann im Schlamm von Flussbetten nach Tonträgern aus der Frühzeit der Musikindustrie zu wühlen. So weit, so schrill. Aber selbstverständlich geht es um mehr als um Abenteuer mit kauzigen Kerlen, denn letztlich lotet die Autorin nebenher auch eine Geschichte der USA aus. Als die Musikindustrie zu Beginn des vergangenen Jahrhunderts nämlich erstmals in Fahrt kam, waren die jungen Vereinigten Staaten von Amerika noch damit beschäftigt, zu erkunden, was sie eigentlich ausmacht.

Musik spielt in dieser Selbstfindung der USA eine besondere Rolle. Jazz und Blues definierten zu Beginn des 20. Jahrhunderts einen ureigenen amerikanischen Sound, dessen in Schellack gepressten Wurzeln Petrusich nachspürt. Songs, die in Städten und auf dem Land gesungen wurden, in den Nordstaaten sowie in den Südstaaten. Es war dann auch ein Amerikaner – Thomas Alva Edison –, der 1877 einen »Phonograph« zum Patent anmeldete, eine revolutionäre Maschine, mit der Töne aufgenommen und abgespielt werden konnten.

Der von Hannover in die USA übergesiedelte Emil Berliner legte dann einige Jahre später den Plattenspieler und eben Schallplatten nach, was eine Revolution auslöste und zu einer Welt passte, die sich zu Beginn des 20. Jahrhunderts zunehmend technisierte; das Licht wurde elektrisch, Telefone, Aufzüge und Automobile beschleunigten das Leben. In den USA wuchsen die Metropolen rasant, Immigranten drängten ins Land, dazu kamen Millionen schwarzer Menschen aus den Südstaaten, die auf dem Weg in ein besseres Leben in die Nordstaaten umzogen. Es war also viel in Bewegung in den USA, und alle, egal ob sie aus Neapel oder Berlin oder Memphis kamen, hatten ihre Kultur im Gepäck. In den sogenannten »Roaring Twenties« mischte sich das zu einer wilden, euphorischen Collage für ein immer größeres Publikum. Frauen, damals »Flappers« genannt, trugen kurze Haare und noch kürzere Röcke, rauchten und tanzten die Nächte durch. Als »Jazz Age« wurde diese Ära berühmt, ein Begriff den auch der Schriftsteller F. Scott Fitzgerald bekannt machte. Irgendwann wurde die Musik dazu auf Schellack gepresst, manche Songs zu Bestsellern, die Sänger zu Stars und die Betreiber der ersten Plattenfirmen steinreich.

Weil Moden rasant sind und Stars vergänglich, machten sich damals die ersten Musikproduzenten auf die Suche nach Nachschub für die junge hungrige Musikindustrie. Ursprünglich war Klassik der umsatzstärkste Schellack-Renner, aber nach und nach setzten sich neue, zeitgemäße und vor allem US-amerikanische

Klänge durch: Blues und Jazz. Musik, die zum Soundtrack der USA werden sollte. Und als die Metropolen auf der Suche nach Nachschub abgegrast waren, reisten Musikexperten mit mobilen Aufnahmegeräten immer tiefer in die Provinz, um frische Talente und neue Hits aufzuspüren. So fanden sie Unmengen an Zufallskünstler:innen, die oft nur eine einzige Aufnahme in ihrem Leben machten, und deren Tonträger nur in winzigen Auflagen produziert wurden, bevor sie im Trubel jener Jahre auf Nimmerwiedersehen verschwanden. Es waren Wanderarbeiter oder Baumwollpflückerinnen, die unter falschen Namen vor die Aufnahmemaschinen traten, keine Bilder hinterließen und Songs aufführten, die immer noch umwerfend klingen. Platten im Zehn-Zoll-Format auf Schellack gepresst und auf 78 Umdrehungen die Minute abgespielt, dynamisches Knistern inklusive. Songs von »Delta Blues«-Legenden wie Charlie Patton, Son House, Blind Joe Reynolds und Robert Johnson wurden so für die staunende Nachwelt verewigt. Meist wurden die Nummern ohne jeglichen Aufwand, sozusagen im Vorbeigehen eingespielt. So entstanden verblüffende Geniestreiche aus dem Zauber des Augenblicks heraus. Um längerfristige Karrieren ging es nie, was die Sache nur noch aufregender machte. In diesem Jahrtausend gelten viele dieser Zufallskünstler:innen als mythenumrankte Phantome der amerikanischen Musikgeschichte. Zum Beispiel Robert Johnson, der in der Rock 'n' Roll Hall of Fame als der »erste Rock Star überhaupt« geehrt wurde, von dem aber bis in die Achtzigerjahre kein einziges Foto bekannt war. Stattdessen hält sich hartnäckig die Legende, dass er einen Pakt mit dem Teufel geschlossen habe: »Die Sache mit Robert Johnson ist, dass er nur auf seinen Schallplatten existiert. Er ist eine pure Legende«, brachte es der amerikanische Regisseur Martin Scorsese, ein Spezialist für Legendäres, mal auf den Punkt.

Was die Spuren dieser Musiker noch weiter vernebelte, war, dass ihre Werke schnell wieder vergessen waren. Denn auf die

Geburt der amerikanischen Musikindustrie folgte ziemlich bald die erste große Krise. Mit der Erfindung des Radios, verstärkt durch eine Weltwirtschaftskrise, lösten sich die Umsätze von Schallplatten und Schallplattenspielern in den Dreißigerjahren überwiegend in Wohlgefallen auf. Und da Tonträger damals als verzichtbare Gebrauchsgegenstände galten, landeten sie in Kellern, auf Dachböden oder gleich auf dem Müll. Sie wurden entsorgt, entrümpelt und vergessen. Obendrein sind Schellackplatten fragile Objekte, lässt man sie fallen, zerspringen sie, und weil sie ohnehin nicht mit großer Sorgfalt bedacht wurden, waren viele von ihnen schnell nicht mehr abspielbar. Und so hätte diese Geschichte zu Ende gehen können. Es waren die ersten Plattensammler, die diesen kulturellen Schatz vor dem Vergessen bewahrten.

In den Vierziger- und Fünfzigerjahren begannen vereinzelt Liebhaber mit detektivischer Akribie gezielt Schellackplatten zu bergen, zu archivieren und zu bewerten. So entstand erstmals ein Bild dieser versunkenen Liedkunst und eine Ahnung davon, wie wichtig und prägend diese Musik in der ersten Hälfte des 20. Jahrhunderts war und noch immer ist. Expert:innen machten sich erstmals ein Bild von der Herkunft des Blues, Jazz und Country, wie alles zusammenhängen könnte und was das einst für Leben und Gesellschaft bedeutete. Insbesondere die Arbeit des Sammlers Harry Smith gilt als bahnbrechend. Der 1923 in Portland geborene Exzentriker und Universalgelehrte sammelte neben handbemalten Ostereiern aus der Ukraine, Papierschwalben und Steinen, die wie Hamburger geformt waren, auch als einer der ersten Schellackplatten. Aber er hortete sie nicht nur, sondern analysierte und ordnete die von der Zeit überholten Artefakte. Bei dem Label Folkways Records erschien 1952 seine legendäre »Anthology of American Folk Music« mit 84 historischen Songs aus seiner Sammlung. Die Folk-, Blues- und Country-Songs von Künstlern wie der Carter Family, Blind Lemon Jefferson, Mississippi John Hurt oder Sleepy John Estes machten deutlich, was für aufregende Musik es in den USA vor dem Zweiten Weltkrieg gegeben hatte und legten den Grundstein für das amerikanische Folk-Revival der Sechzigerjahre Bob Dylan, Joan Baez, Peter Paul and Mary oder Grateful Deads Jerry Garcia bezogen sich explizit auf Harry Smith. Seitdem haben diese mythenumrankten Songs Klassikerstatus. Und ihre Faszination hält bis in dieses Jahrtausend an. Jack White, ein Super-Fan der Schellack-Kultur, der mit The White Stripes berühmt wurde, legte viele der historischen alten 78er-Schellack-Aufnahmen auf seinem eigenen Label neu auf. Tom Waits, ebenfalls ein großer Schellack-Liebhaber, veröffentlichte Singles, die nur auf 78 Umdrehungen abzuspielen waren.

Wer Amanda Petrusichs Buch gelesen hat, läuft Gefahr ebenfalls von einer gewaltigen Sehnsucht nach alten knisternden Platten gepackt zu werden. Zum Glück muss man dafür keine abenteuerlichen Expeditionen auf sich nehmen, sondern kann sie entspannt streamen. Was dennoch ein Frevel ist, weil der wahre Zauber darin besteht, diesen Kunstwerken auf Schellack zu lauschen. Allerdings wird genauso klar, dass dieses Vergnügen nur wenigen Liebhabern vorbehalten ist.

Überhaupt ist der Zauber, rare Tonträger aufzuspüren, ungebrochen. Selbstverständlich bin ich damals auch mit der raren Lee-Hazlewood-Platte im Gepäck aus Stockholm zurückgekehrt. Dass die Platte nicht besonders gut ist, ist letztlich auch egal. Unverkäuflich ist sie trotzdem!

Christoph Dallach

Um keinen Preis verkaufen

Für meine Eltern,
John und Linda Petrusich

Vor der Musik habe ich nur immer die eine
Empfindung: mir fehlt etwas. Nie werde ich
den Grund dieser sanften Traurigkeit erfahren,
nie darnach forschen wollen. Ich wünsche es nicht
zu wissen. Ich wünsche nicht alles zu wissen.

Robert Walser, *Das Beste, was ich
über Musik zu sagen weiss.*

Eine Anmutung von Verelendung und erschöpfter Humanität

Musikkritik, die Kultur des 78er-Plattensammelns,
Jean Baudrillard, Mundatmung,
der Reiz der Dinge

Als Kind war ich ziemlich brav, mit einer rebellischen Ader. Den längsten Teil meiner Adoleszenz hörte ich auf meinem Plastik-Walkman Punk, und wie viele andere junge Musikfans definierte ich mich über meine Plattensammlung (in meinem Fall eine mit Stickern gepflasterte Kiste gerammelt voll mit Kassetten). Mein Erwachsenwerden fiel mit dem Höhepunkt des Grunge zusammen, also bildete ich meine Identität über Doc Martens, bunte Haare und Holzfällerhemden aus dem Schrank meines Vaters. Später war mein Umgang mit Musik komplexer und weniger instinkthaft, aber sie blieb mein wichtigster Weg des Selbstausdrucks: Ich war, was ich hörte, und zwar immer – und irgendwann baute ich diese Wahnvorstellung zu so etwas wie einer Karriere als Musikkritikerin aus.

Die feinste Vergünstigung des professionellen Musikkritikerwesens – und möglicherweise die einzige, das ist kein besonders glamouröser Job – sind die Stapel von Luftpolsterumschlägen, die einem regelmäßig den Briefkasten verstopfen, mit CDs kommender Releases, die von den Labels, Pressemenschen oder den Künstler:innen selbst massenweise verschifft werden. Ein wackeliger Turm aus Plastik, der einem mal als Verhängnis, mal als Chance erscheint, und managen lässt sich die Materialflut (auf ihrem Höhepunkt musste ich pro Woche sechzig bis siebzig CDs auspacken) auch nicht so leicht. Immer wenn ich die Stadt verlasse, brauche ich Freunde, die meinen Briefkasten leeren – auch wenn es nur ein paar Tage sind –, auf dass nicht ein Wust von Versandtaschen das ganze Viertel über meine Abwesenheit in Kenntnis setzt. Und da ich unmöglich alle CDs unterbringen kann, die bei mir landen, muss ich immer wieder neue Wege finden, Alben loszuwerden, die mir nicht gefallen, über die ich nicht schreiben kann oder die ich mir aus Zeitmangel nicht anhören konnte. Umsonst an Platten zu kommen, das kam einem wenigstens früher ein bisschen wie ein Hauptgewinn vor. Heutzutage können sich auch Musikliebhaber:innen ohne kritische Ansprüche dieses Gefühl der Übersättigung verschaffen, sofort und umsonst. Wer einen Computer hat und sich im Internet ein bisschen zurechtfindet, kann sich schon Wochen vor dem Erscheinungsdatum geleakte Versionen neuer Platten besorgen. In der Zeit, in der man sich ein Käsesandwich warm macht und snackt, lässt sich heute Unveröffentlichtes aufspüren, besorgen und beurteilen.

Über Gratis-Promomaterial zu jammern, ist natürlich absurd, aber irgendwann fing der ganze Vorgang an, meine Vorstellung davon zu verzerren, wie Musik aussah und wie man sie bewerten sollte. Die Behauptung, die freie Verfügbarkeit ganz oder beinahe kostenloser Musik – und die gleichzeitige Umstellung von Musik als Objekt auf Musik als Code – hätte unser Verhältnis zum Sound gnadenlos verändert, ist eine Vereinfachung, und ich glaube nicht wirklich, dass die Beschaffenheit der emotionalen Schaltkreise, die uns befähigen, Musik zu lieben und uns nach ihr zu sehnen, davon abhängt, wie sie sich anfühlt, wenn wir sie in die Hand nehmen. Aber ich glaube sehr wohl, dass die Art, auf die wir uns Kunst zugänglich machen, zumindest teilweise die Art bestimmt, auf die sie uns schließlich zu eigen wird.

Für mich hatten die neuen Marketingzyklen und die endlosen Geschenke aus dem Netz etwas Toxisches bekommen, und das nicht, weil mich Nostalgie nach CDs gepackt hätte, dem wichtigsten Tonträger meiner Lebenszeit, oder weil ich das Musikbusiness von früher für ein Musterbeispiel an Effizienz gehalten hätte. Sondern weil mir das alles zum ersten Mal im Leben egal war.

Das erste Jahrzehnt des einundzwanzigsten Jahrhunderts gilt Musikfans als verwirrende Periode. Von den althergebrachten Ritualen des Musikkonsums war im Jahr 2005 fast nichts mehr übrig: Musikbeschaffung und -genuss waren plötzlich zu einem einsamen Unternehmen geworden, für das man viele dünne weiße Kabel entwirren musste. Das Stöbern in Plattenläden fehlte mir wie vielen anderen auch – das Kaufen von Platten nur nach dem Cover, das Fachsimpeln mit bebrillten Verkäufern in Joy-Division-T-Shirts. Ich konnte das alles immer noch tun, aber es kam mir plötzlich wie eine Pose vor: Da bin ich! Platten kaufen!

Außerdem fehlte mir das Schmachten nach etwas. Mir fehlte die Ekstase der Beschaffung. (Sieben Wochen hatte es mich im Jahr 1993 gekostet, ein Exemplar von *Where You Been* von Dinosaur Jr. aufzutreiben, und die nächsten sieben Wochen hatte ich dann damit verbracht, jedes kaputte Riff auswendig zu lernen.) Es fehlte mir, wirklich in Musik zu investieren und alles, was ich an Zeit, Geld und Herzblut hatte, in die Jagd zu legen. Ich besaß Gratis-CDs, illegale MP3-Downloads und anständig erworbene LPs, aber solange ich nicht dafür bezahlt wurde, mir mein professionelles Urteil zu bilden, hörte ich nur drei, sieben oder neun Minuten in alles rein, dann kam das Nächste. Ich war überfordert, ohne mit dem Herzen dabei zu sein. Es gab Tage, da kam mir Musik vor wie ein hinterhältiges postmodernes Experiment, vom

Diskurs überlagert, und ihr Kunstgehalt wurde nur noch nach der Masse an Geplapper bemessen, das sie auslöste. Das Schreiben und Veröffentlichen erschien mir unnütz, als würde man einer Bulldogge ein penibel zubereitetes Schweinskotelett zuwerfen und ihr zusehen, wie sie es hinunterschlang, wieder auskotzte und sich sofort über etwas anderes hermachte.

Genau zu dieser Zeit – im Herbst 2007, auf dem Höhepunkt meiner Ernüchterung – begegnete mir John Heneghan. Ich recherchierte für *Spin* eine Story über die Rückkehr des Vinyls und löcherte Mike Lupica, damals DJ und Leiter der WFMU Record Fair, nach den Namen von ein paar prominenten Sammlern, die bereit sein könnten, über die relative Bedeutungslosigkeit digitaler Musik zu sprechen – offiziell und mit namentlicher Nennung. Ich war auf einen radikalen Gegenschlag aus.

Unter Vorbehalt schob Lupica mir die Nummer von Heneghan über den Tisch: »Diese 78er-Typen sind wirklich *extrem*.«

Vinyl hatte im vergangenen Jahrzehnt eine begrüßenswerte und triumphale Renaissance erlebt. Die Platten mit 78 rpm aber – dicke Scheiben aus Schellack mit zehn Zoll Durchmesser und zwei Songs, entwickelt um die Wende zum zwanzigsten Jahrhundert, die Urversion der Schallplatte, wie wir sie heute kennen – gelten immer noch als archaische Kuriosität. Weil das öffentliche Interesse an diesem Format so gering ist, lässt sich selbst ein Abspielgerät dafür nur schwer auftreiben. Die Rillen einer 78er sind bis zu fünfmal so breit wie die einer modernen LP, deshalb wird neben einem Antrieb mit 78 Umdrehungen pro Minute – und nicht wie üblich 33⅓ oder 45 – auch eine andere Art Nadel benötigt. Selbst die glühendsten Vinyl-Fans lassen einen Stapel Schellack lieber links liegen, weil es zu mühsam ist, die 78er abgespielt zu bekommen. Das ist kein Medium für Amateure.

Dass 78er-Fanatiker Teil einer hochenergetischen, sportlichen und abgeschotteten Subkultur mit eigenen Regeln und Wertvorstellungen sind, wusste ich bereits – ein schräger Männerbund (es sind fast immer Männer), besessen von einer aus der Zeit gefallenen Technologie und den akustischen Genüssen, die sie ihnen bietet. Weil 78er erstaunlich zerbrechlich sind und oft nur in sehr kleiner Auflage gepresst wurden, sind sie nur begrenzt verfügbar, und wenn man nach einem begehrten Exemplar sucht, benötigt man dafür erstaunlich viel Zeit und Kraft. Die manische Jagd nach rarem Schellack kann einem vorkommen wie eine märchenhafte Schatz- oder Gralssuche – die komplizierte, mehrgleisige Fahndung nach einer Beute, die es vielleicht gab, vielleicht aber auch nicht.

Außerdem war mir klar, dass das Sammeln an sich etwas für Nerds war, etwas, das nie cool sein würde. Wenn es für Coolness den einen isolierbaren Signifikanten gibt, dann ist es der Anschein des Desinteresses. Wer ernstlich 78er sammeln will, muss all das aufgeben: Man muss zugeben, dass man wirklich etwas will. Und so sind 78er-Sammler in der Popkultur so etwas wie ein Tropus, genau wie die Männer, die in Comicläden arbeiten. Es gibt einen wenig schmeichelhaften Stereotyp für sie: Wir denken uns einen Mann in den mittleren Jahren mit Halbglatze, schüchtern und unbeholfen, etwas dicklich oder unangenehm dürr, der im Keller haust, durch den Mund atmet und fleckige Shorts trägt. So ist es natürlich oft – sogar meistens – nicht. Die meisten Sammler haben anspruchsvolle Vollzeitjobs, langjährige Liebesbeziehungen, ein erfülltes Sozialleben und ordentliche Klamotten im Schrank. Wenn man die richtigen Fragen stellt und nichts anfasst, können sie charmant sein, lustig, sogar lieb. (Schlimmstenfalls sind sie nostalgisch, eine Geisteshaltung, die in den vergangenen Jahren geradezu ihren eigenen Zeitgeist hervorgebracht hat.) Aber der Wildwuchs von Reality Shows wie *Hoarders* – oder sogar *American Pickers* mit den liebenswerten Antiquitätenkäufern, die durch mit altem Zeug überladene Keller und Dachböden kriechen – hat den Ruf des Sammelns nicht verbessert. In unseren Zeiten des Überflusses ist Minimalismus zum Prädikat geworden.

Seltsamerweise musste ich erfahren, dass die meisten 78er-Sammler selbst Minimalisten sind. Sie haben bei der Auswahl der Platten, die sie sich ins Haus holen, viel strengere Regeln als ich. Ich habe zum Beispiel *Cat Scratch Fever* in meine Sammlung aufgenommen, weil ich wusste, dass ich das Cover gern an überraschenden Orten in der Wohnung aufstellen würde – in der Dusche, auf dem Medizinschrank –, um arglose Besucher:innen immer wieder mit der schaurigen Riesenfratze von Ted Nugent zu erschrecken. Es stört mich nicht, dass ich das schreckliche Spätwerk von Waylon Jennings und zwei identische Exemplare von *Crooked Rain, Crooked Rain* von Pavement besitze, obwohl sie wertvollen Platz einnehmen. Wahrscheinlich werde ich Platten in meine Regale stopfen, bis alles zusammenkracht.

Aber versuchen Sie mal, einem 78er-Sammler ein banales oder besonders weit verbreitetes Exemplar für seine Sammlung anzubieten – sagen wir »Yes! We Have No Bananas«. Er wird Sie so finster anblicken, als hätten Sie versucht, ihm das Gesicht mit einer Gabel zu entstellen.

So wie wir über den kleinsten Details unserer Facebook-Profile und den Inhalt unserer Kleiderschränke schwitzen, personalisieren Sammler ihre Identität über die Anordnung von Dingen. »Es ist unweigerlich man selbst, den man sammelt«, schreibt der französische Soziologe und Philosoph Jean Baudrillard in seinem Essay »The System of Collecting« aus dem Jahr 1968. Für Baudrillard ist die Sammlung in all ihren Teilen ein komplexer und facettenreicher Selbstausdruck, und der Wert jedes einzelnen Sammlerstücks wird dadurch bestimmt, wie es die nebenstehenden ergänzt und mit ihnen interagiert. Fehlt ein bestimmtes Teil aus der Sammlung, fehlt auch ein Teil des Sammlers. Wer würde da nicht Jagd auf eine verlorene Besonderheit machen, als würde das Leben davon abhängen?

Baudrillard meint außerdem, Sammler widmeten ihre Energie lieber ihrer Sammlung als anderen Menschen (das ist einfacher, sauberer und weniger verhandlungsintensiv), was das Sammeln unweigerlich zu einer selbstsüchtigen, ichbesessenen Betätigung erklärt. »Und so erscheint das Objekt als idealer Spiegel: Denn die Bilder, die in ihm widerscheinen, folgen aufeinander, ohne einander zu widersprechen ... weshalb man in Objekte alles investiert, was in menschliche Beziehungen zu investieren einem unmöglich erscheint«, schreibt er. (Weiter unten geht er so weit, die Sammlung mit einem »Harem« zu vergleichen, und den Sammler mit dem »Sultan eines geheimen Serails.«) Letztlich findet Baudrillard das Sammlertum pathologisch und gefährlich. Er schließt seinen Essay mit einer kalten kleinen Spitze: »Er, der da sammelt, kann eine Anmutung von Verelendung und erschöpfter Humanität nie ganz abschütteln.«

Zumindest in Bezug darauf, wie sonderlich und abgeschirmt 78er-Sammler sein können, hatte Baudrillard Recht. Sie verstehen ihr Tun als etwas immens Zerbrechliches. Nur wenige Auserwählte sind in der Lage, den Wert von Inhalt oder Zustand einer bestimmten 78er einzuschätzen. Diese Exklusivität schottet ihre ökonomische Nische ab und sichert gleichzeitig deren Bestehen. Der Wert ist in deren Gleichung relativ, also muss die Nachfrage unbedingt klein gehalten werden, denn das Angebot hat die Eigenheit, sich nicht aufstocken zu lassen. Es gibt sogar eine diffuse Angst, das Sammeln seltener Schallplatten könnte sich entwickeln wie das bildender Kunst – zu einer Verpflichtung des Geldadels, für den es bei Kunstgenuss mehr um Status geht als um Leidenschaft oder gar Verständnis. Sammler lässt diese Möglichkeit verständlicherweise schaudern, auch wenn sie wohl kaum Wirklichkeit werden wird, vor allem weil es nicht mehr genug Platten gibt und die Sammler, in deren Besitz sie sind, sie vermutlich nie verkaufen werden. Die ambivalente Haltung der Öffentlichkeit ist für die Sammler für den Augenblick sowohl Ursache nagenden Zorns – *Warum interessiert das sonst keinen?* – als auch Stütze des ganzen Gewerbes. Und außerdem ein Quell des Stolzes, denn sie stärkt ihr Gefühl, Außenseiter und Underdogs zu sein.

Und so können Fragen zur Informationsgewinnung, die für Laien relativ harmlos klingen würden, höchstens ein bisschen aufdringlich (Woher haben Sie die Platte? Was hat sie gekostet? Wie viel ist sie wert? Wie haben Sie von ihr erfahren?), einen 78er-Sammler tief beleidigen. Anfangs war mein dahingeplaudertes Interesse an den Feinheiten des Sammlertums eher reporterinnenhaft geschäftsmäßig: Ich wollte, dass die Sammler mir ihren Antrieb und ihre Methodologie verrieten, um ihre Arbeit sodann zu zergliedern und grandiose Aussagen zum Stand unserer Kultur daraus zu entwickeln. Die Sammler verzogen die Gesichter, schnaubten oder erklärten, ich solle mich verpissen. Sie weigerten sich regelmäßig, offenzulegen, welche Platten sie suchten, welche sie in letzter Zeit aufgestöbert hatten, welches die seltenste Platte ihrer Sammlung war (obwohl sie manchmal irgendein Quatschexemplar herauszogen und versuchten, es mir als grandios zu verkaufen), wo sie nach Platten suchten, wer welche Platten besaß, wie viele Exemplare einer bestimmten Pressung existierten oder wie viel sie bereit wären, dafür zu bezahlen. Sie waren überzeugt, dass sich für 78er schon zu viele Menschen interessierten. Deshalb fühlte ein Interview mit einem 78er-Fanatiker sich manchmal wie ein Boxkampf an: tänzeln, antäuschen, ausweichen. Warten, bis sie müde werden, warten auf den einen guten Treffer.

Worauf ich gehofft hatte, anfangs zumindest, war, die Story einer merkwürdigen missverstandenen Gemeinde erzählen zu können: Warum die Arbeit der Sammler so viel bedeutete, was alles von ihr abhing, wie sie vor sich ging. Aber nach einer Weile entzogen sie sich mir mit gutem Recht: Irgendwann wollte ich auch, was sie wollten.

Wie jeder Mensch, der je einen sonnigen Sonntagvormittag lang auf einer fremden Auffahrt Kisten voller alter LPs durchgegangen ist (vorsichtig die Vinyl-Scheibe aus der welligen Hülle gezogen und den Nasse-Hunde-Muff des fleckigen Pappcovers erschnuppert, mit zusammengekniffenen Augen nach Kratzern gesucht hat), kannte ich den Rausch der Entdeckerfreude. Ich war für den Reiz der Dinge nicht unempfänglich. Als Kind hatte ich die Taschenbuchausgabe des *Baby-Sitters Club* nach Erscheinungsdatum aufgereiht und stundenlang davorgesessen, die Buchrücken angestarrt und mit dem Finger die Titel abgefahren, fasziniert von diesem Ordnungssystem. Meine Sammlungen schenkten mir ein Gefühl der Sicherheit und Konzentration; sie gaben meinem Leben Sinn und Form. Das tun sie immer noch: Meine Wohnung ist voller Krimskrams, schwankenden Bücher- und Plattenstapeln; es gibt ein eigenes Regal für Globusse und eine Dose voller antiker Hochzeitstorten-Aufsätze (nur die Bräutigam-Figuren). Wenn es gut läuft, fühlt sich sogar das Schreiben an wie eine Art des Sammelns – man rafft Worte, Bilder und Ideen zusammen, arrangiert sie um, bis man die richtige Ordnung gefunden hat.

Vor allem aber kam mir das 78er-Sammeln klein und individuell vor – ein Gegengift zur Sintflut des 21. Jahrhunderts. Je mehr Zeit ich mit Sammlern verbrachte, desto öfter fiel mir ein Satz des Reiseschriftstellers Jonathan Raban wieder ein, in Bezug auf den ewig aufgewühlten Mississippi und die Menschen, die an seinen Ufern leben: *Auch ich trage das in mir. Ich weiß, wie sich das anfühlt.*

EINS

Die gehört jetzt mir, ich war vor dir da

John Heneghan, »Devil Got My Woman«,
Träume, analoges Playback, »Davey Crockett«,
Um keinen Preis verkaufen

In John Heneghans Wohnzimmer im New Yorker East Village verstauben stapelweise US-amerikanische Artefakte: Antiquitäten, kitschige Taschenbücher, eine *Beverly Hills, 90210*-Federmappe mit passendem Lineal und Radiergummi. Alles steht voller Sammlerstücke; aus allen erreichbaren Kleiderschränken quillt Vintage-Kleidung, sorgsam ausgewählt von Heneghans aparter Freundin und Mitbewohnerin Eden Brower. Ich saß mit im Schoß gefalteten Händen auf dem Sofa und sog den Geruch nach Altem ein. Zwei launische Hauskatzen, beide von der Straße, sprangen in Pappkartons und flitzten wieder heraus, mit großen Augen und misstrauischem Blick.

An der hinteren Wand stapelten sich sechzehn offene Holzwürfel. Jeder enthielt ungefähr einhundert 78er-Schellackplatten, von denen die meisten vor 1935 aufgenommen worden waren, nach Genres wie Hillbilly, Blues, Hawaiianisch und Comedy sortiert und alphabetisch nach Musikern geordnet. Jede Abteilung war hübsch ordentlich beschriftet. Die einzelnen 78er steckten in nackten Packpapier-Hüllen. Die Präsentation war makellos. Ich fragte Heneghan, ob er je in seinem Wohnzimmer saß und seine Plattensammlung betrachtete, fasziniert von jeder einzelnen untadeligen Reihe? »Andauernd«, antwortete er.

Wer heute lebt, ist in der Ära der Klangkonserve aufgewachsen, und deshalb ist es für uns alle außerordentlich schwer, uns vorzustellen, wie es gewesen sein mag, als man Musik nicht nach Belieben hören konnte. Die 78rpm-Schellackplatte wurde in den Neunzigerjahren des neunzehnten Jahrhunderts eingeführt, ungefähr zehn Jahre nachdem Thomas Edison seinen Phonographen entwickelt und die menschliche Vorstellung von »Klang« revolutioniert hatte. Ursprünglich spielte Edisons Phonograph Zylinder ab - kleine Röhren, nicht einmal so groß wie eine Suppendose, aus Metall (später dann aus Wachs und schließlich aus hartem Schellack), die in Pappbehältern gelagert und mit einer Blechfolie überzogen waren. Mit Nadeln wurden Klang-Umschriften in diese Folie geritzt, die der Phonograph dann wieder zurück in Klang übersetzte. Nach ungefähr einem Dutzend Durchläufen bei 160 Umdrehungen pro Minute waren die Zylinder abgenutzt und ließen sich nicht länger abhören.

Im Jahr 1887 ließ sich der deutschstämmige Erfinder Emil Berliner das Grammofon patentieren, das ähnlich funktionierte wie Edisons Phonograph, aber anstelle plumper Walzen flache, gerillte Platten abspielte. Berliners Aufnahmen auf diesen Platten - mit einem Durchmesser von fünf bis sieben Zoll, gefertigt aus verschiedenen Materialien (oft aus Hartgummi), mit siebzig bis achtundsiebzig Umdrehungen pro Minute auf handkurbelgetriebenen Abspielgeräten - ließen sich leichter fertigen und lagern als Walzen, weshalb Edisons Zylinder im Jahr 1929 fast verschwunden waren. Etwa um dieselbe Zeit wurde die Schallplattenproduktion ansatzweise standardisiert – es gab aber noch immer Hunderte unabhängiger Labels, die Platten in Dutzenden verschiedener Ausprägungen aufnahmen und pressten. Die meisten maßen im Durchmesser zehn Zoll (etwa 25 Zentimeter, was pro Seite eine Abspielzeit von ungefähr drei Minuten ergab) und wurden aus einem labilen Gemisch aus Schellack, Baumwollflock, Schiefermehl und Wachs-Trennmittel hergestellt. 78er waren noch in den Sechzigerjahren weit verbreitet, dann wurden sie langsam von siebenzölligen, doppelseitigen 45ern und zwölfzölligen 33⅓ rpm-Langspielplatten abgelöst – die dann wiederum durch Kassetten verdrängt wurden, die schließlich durch Compact Discs ersetzt wurden, die jetzt fast völlig von digitalen Audiodateien abgelöst worden sind.

Bei unserer ersten Begegnung war John Heneghan sehr darauf bedacht, 78er-Sammler von gewöhnlichen Plattensammlern abzugrenzen – der Unterschied ist für Heneghan immens, vergleichbar mit dem zwischen dem Sammeln von Kieselsteinen und dem von Diamanten. Trotzdem war das erste Stück seiner Sammlung eine LP – die Neupressung einer Charley-Patton-Platte, die er mit sechzehn erworben hatte. Die dem Kauf folgende Epiphanie kann Heneghan noch immer erstaunlich detailliert beschreiben: wie er die Platte nahm, sie in den Händen abwog, sich das Foto auf dem Cover ansah, das Cover umdrehte und die Jahreszahl auf der Rückseite suchte, die Platte auflegte, die Nadel in die Rille senkte und sich an einen anderen Ort versetzt fühlte, verändert.

»Ich bin mir nicht einmal sicher, dass mir die Musik sofort gefiel«, räumte er ein. »Die Idee gefiel mir. Das Zuhören war nicht leicht. Aber ich war Gitarrist – ich hatte von Kindheit an Gitarre gespielt –, und ich dachte: ›Was ist das denn? Was macht der da?‹ Es dauerte nicht lange, da streckte ich die Fühler nach dem Original aus, den 78ern. Ich habe mich lange dagegen gewehrt, weil ich wusste, dass es geradezu unmöglich sein würde, und auch, dass der finanzielle Aufwand jeden Rahmen der Vernunft sprengen würde.«

Der Preis einer 78er rangiert zwischen ein paar Cent bis zu ziemlich vielen Cents - in manchen Fällen bis zu 40 000 Dollar -, je nach Prestige des Künstlers, Zustand der Platte, Seltenheit der Pressung und Heftigkeit des sammlerischen Verlangens. Weil 78er objektiv wertlos und Sammler so wählerisch sind, ist der archivarische Wert oft wichtiger als der Geldwert. Aber dieser archivarische Wert kann trotzdem erstaunlich hoch sein. Schellackplatten wurden nicht in hohen Auflagen produziert (heute mögen CD- oder MP3-Player im Haushalt zur Standardausrüstung gehören, aber in den Zwanzigerjahren des 20. Jahrhunderts hatte gewiss nicht jeder ein Grammofon), und lange haben sich nur wenige Menschen um deren Erhalt bemüht. Deshalb gibt es unter den weltweit verbleibenden 78ern - wie viele das sind, lässt sich unmöglich sagen - viele Einzelstücke. Oft sind die Metall-Master dieser Pressungen nicht erhalten, was bedeutet, dass ein bestimmter Song für immer verloren ist, wenn die Platte entzweigeht, in einem von Überflutung bedrohten Keller verstaut oder auf den Müll geworfen wird.

Die meisten Sammlerkollegen von Heneghan, zu denen auch der berühmte Zeichner Robert Crumb gehört, sind von der Sorte, die in den 1960ern von Tür zu Tür gegangen waren, die Leute nach alten Platten auf dem Speicher gefragt und sie sich für 25 Cent das Stück geschnappt hatten. Als ich Heneghan fragte, woher das Gros seiner Sammlung stammt, blickte er mich an, als hätte ich verlangt, dass er sich nackt auszieht. »Erwarten Sie auf die Frage wirklich eine Antwort?«, lachte er, Unglauben in der Stimme. »Ist Ihnen nicht klar, wie begrenzt ... Das sind keine LPs! Wenn sich nur ein Dutzend mehr Menschen dafür interessieren, dann ...« Er ließ auch diesen Satz in der Luft hängen. »Ich bin einfach baff. Das ist die Musikgeschichte Amerikas, sie ist völlig in Vergessenheit geraten, und es gibt nur eine Handvoll Menschen, die sie bewahren.«

Das war kaum übertrieben. Oft entdecken seine Kumpel und er völlig unbekannte Künstler und geben Kunde von ihnen - ohne einen Sammler, der hingehört und davon berichtet hätte, wären sie auf ewig in der Versenkung verschwunden geblieben. »Das Irre an 78ern ist, dass so viel von der Musik noch überhaupt nicht entdeckt wurde«, sagte er. »Es gibt da draußen noch immer so viele Platten, von denen nur ein oder zwei Exemplare gepresst wurden. Oder die ganz verloren sind – die man noch nie gehört hat. Ich mache noch immer Entdeckungen. Man stößt auf einen merkwürdigen Bandnamen, geht das Risiko ein, legt die Platte auf, und dann kommt irgendein unglaubliches Meisterwerk.«

John Heneghan mochte prahlerisch und, was seinen Fanatismus anging, gelegentlich selbstironisch sein, aber seine Sammlung war über ihren Wert für den Sammler selbst hinaus eine herausragende Dokumentation von Kultur. Sammler von 78ern leisten, vielleicht mehr noch als alle anderen Kuratoren von Musik oder musikalischen Memorabilia, extrem wichtige konservatorische Arbeit – auf ihrer Jagd nach winzigen künstlerischen Schnipseln, die andernfalls verloren wären. Ihr ganzes Streben mag egoistisch sein, angetrieben von der nackten Besessenheit, die allen Sammlern eigen ist, aber ohne Heneghan und Seinesgleichen würde ein Gutteil der Musikgeschichte nicht mehr zu unserem Kanon gehören. Und während Musikwissenschaftler, Anthropologen, Archivare und Wiederveröffentlichungs-Label beim Bewahren und Verbreiten frühen Liedguts alle eine Rolle spielen, stammt das Gros des Materials, das neu oder wieder aufgelegt wird, noch immer von den originalen 78ern – die sich fast ausschließlich in den vollgepackten Kellern und Kammern der 78er-Sammler finden.

Trotzdem bedeutete das historische Gewicht seiner Bemühungen nicht, dass Heneghan frei von den Neurosen war, die so vielen Sammlern eigen sind: Seine Sammlung war historisch bedeutsam, aber sie war auch, auf fast pathologische Weise, etwas tief Persönliches. Das Verführerische für Sammler ist, wie für uns alle, die Jagd.

»Ich träume immer wieder, dass ich ›Devil Got My Woman‹ von Skip James finde«, sagte Heneghan, vorgebeugt, tiefernst und leise. »Der Traum ist ganz lebendig, ganz klar – beim ersten Mal bin ich mitten in der Nacht aufgewacht und war überzeugt, dass ich die Platte wirklich besaß. Und ich so: *Das ist ja irre.* Also bin ich aufgestanden und habe nachgesehen, und sie war nicht da – also ich so: *Fuck.* Und dann habe ich den Traum wieder, und wieder ganz lebendig, und da denke ich, vielleicht habe ich den Teil geträumt, wo ich die Platte nicht habe. Also gehe ich wieder nachsehen. Dann träume ich das zum dritten, zum vierten Mal ...« Er schüttelte den Kopf, lehnte sich zurück und kratzte sich den zauseligen blonden Ziegenbart. Heneghan ist eine Respekt einflößende Erscheinung, seine schmalen schiefergrauen Augen verrieten Ungeduld im Umgang mit einer bestimmten Art von Bullshit; er war ausgesprochen höflich, ohne an Höflichkeiten interessiert zu sein, und mir war klar, dass ich nie zwischen ihm und einer Pressung von »Devil Got My Woman« stehen wollen würde.

»Wenn es gut läuft, denkst du dir: Ich bewahre einen Teil der Geschichte Amerikas – wie ein Archäologe. Aber unter dem Strich ist an der Sache auch etwas völlig kaputt«, fuhr er fort und rückte sich die Melone zurecht, die er gern trägt. »Nach meinem ersten Plattenkauf habe ich gedacht, ich muss wissen, ob es von dieser Band noch andere Platten gibt. Und als ich die anderen hatte, habe ich gedacht, ich muss die Erscheinungsreihenfolge kennen, damit ich sie richtig einsortieren kann. Ich weiß noch, wie ich Freunde besucht habe, und bei denen flogen die Platten überall rum, und ich war so: ›Wie könnt ihr das zulassen? Die müssen doch sortiert sein!‹ Ich habe einfach superviel Zeit mit dem perfekten Ordnungssystem verbracht.«

Schließlich fragte Heneghan mich, was ich hören wollte, und wir hockten uns vor seinen Plattenspieler und zogen abwechselnd 78er aus seinen Regalen. Mir zitterten die Hände. Anders als Platten aus Vinyl, die nachgiebig sind und einiges aushalten, sind

Schellackplatten dick, spröde und schwer. Lässt man eine im falschen Winkel auf die falsche Oberfläche fallen, zerschellt sie wie Porzellan.

Der größte Teil von Heneghans Sammlung besteht aus frühen Blues- und Hillbilly-Platten, mit starken Unterschieden in Qualität und Ton. Ungefähr bis ins Jahr 1925 wurden die Aufnahmen akustisch durchgeführt, was bedeutet, dass die Musiker direkt in die Membran des Phonographen belfern und zupfen mussten, worauf die entstandenen Klangschwingungen dann die Nadel in Bewegung setzten und eine Umschrift entstand, die sich wieder abspielen ließ. Die Technologie hatte deutliche Nachteile: Schlagzeug und Bass wurden selten mit aufgenommen, weil die Tiefe der Vibrationen die Nadel aus der Rille geschlagen hätte, und Cellos, Geigen und selbst der menschlichen Stimme fehlte es für eine korrekte Aufzeichnung oft an Resonanz. Im Jahr 1927 waren die Ingenieure schließlich so weit, dass sie ein Kohlemikrofon einsetzen konnten – ein weiteres von Edisons Spielzeugen, von 1877 –, das sich dann über Vakuum-Röhren verstärken ließ und einen elektromagnetischen Aufnahmekopf antrieb, sodass eine viel höhere Frequenzbreite aufgenommen und reproduziert werden konnte, wodurch der Klang reichhaltiger und authentischer wurde. Aber wenn man nicht zu Romantik und Nostalgie neigt, kann einem das Verfahren angesichts der heutigen fehlerfreien digitalen Aufnahmetechniken, die analogen Sound in saubere Ströme aus Binärcode verwandeln, regelrecht albern vorkommen. Für Tontechniker von heute sind Dinge wie Nadel und Membran ungefähr so klobig und veraltet wie die Eiserne Lunge.

Für traditionelle Plattensammler aber – die, wie Heneghan, Ende der Siebzigerjahre aufgewachsen sind – spielen die Vorteile der Digitalaufnahme kaum eine Rolle. Heneghan besitzt zwar einen iPod (gekauft für Eden, die sagt, dass sie ihn kaum benutzt) und ein paar Regalmeter CDs (die meisten vom Wiederveröffentlichungs-Label Yazoo Records, das in den späten Sechzigern gegründet wurde und heute teilweise von seinem Freund und Sammlerkollegen Richard Nevins geleitet wird, der ausschließlich mit Original-78ern arbeitet), aber der Konsum digital produzierter Musik war nicht wirklich seine Sache. Ich konnte verstehen, wieso Heneghan MP3s leicht verstörend finden konnte (diese unentwirrbaren Stränge aus Nullen und Einsen könnten von den umständlichen Schellackplatten nicht weiter entfernt sein), aber selbst die CD, der klapperige größere Bruder der MP3 mit seinem Mondgesicht, besaß für ihn von vornherein keinen Reiz. »Wenn ich eine tolle Platte entdecke und mir ein Freund sagt: ›Ich kann die Platte doch einfach behalten und dir eine CD draus machen‹, bin ich so: ›Bist du *irre*?‹«, schnaubte er.

Heneghan holte »Big Leg Blues« von John Hurt, »Walk Right In« von den Cannon Jug Stompers und eine Testpressung von Frankie Franko and His Louisianans mit »Somebody Stole My Gal« aus den Neunzehnhundertzwanzigern aus seinen Regalen. Er legte die John-Hurt-Platte auf den Plattenteller, betätigte am Receiver einen Schalter und ließ die Nadel ab. Knistern erfüllte den Raum. Ich hielt die Luft an.

Dabei war ich nicht gerade eine Analog-Anfängerin, selbst damals nicht. Ich besaß jede Menge LPs, und obwohl mein Interesse an Vinyl ursprünglich mathematischer Natur war (ich konnte für *Led Zeppelin III* bei der Heilsarmee fünfundzwanzig Cent bezahlen oder im Plattenladen vierzehn Dollar für die Plastik-CD hinlegen), wusste ich insgeheim all die zärtlichen Plattitüden zu schätzen, die im Zusammenhang mit analogem Sound herumflogen – Wärme! Konsistenz! Authentizität! Aber das Gros meiner Sammlung hatte ich unachtsam bei Trödlern erstanden (den Trödelladen-Klassiker, Händels *Messias*, drei LPs im braungelben Schuber – erkenne ich bis heute aus fünfzig Meter Entfernung), und seltene Platten hatten mich nie stark angezogen. Was begehrtes Vinyl anging, beschränkte meine Expertise sich darauf, meinen Kumpel Clarke mit seinem makellosen Exemplar von *The Anal Staircase* aufzuziehen, einer Zwölf-Zoll-EP mit drei Stücken der britischen Industrial-Band Coil aus dem Jahr 1986, die Spezialisten um die achtzig Dollar Wert war. (Das Cover wird vom Foto eines menschlichen Darmausgangs geziert.)

Ich hatte also ein klares Verständnis davon, was 78er waren und wo sie hergestellt wurden, aber erworben oder abgespielt hatte ich noch keine einzige. Trotzdem liebte ich den rumpeligen Country Blues aus der Vorkriegszeit genauso, wie ich Punk liebte – das Ganze war so heikel, unmittelbar, ständig von spontaner Auflösung bedroht –, und ich war mit den digitalisierten Neuauflagen immer sehr zufrieden gewesen. Vor diesem Augenblick wäre mir nie eingefallen, dass ich etwas falsch machte. Dass ich nur eine Annäherung erlebte.

Es gibt heute 78er-Liebhaber, die Vorkriegsmusik jeder Art sammeln und bewahren – Jazz, Oper, Klassik, Gospel, Country, Dance, Pop –, aber der Klang des Blues, wie er zwischen 1925 und 1939 auf akustischer Gitarre gespielt wurde – als sogenannter Country Blues – hat auf Schellack wirklich etwas besonders Bestechendes. Country Blues zu spielen, kann ein überwältigendes Maß an technischer Fertigkeit erfordern (kein anderes Genre wird so regelmäßig unterschätzt, vom Rap vielleicht abgesehen), aber der wichtigste Bestandteil aller Country-Blues-Songs bleibt, dass der Sänger das Blues-»Feeling« trifft, dieses amorphe, ungreifbare Bauchgefühl, das der Musik Leben einhaucht.

Gefühl braucht es natürlich nicht nur für den Country Blues, aber weil die meisten Blues-Songs der Vorkriegszeit eher zusammengebastelt als komponiert waren (die Performer arbeiteten oft mit den gleichen Folksongs als Vorlage, spielten mit dem Text und schrieben nach eigenen Bedürfnissen Strophen um), und weil viele Auftritte nur ansatzweise aufgenommen und die Aufnahmen nicht bearbeitet wurden, ist das Gefühl oft das einzige, das zwischen einer mittelmäßigen und einer transzendenten Blues-Nummer den Unterschied macht. Kritik und Wissenschaft können endlose Vorträge über die Fingerfertigkeit eines Country-Blues-Performers wie Robert Johnson machen - wie seine Finger sich ums Griffbrett krümmten, was er mit dem linken Fuß machte -, aber Bluesgefühl lässt sich sehr viel schwieriger analysieren, zum Teil, weil es sich grundsätzlich zum Begriff der Analyse konträr verhält. Zur großen Herausforderung der Blues-Kritik (aller Kritik im Grunde) wird es, ein Gespür für diese verwirrende Kraft in Worte zu fassen. Für die Fans wird es zur Pflicht, sie zu erlauschen.

An jenem Nachmittag, gerade aufgerichtet auf Heneghans Couch, tat ich extrem cool. Aber nach fünfzig Sekunden »Big Leg Blues« - ungefähr an der Stelle, wo John Hurt mit leiser, honigsüßer Stimme gurrt »*I asked you, baby, to come and hold my head*« - hatte ich das Gefühl, als hätten sich meine Eingeweide verflüssigt und würden mir schäumend in die Speiseröhre aufsteigen. Ich weiß bis heute nicht, ob sich die Erfahrung wiedergeben ließe, ohne dumm und sülzig zu klingen. Ich wollte mich im Innern der Platte zusammenrollen, ich wollte in ihr hausen. Dann wollte ich, dass sie in mir hauste: Ich wollte sie in Stücke brechen und die Stücke als Knochen benutzen. Ich wollte, dass sie ewig weiterlief, irgendwo tief in meinem Schädel. So fängt es bei Sammlern häufig an: mit dem Gefühl, die Musik würde sich dir plötzlich öffnen. Dass du ihm näher kommst - dem Bluesgefühl -, näher denn je.

Die ästhetische Überlegenheit der analogen Wiedergabe ist so gründlich und so offensiv propagiert worden, dass man sich fast blöd vorkommt, wenn man wieder damit anfängt, aber wer an MP3s in schlechter Qualität gewöhnt ist, aus Computerlautsprechern oder billigen Kopfhörern, für den hat Vinyl auf einer anständigen Anlage noch immer etwas von einer Erleuchtung. Nicht zweckbetont, sondern voll und üppig - als würde man vorsichtig von einer edlen französischen Schokolade probieren, nachdem man sonst nur auf Supermarktparkplätzen an billigen Schokoriegeln geknabbert hat.

Aber Vorkriegs-78er gehen nicht so leicht runter, zu Anfang jedenfalls. Je nach Qualität der Aufnahme und Zustand der Platte hört man im Hintergrund oft ein hohes und durchdringendes Zischen. Manchmal übertönt ein fernes statisches Rauschen wie aus einer anderen Welt, als wäre der Song im Garten begraben worden und würde jetzt zwei Meter unter der Erde abgespielt.

»Big Leg Blues« kannte ich schon; im Jahr 1990 war bei Yazoo Records eine CD mit den dreizehn Tracks erschienen, die Hurt 1928 für die Okeh Electric Records Company eingespielt hatte, und ein paar Jahre zuvor hatte ich in einem Plattenladen ein Exemplar davon gebraucht erstanden. Ich kannte das Stück nicht nur, ich hatte eine professionelle Digitalisierung einer wirklichen 78er damit gehört. Meine Reaktion auf das Hörerlebnis der 78er selbst, wie sie anderthalb Meter vor mir abgespielt wurde, kam mir schon im selben Moment krass und unverhältnismäßig vor. Ich würde gern glauben, dass ich ausschließlich auf die Musik reagierte und die Platte lediglich Überträger war, Mittel zum Zweck. Ich vermute aber, dass es auch das Ritual war, das mich gepackt hatte – das Gefühl, in ein besonders exklusives Geheimnis eingeweiht zu werden.

Die Platte war abgespielt. Ich presste mir das Notizbuch an die Brust und versuchte, etwas zu sagen, das professionell klang. »Wow!«, kreischte ich. Heneghan sah mich an. Ich starrte ein, zwei Sekunden zu lang auf die handgeschriebene Liste meiner Fragen, dann wollte ich schließlich von ihm wissen, ob er das Plattensammeln angesichts des technologischen Fortschritts bei der Verbreitung von Musik für eine aussterbende Kunst halte.

»Ich finde schon komisch, dass sie es Kunst nennen«, antwortete er. »Für mich ist es eher eine Krankheit. Diese Dinger überhaupt besitzen zu wollen, heißt schon, dass wirklich etwas mit einem nicht stimmt. Du musst sie haben, und es sind nie genug, und wenn du eine auftreibst, spürst du diesen seltsamen Kitzel. Man muss Zwangsneurotiker sein, um etwas zu sammeln. Dieses

Bedürfnis, Dinge in eine Ordnung zu bringen, numerisch abzuheften, oder alphabetisch, sie zu beschriften – das ist neurotisch. Ich war immer überzeugt, dass ich im Grunde verrückt bin, dass mit mir wirklich etwas nicht stimmt. Vor allem als ich angefangen habe, 78er zu sammeln, weil ich sonst niemanden kannte, der das machte, und ich kam mir isoliert und komisch vor«, fuhr er fort. »Aber dann, als ich Leute wie Crumb und Nevins kennengelernt habe, haben die gesagt: ›Klar, wir sind alle verrückt.‹ Mir ist nie einer [ein anderer 78er-Sammler] begegnet, der nicht etwas gesagt hat wie ›Das ist doch krank, wir sind alle krank‹«, sagte er. »Als ich schließlich nachgegeben und angefangen habe, 78er zu kaufen, war das eine bewusste Entscheidung, meine Erkrankung zu akzeptieren und zu tun, was ich schon immer hatte tun wollen. Wahrscheinlich so wie bei jemandem, der sein Leben lang mit Drogen rumspielt und sich schließlich entscheidet, Heroin zu drücken. Da muss etwas in deinem Kopf sein, das sagt: ›Ich gebe auf.‹«

»Wenn ich wirklich ein großes Haus in der Vorstadt haben wollte, dann könnte ich nicht so oft Platten kaufen, wenn überhaupt«, räumte er ein. »Aber die Sache ist, ich brauche eigentlich kein Haus in der Vorstadt. Ich bin glücklich so, und das ist ein kleines Problem.«

Heneghan und ich blieben in Kontakt, und nach ein paar Monaten lud er mich zu einer 78er-Listening-Party in sein Wohnzimmer ein. Also trottete ich eines gleißenden Nachmittags Anfang Mai die Second Avenue hinunter, ein Sixpack warmes Brooklyn Lager im Gepäck.

Ich kam als Erste an. Heneghan reichte mir ein Bier und wies mich auf eine Neuerwerbung hin: ein abgeschabtes altes Banjo mit einem Autogramm des Zwanzigerjahre-Folk-Sängers Chubby Parker in verwaschenen Bleistiftstrichen. Das Banjo hing über Heneghans Computer, neben einem gerahmten Porträtfoto von

Parker. Ein tief in den Instrumentenkopf eingelegter silberner Stern schimmerte. Ich musste an einen Weihnachtsbaum denken. Heneghan erklärte, er habe auf eBay gerade eine außergewöhnlich seltene 78er von Parkers »Davey Crockett« ergattert. Parker gehörte zu den ersten Musikern, die regelmäßig beim *National Barn Dance* auftraten, einer Radiosendung aus Chicago und einem direkten Vorläufer von *The Grand Ole Opry*, aber seine Hinterlassenschaft war eher von mittlerer Sorte. Wenn er überhaupt für etwas bekannt ist, dann dafür, ulkige Folksongs wie »Nickety Nackety Now Now Now« zu trällern. Wie so oft war Heneghan der einzige ernsthafte Bieter. »Als ich die Platte auf eBay sah, hatte ich leise Panik«, sagte er. »Das war's, auf diesen Tag hatte ich gewartet. Aber man kann es nie wissen. Ein einziger anderer Bieter, das genügt schon. Ich habe auf eBay meine Erzfeinde – ich weiß nicht, wer sie sind, aber ihre Nutzernamen verfolgen mich. Als ich ›Davey Crockett‹ gesehen hatte, konnte ich eine Woche nicht mehr gut schlafen. Ich wusste, das war's – die würde ich nie wieder zu sehen bekommen. All meine durchgeknallten Freunde sahen sie auch und wussten, dass ich sie haben wollte, und hielten sich ritterlich zurück, und als ich sie hatte, gratulierten sie mir.« Er lächelte.

Bis Heneghan ein Exemplar von Skip James' »Devil Got My Woman« auftreibt – sein Heiliger Gral – gönnt er sich kleinere Triumphe wie »Davy Crockett«. Gut möglich, dass es auch dabei bleibt. Von »Devil Got My Woman« sind nur noch vier Exemplare bekannt, von denen zwei so stark beschädigt sind, dass sie keine Rolle mehr spielen. Aufgenommen wurde der Song im Februar 1931 in Grafton, Wisconsin, für ein kleines Label namens Paramount Records. In diesem Winter bespielte James in Wisconsin achtzehn Seiten (also neun doppelseitige 78er), aber sie waren kommerziell ein Reinfall, und er hörte kurz darauf mit dem Blues auf und wurde Chorleiter in der Kirche seines Vaters. Erst in den Sechzigerjahren sollte James wieder etwas aufnehmen, als er von einem geschäftstüchtigen Trio aus Blues-Enthusiasten in einem Bezirkskrankenhaus in Tunica, Mississippi, »wiederentdeckt« wurde und man ihn überredete, wieder zu spielen. (Zitiert wurde er mit den Worten: »Na, das ist ja vielleicht eine gute Idee. Vielleicht. Aber jetzt ist Skip gerade sehr müde.«) Im Jahr 1964 trat James mit zweiundsechzig beim Newport Folk Festival auf, und spielte bis zu seinem Tod im Jahr 1969 immer wieder öffentlich. Weil seine Platten weder besonders beliebt waren noch gut verkauft wurden, blieb die Auflage klein, und heute, über achtzig Jahre später, stehen die Chancen für Sammler, ein abspielbares Exemplar aufzutreiben, wirklich schlecht.

Digital überarbeitet lässt sich »Devil Got My Woman« aber in unendlicher Stückzahl erwerben, sofort, für neunundneunzig Cent auf iTunes. Das ist dem Sammler Richard Nevins zu verdanken, der ein Schellack-Original besitzt. In einer E-Mail erklärte Nevins mir, immer wenn jemand »Devil Got My Woman« höre, unabhängig von der jeweiligen Quelle, gehe die Aufnahme sehr wahrscheinlich auf seine persönliche 78er zurück: »›Devil Got My Woman‹ ist auf LP zum ersten Mal in den Sechzigern neu erschienen, und die Master sind nicht erhalten, wie fast immer bei der 78er-Hinterwäldlermusik«, schrieb er. »Ich würde sagen, dass alle späteren Auflagen auf mein Exemplar zurückgehen, das fast wie neu ist und früher [dem verstorbenen Yazoo-Gründer] Nick Perls gehörte. Viele europäische Label, die Neuauflagen gemacht haben, haben sie einfach vom Yazoo-Release [*The Complete Early Recordings of Skip James*, 1994] synchronisiert.«

»Devil Got My Woman« mäandert fast strukturlos, zusammengesetzt aus kaum mehr als einer dreitaktigen Vokalphrase und Variationen zweier Gitarrenakkorde, die stimmlich und instrumental erweitert und ausgeschmückt werden. Das wäre die fachliche Beschreibung. Den Rest kann ich nicht wirklich erklären. Schlingerndes Falsett schwingt sich auf und stürzt wieder ab, wie von unsichtbaren, unmoralischen Kräften befeuert. »*Aw, nothin' but the devil changed my baby's mind«*, wimmert James zu ein paar verruchten Gitarrenklängen. Es war wahrlich der Teufel, der mein Baby umgestimmt hat. In meiner Lieblingsszene des Films *Ghost World* von 2001 – Buch und Regie vom 78er-Liebhaber Terry Zwigoff – fragt Enid, frisch von der Highschool, gespielt von Thora Birch, den von Steve Buschemi gespielten 78er-Sammler Seymour, ob er noch mehr Platten habe wie »Devil Got My Woman«, und Seymour blickt sie an, angemessen entsetzt. »Es gibt sonst keine Platten wie diese!«, bellt er. Als Bob Dylan den Track in seiner *Theme Time Radio Hour* vorstellte, sagte er: »Skip hatte einen Stil, der himmlisch war, göttlich, wie weit aus dem Jenseits, mit Magie im Groove ... rar und ungewöhnlich, geheimnisvoll und vage, man glaubt es einfach nicht, wenn man es hört.« »Devil Got My Woman« ist so seltsam, so verletzlich und ätherisch, dass ich verstehen kann, dass James' Biograf Stephen Calt den Song »eine der merkwürdigsten Meisterleistungen des Blues-Gesangs« nennt. Ich kann verstehen, dass Heneghan sich nach diesem Stück verzehrt.

Beim Warten auf die anderen Gäste tauchten Heneghan und ich Kräcker in die kleine Schale Hummus auf dem Couchtisch. Ich bewunderte seine mit gerahmten Notenblättern bedeckten Wände, dicht an dicht, um den Platz auszunutzen. Heneghan war sehr bescheiden, was seine Sammelleidenschaft anging; er nannte sein eigenes Verhalten irrwitzig und seine Interessen altmodisch. Trotzdem stellte er sich stolz als eine Art Hobbyhistoriker dar – was durchaus nachvollziehbar war – und außerdem war er überzeugt, sich mit interessanten Dingen zu umgeben, mache ihn auch als Mensch irgendwie interessanter. Lustigerweise ein Begriff von Identität ganz aus dem einundzwanzigsten Jahrhundert: ausstrahlen statt kommunizieren.

»Wenn ich Besuch habe, kommen« die Leute manchmal herein und werden ganz still, und ich merke, dass sie es ein bisschen gruselig finden«, sagte er. »Ich denke dann: Okay, bei dir zu Hause sieht es nach Ikea-Katalog aus, und deshalb kommt dir meine

Wohnung komisch vor. Mir dagegen wird ein bisschen komisch, wenn ich jemanden besuche, und es sieht nach Ikea-Katalog aus. Mehr konntest du in die Dinge, die du um dich haben möchtest, nicht investieren?«, fragte er und wurde dabei immer lauter. »Das will ich haben, und dann noch A, B, C und D, weil sie alle auf der gleichen Seite abgebildet sind? Deshalb ist George Bush Präsident geworden, denke ich. Deshalb essen alle bei McDonalds.«

Obwohl er es nicht so ausdrückte – für Heneghan war das Sammeln offensichtlich eine zweckmäßige Art des Aufbegehrens gegen die Mainstreamkultur geworden. Andere ließen sich tätowieren oder einen Pfahl aus Titan in die Nasenscheidewand rammen. Sich die Wohnung mit alten Platten und Partituren vollzupflastern, war auch nichts anderes als ein halböffentlicher Weg, sich selbst einen Anstrich von Gegenkultur zu geben, in Ablehnung einer Gesellschaft, die einem homogenisiert und gnadenlos erschien. Heneghan beschrieb das Sammeln immer wieder als eine Form von Unterwerfung, als Weg, basalen Trieben nachzugeben, die andere Menschen unterdrückten, und wenn er es tat, dann nicht ohne einen gewissen Stolz.

Seinen Unterhalt verdiente Heneghan sich als freiberuflicher Videotechniker. Er richtete für Fernsehshows und Konzerte die Kameras ein, und auf Nachfrage grummelte er leise über die Kulturlosigkeit des Jobs. Das Ausmaß, in dem Popstars, die haufenweise Cash kassierten, um live zu singen, bei ihren Auftritten Backing Tracks einsetzten, ekelte ihn besonders an. Für ihn war das ganze Unternehmen ein einziger Affenzirkus: »Es klingt wie die Platte, weil man die Platte hört«, fauchte er. In seiner Freizeit trat Heneghan mit Eden auf; gemeinsam bildeten sie »Eden & John's East River String Band«, eine rührend nostalgische Truppe mit John an der Gitarre und Eden an der Ukulele und als Sängerin. Bei ihren Auftritten trugen sie die passende Retro-Kleidung und spielten auf alten Instrumenten. (Alte Gitarren sammelte Heneghan auch.) Wo immer ich sie auftreten sah – meistens in Bars und kleinen Clubs

44

in Downtown New York oder in Brooklyn – verzauberten sie den Saal mit ihrem auf charmante Weise altmodischen Zusammenspiel als seltsames Paar. An jenem Nachmittag erzählte Heneghan mir, er habe versucht, ihr jüngstes selbstproduziertes Album *Some Cold Rainy Day* auf 180-Gramm-Vinyl pressen zu lassen, mit einem Gatefold-Cover, das man aufschlagen kann wie ein Buch. Das erste Hindernis war ein Junge am Telefon des Presswerks, der nicht wusste, was »Gatefold« war. »Irgendwann musste ich einfach fragen: Wie alt bist du? Ich habe ihm gesagt, er solle sich den ältesten Menschen suchen, der dort arbeitet, und ihn fragen.«

Wir aßen ein paar Weintrauben. Nach ein paar Minuten ließ Heneghan Sherwin Dunner ein, einen Jazz- und Blues-Sammler, der mit Richard Nevins bei Yazoo gearbeitet hatte. Dunner setzte sich. »Sieh mal an, deine Starkist-Lampe hat einen anderen Schirm als meine«, sagte er mit Blick auf die Starkist-Thunfisch-Werbelampe in Heneghans Bücherregal. Heneghan und er besaßen für ihre 78er identische Transportkoffer, an beiden hing ein kleines Schild mit der Aufschrift MUSIC APPRECIATION RECORDS. Dunner hatte seinen Koffer abgestellt. Der Griff war mit Gafferband verstärkt. Genau wie Heneghan sammelte er seit Jahren 78er und begriff das Sammeln als eine Art Schutz vor einer Kultur, die nicht immer sehr einladend war. »So wird man damit fertig, sich als Außenseiter zu fühlen, entfremdet von einer Pop- oder Mainstreamkultur, die immer stärker kontrolliert, unterdrückt und entmenschlicht wird. Da baust du dir deine eigene Welt, aus allem, das für dich Bedeutung oder ästhetischen Wert hat. Eine Welt, die dich von der modernen Welt erlöst«, sagte Dunner mir später.

Dunner und Heneghan waren beide leidenschaftliche und zielstrebige Musikfans, mit profundem Wissen von den verschiedenen Subgenres früher amerikanischer Musik, daher waren ihre Sammlungen eher zweckbetont als dekorativ. Diese Platten wurden nicht in Plexiglas-Vitrinen weggeschlossen und lagen auch nicht stumm in einer Kiste. Sie wurden mit Vorsicht in die Hand genommen, aber in die Hand genommen wurden sie – sie wurden regelmäßig und mit Begeisterung aufgelegt, für Freunde oder zum eigenen Genuss. Deshalb hatte Heneghan kein Interesse an bis zur Unabspielbarkeit abgenutzten 78ern. Auch spuckten beide Männer Gift und Galle, wenn es um Menschen ging, die weniger auf die Musik aus waren und die Platten, so wie einige der eher investmentorientierten 78er-Sammler, der möglichen Wertsteigerung wegen an sich brachten. Für Heneghan und Dunner ging dieses fetischistische Denken einfach an dem Reichtum vorbei, der in den Songs selbst lag.

»Das ist eine Ebene des Sammelns, die ich verachte«, sagte Heneghan. »Diese Typen, die [eine Platte] einfach kaufen, weil sie etwas wert ist, und darauf spekulieren, dass der Wert steigt. Aber bei so etwas wie Schellackplatten gibt es von vornherein so wenige, und wenn er [Sherwin] eine gute Platte bekommt, bin ich vielleicht neidisch und so weiter, aber ich sage nicht, ›Oh, wie schrecklich‹. Da gibt es andere, die eine Platte bekommen und die steht dann einfach im Regal. Niemand genießt die Musik, niemand kann sie sich anhören. Bei einigen dieser Platten gibt es nur noch so wenige Exemplare, dass buchstäblich *kein Mensch sie anhören kann*«, schnaubte Heneghan. »Diese Mentalität hat wirklich etwas Niederträchtiges. Das Motto dieser Leute ist: ›Die gehört jetzt mir, ich war vor dir da.‹«

Mit seinen eigenen Platten ist Heneghan entsprechend großzügig. Immer wieder bekommt er Anfragen, ein paar Songs für Dokumentarfilme zugänglich zu machen – gerade hatte er der BBC »Fe Fe Ponchaux« von Cleoma Breaux und Joseph Falcon, einen Cajun-Song aus dem Jahr 1929, von dem er eine der besser erhaltenen Platten besitzt, zur Verfügung gestellt – und auf Wunsch postet er regelmäßig Tracks auf seiner Facebook- oder MySpace-Seite. Wenn man eine Einladung zu ihm nach Hause ergattert, spielt er einem vor, was immer man möchte.

Drei weitere Gäste trafen ein und nahmen Platz. Dunner und Heneghan stellten fest, dass sie zwei 78er besaßen, auf denen gleichlautende Aufkleber dem Kommerz abschworen. Jemand hatte in sorgfältig mit der Hand geschriebenen Großbuchstaben die Aufschrift UM KEINEN PREIS VERKAUFEN an jedem Label angebracht. In Anbetracht der Tatsache, dass beide 78er – zu verschiedenen Zeiten – käuflich erworben worden waren, samt Aufklebern, gab es hierfür nur zwei mögliche Erklärungen: Der Verfasser hatte die Meinung geändert, oder – die wahrscheinlichere Variante – er war schon lange gestorben, und dem Nachlassverwalter waren seine Wünsche für den Umgang mit den kostbaren Platten nicht so wichtig gewesen.

Da erfüllte mich eine seltsame Dankbarkeit für diesen Unbekannten und seine kleinen weißen Aufkleber – für seine Leidenschaft, seine Hingabe an Musik als etwas, dem man Arbeit widmen, das man hegen, pflegen und bewahren musste, bis dass der Tod uns von ihr scheide. Und selbst nach dem Tod dann noch diese Anrufung, diese flehende Bitte: UM KEINEN PREIS VERKAUFEN. Das hatte Poesie. Festigkeit.

Auf gewisse Weise erlaubten die Parameter der Suche des Sammlers – Ausschau halten nach einer bestimmten Sache, die man sehen und anfassen konnte – einen unendlich leichteren Übergang, einen befriedigenderen Spannungsbogen, als ziellos durchs Leben zu stolpern, immer auf der Suche nach etwas, das einen glücklich machen könnte. Diese Jungs wussten genau, was sie glücklich machen würde. Ob das Glück sich am Ende ihrer Heldenreise tatsächlich einstellte, war nicht unbedingt entscheidend – ich glaubte an die ganzen schalen alten Sprüche, nach denen der Weg wichtiger war als das Ziel, der Prozess wichtiger als das Produkt.

Da wurde mir klar, dass es um das Wissen ging. Und um das Wollen.

ZWEI

Ein widerliches, verbittertes, hasserfülltes altes Ekel

The Jazz Record Collectors Bash, John Fahey,
das VJM Record Grading System, Blind Joe Death,
Sonnenbrillen.

Der Jazz Record Collectors Bash findet jährlich am dritten Wochenende des Juni statt, und das (fast) durchgehend seit 1975. Veranstaltungsort ist meistens etwas in der Art des pseudo-monumentalen, extragrauen Hilton direkt am Garden State Parkway in Iselin, New Jersey. Als Schauplatz eher trist, zugegeben.

Ich hatte schon den Anfängerfehler begangen, am Samstagvormittag aufzutauchen anstatt am Donnerstagabend. Da wurde abgewickelt, was es an ernsthaften Geschäften gab, Gregory Winter zufolge jedenfalls, einem Plattenhändler, den ich kannte und der einen Stand am Eingang hatte. Nachdem ich den Parkplatz bezwungen hatte, landete ich aus Versehen in etwas, das »Spats Steakhouse« hieß, fuhr dann mit dem Fahrstuhl in den ersten Stock und schlurfte durch den Flur mit Teppichboden auf einen großen Konferenzraum zu, wo schon ungefähr fünfundzwanzig ältere weiße Männer herumliefen und schmunzelnd Plattencover befingerten. In einer Ecke hatte jemand einen Plattenspieler aufgebaut, auf dem Käufer die Ware verkosten konnten, und dort traf man sich – wie rund um das kalte Bierfass auf der House Party. Ich blieb am Eingang stehen. An einem Klapptisch saß eine ältere Frau und aß Baked Beans aus der Dose. Sie fragte mich nach meinem Namen, und ich buchstabierte ihn sorgfältig, obwohl ich mich zu nichts angemeldet hatte. Es gebe eine Eintrittsgebühr von zehn Dollar, sagte sie. Ich holte ein paar Scheine aus der Hemdtasche. Während ich sie abzählte, schalt sie mich fröhlich für mein spätes Erscheinen: »Sie haben die Gala verpasst«, gluckste sie. »Gestern Abend war hier richtig was los.«

Platten-Flohmärkte – dieser, unter Sammlern als klein aber fein angesehen eingeschlossen – sind in der 78er-Gemeinde keine übermäßig grandiosen Anlässe. Die wichtigen Geschäfte werden privat abgewickelt, und nicht im harten Licht der Neonröhren. Aber für Newcomer ist der Platten-Flohmarkt kein schlechter Ort, um den Grundstein einer Sammlung zu legen. Die Händler kennen ihre Kundschaft und haben normalerweise ihre beste, begehrteste Ware dabei. Die verblichenen *Best of Bread*-LPs sind verschwunden, dafür sieht man plötzlich überall Psych-Raritäten, aus der Reihe gefallene Soul-Singles und Schellack. Nach der Begegnung mit Heneghan wollte ich mehr über die Beschaffung von Schallplatten-Raritäten erfahren – woher sie kamen, wohin sie gingen. Ich spazierte von Tisch zu Tisch, heimlich lauschend. Die Stimmung war sehr freundlich, aber ich war verunsichert, wusste nicht wohin mit den Händen und glaubte, dass alle mich komisch anguckten. Außer mir war nur noch eine weitere Frau im Raum.

Plattensammler auf Einkaufstour verbringen viel Zeit damit, den Zustand eines potenziellen Kaufobjekts abzuschätzen, und man sah immer einen, drei oder fünf, die eine Scheibe gegen das Licht hielten, sie vorsichtig neigten, wie ein böser Viertklässler, der mit dem Brennglas Ameisen verschmort. Sammler und Händler weisen den Platten Gütegrade zu, nach einem Schema, das als *VJM Record Grading System* bekannt ist, so genannt, weil es Anfang der Fünfzigerjahre ein Redakteur des *Vintage Jazz Magazine* war (der ältesten noch im Druck befindlichen Jazz- und Blues-Zeitschrift der Welt), der das System verfeinert hat. Es ist auf der Website des *VJM* leicht zugänglich und hat sich seit einem halben Jahrhundert nicht verändert. Bei 78ern reicht die Skala von N (für neu oder ungespielt, für eine Schellackplatte ein kaum erreichbarer Wert) bis P (für nicht abspielbar), obwohl die meisten Sammler sich nur für Platten interessieren, die zwischen V (»mittel, Abnutzung gleichmäßig, aber noch immer gut abspielbar; Oberflächengeräusche und Kratzer hörbar, aber nicht störend«) und E liegen (»noch immer mit Glanz, äußerlich fast neu, ohne sichtbare Abnutzungsspuren, aber mit ein paar unhörbaren Schrammen und Kratzern«). Manche Sammler schätzen den Gütegrad ab, indem sie einfach die Oberfläche in Augenschein nehmen, aber eine 78er sollte man abspielen, bevor man den Klang beurteilt; die Zusammensetzung des Schellacks variiert von Label zu Label so extrem, dass manche Platte deutlich besser (oder schlechter) aussieht, als sie klingt.

An einem Tisch mit 78ern blieb ich stehen und griff zu einer Platte, auf der die Tamburica abgebildet war, ein mandolinenartiges Zupfinstrument, das bei meinem Vater, einem Sohn kroatischer Einwanderer, neben dem Bett hing, solange ich denken konnte. Der Händler hinter dem Tisch war Anfang sechzig und hatte lockige dunkelgraue Haare; an seinem T-Shirt hing ein Namensschild: Elliot Jackson. Er war aus New Hope, Pennsylvania, ins Hilton gekommen, und davor aus England in die USA. Jackson hatte als Jugendlicher angefangen, sich für 78er zu begeistern. Vor allem für Blues. »Ich weiß noch, wie ich auf einer Auktion ein paar Platten aus den Staaten ersteigert hatte, und wenn ich mich nicht völlig irre, war der Verkäufer John Fahey – *der* John Fahey«, sagte er.

John Fahey, geboren 1939 in Washington, D. C., und aufgewachsen in Takoma Park, Maryland, wird von 78er-Sammlern
regelmäßig als einzelgängerisches Idol ins Feld geführt. Auf Bildern aus seinen Jugendjahren hat er einen kämpferischen Zug im
Gesicht, und blaue Augen mit einem Blick, so scharf, dass das Hingucken fast wehtut. Später würde man ihn für seine akustischen
Gitarren-Phrasen feiern – sämige, leicht verquälte Kompositio-
nen, vergöttert von Rockmusikern mit einem Hang zur Avant-
garde wie *Sonic Youth* und dem Produzenten Jim O'Rourke, der in
ihnen etwas Geisterhaftes und Ewiges hörte. In seinem Werk ist
etwas von tiefem Schmerz und Herzensleid. (»Fahey und ich spielen frustrierte kleine Symphonien für Gitarre«, hat sein Freund
und Kollege Robbie Basho einmal gesagt.)

Bevor er ein Gitarrist wurde, mit dessen Namen man Down-
town angeben konnte, war Fahey ein 78er-Sammler; im Grunde
hingen beide Beschäftigungen zusammen. Seine Haus-zu-Haus-
Suche nach 78ern begann er unter der Anleitung des Musik-
wissenschaftlers und Sammlers Dick Spottswood, der die
US-amerikanischen Südstaaten erst nach Country- und Bluegrass-
Platten, dann nach Aufnahmen eines primitiven Country-Blues
im Stile eines Skip James oder Charley Patton durchkämmt hatte.
Im Jahr 1964 gehörte Fahey (gemeinsam mit Henry Vestine von
Canned Heat und Bill Barth von The Insect Trust) zu dem Team,
das den im Krankenhaus in Mississippi genesenden James auftrieb.
Eine Freundschaft auf den ersten Blick entstand zwischen James
und Fahey nicht. (»Ich konnte ihn nicht leiden, und er konnte
mich nicht leiden«, erzählte Fahey später dem Reporter Eddie
Dean, und in seinem zum Teil autobiografischen, zum Teil fiktionalen Buch *How Bluegrass Music Destroyed My Life* legt er noch
einmal nach und nennt James »ein widerliches, verbittertes, hass-
erfülltes altes Ekel«.)

Seine Masterarbeit schrieb Fahey schließlich über Patton
(*A Textual and Musicological Analysis of the Repertoire of Charley*

Patton), im Studiengang Folklore der UCLA. Da hatte er schon ein Gefühl dafür, auf welche Arten weiße Blues-Liebhaber vom völligen Anderssein schwarzer Vorkriegs-Bluesmusiker auf unanständige Weise erregt wurden. Jahre zuvor, 1959, hatte er sich für seine Auftritte einen Künstlernamen zugelegt: Blind Joe Death. Das war eine böse Parodie. Er trug eine dunkle Brille und ließ sich schlotternd am Ellenbogen auf die Bühne führen. Die Gitarre von Blind Joe Death, so konnte man lesen, sei aus einem Kindersarg gefertigt.

Gegen Ende seines Lebens war Fahey zornig und kugelrund und lebte in der Nähe von Portland, Oregon, in einem Fürsorgeheim. Als der Autor Byron Coley ihn im Jahr 1994 besuchte, um ihn für *Spin* zu porträtieren, fand er ihn »monströs, bleich und halbnackt über ein Doppelbett gebreitet«, in völliger Dunkelheit einer Plattenaufnahme der Abschiedsrede von General Douglas MacArthur lauschend. Coley fand, Faheys Situation – der Grad seines Vergessenseins – sage »genauso viel über den Mangel an Vorstellungskraft der Öffentlichkeit aus wie über seine persönlichen Probleme«. Fahey starb im Februar 2001 mit einundsechzig Jahren an Komplikationen nach einer sechsfachen Koronararterien-Bypassoperation.

Jackson und ich unterhielten uns über die Sorte Mensch, die Platten-Flohmärkte in den Konferenzräumen von Vorstadthotels besucht. »Das sind alle möglichen komischen Typen. Die meisten sind ziemlich skurril«, sagte Jackson mit viel Gefühl. »Manchmal kommen Leute zum Kaufen zu mir nach Hause. Meine Frau würde sagen: ›Ich kann mich nicht daran erinnern, dass hier schon mal ein normaler Mensch aufgetaucht wäre, mit dem man ein anständiges Gespräch führen konnte.‹«, sagte er. »Man muss schon ein bisschen komisch sein, mit so einer Obsession.«

Ich kaufte Jackson die Tamburica-Platte ab und stöberte noch eine Stunde herum, bis mir die existenzielle Notwendigkeit, einen sonnigen Sommervormittag in einem Hilton in New Jersey verbringen zu müssen, auf den Magen schlug und ich den Rückzug Richtung Fahrstuhl antrat. Ich karrte meine 78er nach Hause und starrte sie eine Weile an. Ich fand, dass sie sich in meinem Regal toll machte. Ich spielte sie gnadenlos ab. Ich wälzte den Gedanken, mir noch eine zu besorgen. Oft.

Ein paar Tage darauf bekam ich eine E-Mail von Art Zimmerman, dem Eigentümer eines Jazz-Labels namens Zim Records, der den Flohmarkt zusammen mit Jim Eigo, dem Gründer einer PR-Firma namens Jazz Promo Services, veranstaltet hatte. Der Tonfall war in seiner Präzision ungewöhnlich – fast schon poetisch. Bald würde ich die Stimme des Sammlers darin wiedererkennen, eine penible, gründliche und nachdenkliche Tonart, um Eleganz vielleicht weniger bemüht, aber immer auf Nutzwert aus, mit Anflügen von Freundlichkeit.

»Diese Mail richtet sich an alle, die am vergangenen Wochenende am *Jazz Record Collectors Bash* teilgenommen haben. Viele, die nicht dabei waren, bekommen diese Mail einfach, weil es weniger arbeitsaufwändig ist, sie allen Bash-Kunden zu schicken, als die tatsächlichen Teilnehmer aus dem Verteiler herauszufiltern. Im Verkäuferzimmer des Flohmarkts wurden verschiedene Gegenstände zurückgelassen. (Kurzbeschreibung folgt unten.) Falls euch etwas davon gehört, bitte ich um Kontaktaufnahme in Form einer Antwort auf diese Mail oder eines Anrufs. 1. Ein Band einer der Diskografien von Rust, Einband stark abgenutzt – 2. Sonnenbrille – 3. Eine kleine Anzahl bei Lloyd Rauch gekaufter 78er, überwiegend populäre Songs, möglicherweise aber auch eine Platte von Pasquale Amato enthaltend.«

Die Sonnenbrille könnte meine gewesen sein.

DREI

Das gehört, glaube ich, zu den Dingen, die man nicht erklären kann

Christopher King, Geeshie Wiley,
Blind Uncle Gaspard, Matchsticks, Facebook,
die Hillsville VFW Flea Market and Gun Show,
der Tod

Mit dem Sammler Christopher King traf ich mich an dem Tag, als der Hurrikan Irene über das Inland von Virginia peitschte. Den längsten Teil meiner Fahrt zu ihm über musste ich abgerissenen Ästen und anderen Baumresten ausweichen, bis ich meinen Mietwagen in einer riesigen Pfütze abstellte und vor seine Haustür hechtete. King, damals einundvierzig, hatte kurze schwarze Haare, zur Seite und nach hinten gekämmt, und ein blasses, rundes Gesicht, das eine altmodische Art von Unschuld ausstrahlte. Dabei war er bissig und scharfsinnig, rollte gern mit den Augen und ließ niemandem eine Dummheit durchgehen. Auf dem rechten Bizeps hatte er ein Tattoo von Betty Boop, das aus seiner Zeit als Hausmeister stammte, Teil eines ewigen Werbens um die Solidarität seiner Kollegen. Er rauchte kurze, dicke Selbstgedrehte; den Tabakbeutel trug er vorn in der Hosentasche. King war pingelig, aber aufgeschlossen, und das war ein Glück, er würde nämlich am Ende furchterregend viel Zeit damit zubringen, mich Schritt für Schritt in die Nuancen verschiedenster Aufnahme-Phänomene einzuführen. Dafür war ich ihm dankbar. Wenn ich mehr über Platten lernen wollte – wo sie waren, wie sie dort hingekommen waren, worin ihre Bedeutung lag –, brauchte ich einen nachsichtigen Sensei, einen geduldigen Führer.

King arbeitete in Charlottesville als Produktionsleiter bei Rebel Records, einem Bluegrass-Label, und County Records, einem Nostalgie-Label. Außerdem gehörte ihm eine Firma für Tontechnik und Produktion historischer Musik, *Long Gone Productions*. Auf seinem Schreibtisch im Büro stand neben einem Desktop-Computer, der mehr wie eine Zugabe wirkte – in meiner Erinnerung war es ein archaischer Koloss, nach dem Modell Commodore 64, aber in Wahrheit war es wahrscheinlich ein PC von heute –, eine grüne Remington. Seine Brille stammte aus einer anderen Zeit. Ein Mobiltelefon besaß er nicht, und meines nannte er »Smartdings«. Sein Haus auf dem Land in Faber, das er mit seiner Frau Charmagne, seiner Tochter Riley und einem glubschäugigen Boston-Terrier namens Betty teilt, war mit sorgfältig ausgesuchten Antiquitäten und Kuriositäten möbliert. Wie viele Sammler hatte King sich von den Facetten der Gegenwart, die er am geschmacklosesten fand, abgeschottet. Einmal fragte er mich, ob Lady Gaga wirklich »eine Lady« sei. Ohne Witz.

Mein Interesse am Sammeln verwunderte King, er beharrte darauf, dass es sich um ein profanes, wenn nicht gar starres Hobby handele, und beantwortete meine Fragen mit mühselig zurückgehaltener Ungläubigkeit. Was ihn dagegen faszinierte, war das Zuhören, waren die zahllosen Wege, über die Menschen nach Klang verlangten und ihn einsetzten: »Die Frage, die nie beantwortet, vielleicht nicht einmal gestellt wird, lautet: Was ist an uns Menschen, das uns dieses Verlangen nach etwas so Flüchtigem gibt?«

Musik, sagte er, sei ein universell anerkanntes Heilmittel, und *diesen* Vorgang und seine Funktionsweise müsse man sich ansehen, denn nur über ein Verständnis davon könne überhaupt jemand anfangen zu erklären, warum er oder sie 78er sammelte. »Es gibt Klänge oder eine Gruppe von Klängen oder eine Linie von Klängen, die etwas Kathartisches auslösen. Ich glaube, jeder Mensch hat das, vom einen Ende des Spektrums zum anderen«, erklärte er.

Entsprechend bestand King darauf, eher Auftritte zu sammeln als Platten. Die Dinge gefielen ihm, aber was er brauchte, waren die Songs, war die Katharsis - die Platten waren Mittel zum Zweck. Später würde ich Dutzende von Sammlern ihre Version seines Textes aufsagen hören, und bei den meisten würde es nach Bullshit klingen, aber King glaubte ich, als er darauf beharrte, das Hörerlebnis einer 78er sei (anders als bei einer LP oder einer digitalisierten Fassung) tiefer und geradezu lebensverändernd. Genauer fasste er seine Aussagen nicht. »Das hat mit Klangtreue zu tun, aber auch mit Aura, etwas Ungreifbarem. Ich gehöre zu den Leuten, die glauben, dass es nicht viel Unerklärliches gibt, aber das gehört, glaube ich, zu den Dingen, die man nicht erklären kann«, sagte er.

King stammte aus Bath County, Virginia, und hatte nie außerhalb des Staates gewohnt, abgesehen von einem kurzen Ausrutscher nach Steubenville, Ohio, wo er an der Franciscan University drei Tage auf einer Doktorandenstelle für Philosophie verbrachte. Vorher hatte er an der Radford University Philosophie und Religionswissenschaft studiert und die Kunst des Sammelns bei seinem Vater Les King erlernt, einem Lehrer und Musiker, der beharrlich hochformatige Jukeboxen, antike Bücher, Victrola-Plattenspieler, 16-Millimeter-Filme, Platten und andere Kuriositäten anhäufte. Dieser Vater, der im Winter 2001 gestorben war, spielte für ihn weiter eine wichtige Rolle, und er sprach oft von ihm, mal am Boden zerstört, mal besitzergreifend.

Als Kind wurde King oft auf private und öffentliche Flohmärkte mitgeschleppt, aber seine eigene Sammlerlaufbahn begann erst, als er durch reines Glück in einem verlassenen Schuppen auf dem Land seines Großvaters einen Stapel 78er fand. Eine gute Geschichte, kinoreif: »Meine Großmutter war gestorben, und mein Vater wollte, dass ich komme und helfe, einen Schuppen des Pächters auszumisten. Ich weiß noch, wie ich die Tür zu dieser Bruchbude aus Teerpappe geöffnet habe, und da stand eine schrottige Victrola. Ich wusste, was eine 78er war und wie man sie abspielte, aber ich hatte mich nie besonders dafür interessiert. Vielleicht schlug das, was mein Dad spielte, bei mir nicht die richtigen Saiten an. Also habe ich die Victrola aufgeklappt und bin die Platten durchgegangen, und da war ›God Don't Never Change‹ von Blind Willie Johnson. Dann gab es da den ›Denomination Blues‹ von Washington Phillips. Dann war da ›Aimer et Perdre‹ von Joe und Cleoma Falcon, ein Cajun-Liebeskummer-Song. Dad half mir, sie abzuputzen. Ich war in der achten Klasse und ging wie besessen bei den Leuten in den Keller oder lugte unter ihre Veranden. Unglaublich, was für Stapel an 78ern die Leute damals unter der Veranda hatten.«

King fing an, nach Hillbilly-Platten zu suchen, dann mehr nach Blues, woraus sich eine tiefe Zuneigung zu allem entwickelte, was krude und ländlich klang. »Wenn sich durch das, was ich habe, überhaupt ein Faden zieht, dann ist es das tief, tief Ländliche und Hinterwäldlerische. Das der Stadt geradezu den Rücken kehrt. Das hat etwas«, musste er zugeben. Außerdem fühlte King sich auf übernatürliche Weise zu Narrativen von Sehnsucht und Unbehagen hingezogen, zu Darbietungen, die nach Entgleisung und Kontrollverlust klangen. Das waren Vorlieben, die ich leider auch bei mir selbst wiederfinden konnte – eine niedrige, vielleicht sogar schändliche Lust, zu hören, wie jemand so von Gefühlen überwältigt wird, dass sich kein Anschein von Würde oder Beherrschung mehr wahren lässt. Wahrscheinlich fühlte ich mich nicht mehr so allein, wenn ich belauschen konnte, wie jemand anders neben der Spur war. Vielleicht war das aber auch nur eine Messlatte, um das Ausmaß des Schadens abzuschätzen, den man selbst schon hatte. Und vielleicht klang es auch einfach schön und befreiend - eine Art stellvertretender Auswilderung. King lauschte danach, permanent.

Außerdem war er einer, der ständig ans Sterben dachte (er hatte kurz als Bestatter gearbeitet) und gern Dinge sagte wie:»Ich bereite mich jeden Tag auf den Tod vor. Ich bin besessen davon.« Dass King als Sammler auf das Vergehen der Zeit fixiert war, ergab Sinn, und die dauernde Beschäftigung mit seinem Erbe - als Kurator, als Produzent, als Vater - war mit der wichtigste Antrieb seiner Arbeit. »Sehen Sie sich all diese krass vergänglichen Dinge an, die letzten Endes nicht bleiben werden, Facebook-Posts zum Beispiel«, klagte er eines Tages am Telefon. »Ich bin ganz klar von dem Gedanken besessen, dass es so enden könnte. Was bleibt dann?«

Tatsächlich war die Antwort auf diese Frage nie komplizierter als heute. Auch wenn dieser Gedanke für King wie ein Witz geklungen hätte, lässt sich durchaus die These aufstellen, dass unser digitales Erbe (also die ganzen behämmerten Facebook-Posts) sich als viel weniger vergänglich erweisen wird als unser materielles Erbe. Es ist schließlich replizierbar und unverbrüchlich, das liegt in der Natur des Internets. Es gibt inzwischen sogar schon Dienstleister für das posthume Management digitaler Hinterlassenschaften; wer heute sein Testament aufsetzt und Nachlassverwalter bestimmt, kann gleichzeitig Vereinbarungen mit Firmen wie *Legacy Locker* treffen, einem »sicheren Verwahrungsort für Ihre wichtigsten digitalen Besitztümer, der es Ihnen erlaubt, Freunden und Familie im Falle von Verlust, Tod oder Invalidität Zugang zu online verfügbaren Gütern zu gewähren.« Es lässt sich kaum von der Hand weisen, dass dies für zukünftige Generationen der Weg sein wird, sich mit der Vergangenheit auseinanderzusetzen und sich an ihr zu erbauen - dass sie auf diesem Weg begreifen werden, wie die Menschen früher lebten.

Aber ich wusste, was King meinte, wenn er über das Bleibende sprach, über das Einfangen von Wahrhaftigkeit. Vielleicht waren das, wonach er im Grunde auf den vielen Platten suchte – wonach ich im Grunde suchte –, Songs, die überhaupt erst die Zartheit und Unsicherheit des Lebendigseins einfingen. Songs, die anerkannten, explizit oder implizit, dass jedes lebende Wesen gezwungenermaßen damit fertigwerden muss, ständig von plötzlicher und völliger Auslöschung bedroht zu sein. Und nicht nur unsere Existenz ist zerbrechlich. Unser Glück ist es ebenso. Alles kann in die Brüche gehen.

King war auf die eine oder andere Art und Weise an fast all meinen liebsten Sammlungen von Wiederveröffentlichungen beteiligt, aber ihm selbst liegt offenbar vor allem *Aimer et Perdre: To Love & to Lose, Songs, 1917–1934* (Tompkins Square, 2012) am Herzen, weil sie sein Weltbild am besten auf den Punkt bringt. King hat sie produziert, remastered und mit großem Wirbel in die Welt gebracht. Alle 78er stammen aus seiner Privatsammlung, und seine Einführung ist ein tief empfundener Tribut an das, was er »unser störrisches Beharren auf Beziehungen, von denen wir wissen, dass sie uns am Ende sowohl bereichern als auch zugrunde richten werden« nennt. Ich glaube, King fand Trost in der Vorstellung, dass Liebesleid ein Zeitvertreib aus uralten Zeiten war und unsere verzweifelte Suche nach (und unser theatralisch-zerstörerischer Umgang mit) intimen Beziehungen uns irgendwie im Blut lag – dass Herzschmerz irgendwie biologisch unausweichlich war. Er hatte jedenfalls eine Plattensammlung zusammengestellt, die genau dies ganz klar zum Ausdruck zu bringen schien. Oder, wie er im gleichen Text schrieb:»Viele Songs dieser Sammlung vermitteln eine tiefe Angst vor dem Verlassenwerden und Verlust, als wäre Leidensfähigkeit die einzige Voraussetzung *unseres Seins*, die Fähigkeit, vielfache Widersprüche auszuhalten, zum Beispiel den, gleichzeitig zu bereuen, die gleiche Sache unter unterschiedlichen Bedingungen getan und nicht getan zu haben.« Das klang finster, aber es stimmte: Wir leiden, also singen wir.

Kings Platten stehen säuberlich in gedrungenen, maßgefertigten Regalen an der Nordwand seines Musikzimmers, schon an sich ein düsterer und mystischer Ort – ein kleiner, gekühlter Raum voll mit antikem Audio-Equipment, Büchern und Kunstgegenständen. (Wer so etwas schon generell romantisiert, schnappt beim Eintreten unweigerlich nach Luft.) King gebot über eine der beiden besten Sammlungen von Vorkriegs-Cajun-78ern (die andere gehörte einem Freund, dem Sammler Ron Brown), und sein Bestand an albanischer Volksmusik, ein neueres Faible, war unvergleichlich. Heute, da die meisten der begehrten Blues-Platten der Vorkriegszeit entdeckt oder wenigstens benannt wurden, sind viele Sammler auf »exotischere« Gebiete vorgestoßen, auch wenn die musikalische Grundlinie die gleiche blieb: Diese Platten waren außergewöhnlich, Dokumente einer wilden Raserei.

Wichtiger war – in meinen Augen jedenfalls –, dass King auch der Hüter eines der drei bekannten Exemplare von »Last Kind Words Blues« von Geeshie Wiley war und dazu noch eines der drei bekannten Exemplare von »Sur le Borde de l'Eau« von Blind Uncle Gaspard besaß, die man durchaus zwei der traurigsten, merkwürdigsten Songs nennen darf, die je aufgenommen wurden, was er so zusammenfasste: »Na gut, ich besitze zwei der seltensten und traurigsten 78er aller Zeiten ... wenn es mich verschlingt, würde dann alle Traurigkeit mit mir verschwinden?«

King machte Witze, und so tief, dass ich geglaubt hätte, der ganze Quell menschlicher Verzweiflung sei in zwei Platten enthalten und werde von ihnen gesteuert, war ich noch nicht gesunken. Obwohl diese beiden Platten durchaus von einer Art überweltlichem Input erfüllt zu sein schienen. Den »Last Kind Words Blues« hatte ich zuerst auf einer Compilation von Revenant Records aus dem Jahr 2005 gehört, *American Primitive*, Vol. II: *Pre-War Revenants* (1897-1939) (die King zufällig remastered hatte). Da wussten Sammler und Wissenschaftler schon, dass die Aufnahme vom März 1930 war und aus dem Studio von

Paramount Records in Grafton stammte. Aber wie die Sängerin Geeshie Wiley in Wisconsin gelandet war oder woher sie kam (sie könnte eine Weile in Natchez, Mississippi, verbracht haben, oder mit einem Wunderdoktor weiter im Norden in Jackson, oder - wie King vorschlug, weil sie das Wort »depot« so eigenwillig betonte - aus dem Grenzgebiet zwischen Texas und Louisiana stammen), oder wie sie wirklich hieß (»Geeshie« dürfte ein Spitzname sein, ein Hinweis darauf, dass sie ihre Wurzeln bei den Gullah hatte, befreiten Sklaven aus Bunce Island in Sierra Leone, oder von westafrikanischen Sklaven abstammte, die über Charleston und Savannah nach South Carolina und Georgia gebracht worden waren). Wiley trat mit einem Gitarristen namens Elvie Thomas auf, und von 1930 bis 1931 nahmen sie für Paramount sechs Stücke auf. Darüber hinaus existieren über ihr Leben nicht einmal nennenswerte Mutmaßungen - nicht über ihr Liebesleben, nicht über ihr Aussehen, nicht über ihr Lebensende. Wiley war ein Gespenst, auf erbitterte Weise körperlos, ein Geist, wenn nicht im Schellack enthalten, dann doch von ihm umrissen. King fand, das gehöre zu Wileys Anziehungskraft - dass wir auf sie projizieren konnten, was wir wollten - aber der »Last Kind Words Blues« ist dazu eine so sonderbare und schaurige Leistung, dass die Aufnahme ihren eigenen Mythos überstrahlt. Oder ihn sich zumindest unterordnet.

Wileys Texte und Phrasierung sind nicht wirklich eigenwillig, aber rhythmisch so verblüffend, dass der Auftritt einzigartig wirkt, wenn nicht gar unwiederholbar - in diesem Zusammenhang ergibt die Seltenheit der Platte fast wieder Sinn. In seinem Essay »Unknown Bards« nannte John Jeremiah Sullivan den Song »ein grundlegendes Werk amerikanischer Kunst, ohne Einschränkungen, einen Blues, der kein Blues ist, sondern etwas anderes, gleichzeitig aber ein vollkommener Blues, ein Höhepunkt«, und die Verwirrung, die Sullivan zum Ausdruck bringt - der psychische Orientierungsverlust, den Wileys Gesang auslöst -, ist vielleicht die einzige feste Größe der Aufnahme. King schalt mich, weil ich nicht genau definieren konnte, was mir an »Last Kind Words Blues« so unmittelbar einleuchtend erschien – warum das Stück für mich funktionierte; warum ich, als Wiley bei »*What you do to me, baby / It never gets out of me*« (»Was du mir antust, Baby / Das bleibt immer in mir«) angekommen war, nur noch flach atmete und glasig guckte – aber dieses Geheimnis war ein entscheidender Teil seines Reizes. In »O Black and Unknown Bards«, dem Gedicht von James Weldon Johnson, aus dem Sullivan den Titel für seinen Text entliehen hat, schrieb Johnson von seiner eigenen Verwunderung angesichts bestimmter Spirituals und formulierte die einzige nützliche Frage, die man Geeshie Wiley stellen könnte: »*How came your lips to touch the sacred fire?*« – Wie konnten deine Lippen das heilige Feuer berühren?

»Last Kind Words Blues« war die erste Platte, die ich bei King hören wollte, und diese Bitte werden wohl die meisten Menschen haben, die es überhaupt schaffen, über seine Schwelle zu kommen und Ansprüche zu stellen. Online gibt es sogar ein Video – aufgenommen vom »78er Project«, einem Filmemacher-Paar aus Brooklyn, das auf Reisen gegangen war und auf einem Presto-Direct-to-Disc-Recorder aus den Dreißigerjahren neue Künstler auf Blanko-Schellackplatten aufnahm – mit dem Titel »Christopher King Plays Geeshie Wiley«, das unglaublicherweise nicht mehr zeigt als das: dreieinhalb Minuten Christopher King, wie er »Last Kind Words Blues« auf dem Plattenteller hat und sich dabei unwohl fühlt. Einmal kratzt er sich an der Nase.

Wenn Wiley ein Enigma ist, dann ist Blind Uncle Gaspard ein Windhauch. Nachdem ich dem Gitarristen und Kurator Nathan Salsburg anvertraut hatte, »Sur le Borde de l'Eau« nicht zu kennen, mailte er mir eines Oktobers ein MP3 davon. Gerechtigkeitshalber muss man sagen, dass er mich vorgewarnt hatte. (»Das Ende des Tracks klingt total danach, als würden ihm die Tränen kommen, und er könne nicht weitersingen, und dann ist die Aufnahme Gottseidank vorbei. Wahrscheinlich hat er einfach einen

Frosch im Hals ... Aber es klingt wirklich nicht danach, und der Klang haut dir über all die Jahre hinweg eins in die Fresse.«) Gaspard war im Jahr 1880 in der Gemeinde Avoyelles in Dupont, Louisiana, geboren worden, hatte im Winter 1929 für *Vocalion Records* in zwei Sessions (eine in Chicago, eine in New Orleans) eine Handvoll Cajun-Balladen und String-Band-Songs aufgenommen und war 1937 gestorben. Ich kannte »La Danseuse«, den Track von Gaspard und Delma Lachney, den der Sammler und Produzent Harry Smith in die *Anthology of American Folk Music* aufgenommen hatte, und fand ihn eine sehr hübsche Gitarren-und-Fidel-Weise, aber »Sur le Borde de l'Eau« ist eine ganz andere Hausnummer. Ich weiß nicht, was Gaspard da von sich gibt (mein Französisch ist zu schlecht), aber ich bin mir sicher, dass die Pointe nicht im Erzählerischen liegt. Seine Stimme ist so satt mit Sehnsucht getränkt, dass sie mitten in einem Heliumballon zu schweben scheint, dem zu viel Gas ausgegangen ist. Sie ist dünn und versagt ihm, dann löst sie sich völlig auf, wie die beste/schlimmste Beziehung deines Lebens, wie ein Geist, der vom Nebel verschluckt wird.

King erwarb die Platte in einem Tauschhandel mit einem Sammler, den er immer nur »Paul« nennt (»So klingt es mehr nach *Herr Satan persönlich* ... Herrgott, ich werde doch nicht alle meine Geheimnisse ausplaudern!«), das war Ende 2012. Als ich ihn im November des gleichen Jahres besuchte, ein paar Tage vor Thanksgiving, ließ er sich nicht lange bitten, sie mir vorzuspielen. Wir zogen uns mit eisgekühltem türkischen Tee in großen Gläsern in sein Musikzimmer zurück, und ich bekam den guten Stuhl, den hinter seinem Schreibtisch, vor den Lautsprechern. Ein paar Stunden später ließ ich mir das Stück noch einmal vorspielen, unmittelbar bevor ich ging, saß da, starrte den Plattenteller an, sah zu, wie die Platte sich drehte, wieder entgeistert, dass sich etwas, das so lebendig klang, in einen Schellack-Klops ritzen ließ. Zwar hatte ich inzwischen an ein paar hochprozentigen Drinks genippt, aber trotzdem: Die ganze Erfahrung war so verwirrend, dass ich ohne Schal und Mantel in der eiskalten Nacht verschwand.

Als Tonmeister genießt King hohes Ansehen – er war sechs Mal für einen Grammy nominiert, und im Jahr 2002 gewann er einen, den er heute in einem Pappkarton mit der Aufschrift EHRUNGEN aufbewahrt –, und seine Fähigkeit, abgeschabten Platten verwendbare Klänge abzuringen, war erstaunlich. Sogar so erstaunlich, dass ich sowohl Herkunft als auch Ausprägungen dieser Klänge hinterfragte. Was hörte King, wenn er diesen Platten lauschte? Was hörte ich? Waren diese Unterschiede im Hörvermögen, falls es sie überhaupt gab, physischer oder metaphysischer Natur? Hatte ich mir durch übermäßigen Genuss von Punk aus schrottigen Kopfhörern, ein schrilles allabendliches Ritual, das mir durch mehrere Jahre des Lebens und Arbeitens in New York geholfen hatte, fröhlich die Trommelfelle ruiniert? Oder war die Sache vertrackter, ging es um eine Frage der Bedürftigkeit? Hörte King mehr, weil er bedürftiger war, etwas zu hören?

»Ich kann Dinge auf ganz anderen Frequenzen hören als die meisten anderen«, sagte King. »Das kann auch nerven. Vielleicht sitze ich im Wohnzimmer und lese und die Ventilatoren surren und Betty hat sich im Lesezimmer auf den Boden gelegt und ich höre ihr Herz schlagen. Betty ist ein kleiner Hund. Mein Gehör ist wirklich scharf. Es ist selektiv; in Gesprächen kann ich es abschalten. Eine Form von Autismus? Was weiß ich.«

Gewiss war nur, dass seine Arbeit ein großes Maß an Einfallsreichtum erforderte. Auf dem Plattenspieler im Musikzimmer lagen alle möglichen merkwürdigen Dinge – Streichhölzer, Mundspatel, Eislöffelchen aus Plastik –, mit denen er den Tonarm beschwerte, nach Gefühl oder nach dem, was er über bestimmte Studios oder Aufnahmesessions wusste. Er stellte sich auf Faktoren wie Luftfeuchtigkeit oder verzogene Dielen ein oder auf eine Unaufmerksamkeit des ursprünglichen Tontechnikers, der vielleicht geträumt hatte oder hungrig oder unerfahren gewesen war.

Bei der Arbeit an *Screamin' and Hollerin' the Blues: The Worlds of Charley Patton*, einem aufwändigen 7-CD-Best-of von Pattons Werk bei Revenant Records, war es ihm gelungen, in der Aufnahme von Pattons »I'm Goin' Home« eine zweite Stimme herauszufiltern – einen völlig anderen Menschen, der in einem Nebenzimmer mitsingt. »Die Stimme ist eindeutig da«, sagte er achselzuckend. »Keine Sau weiß, wer das ist.«

Was King in diesen Fällen tat, lässt sich vielleicht mit dem Übersetzen vergleichen, und es war eine nützliche, generöse Arbeit. Akustisch betrachtet könnten 78er etwas Einschüchterndes haben – ihre Musik klingt oft uralt, von den Zeitläuften so stark in Mitleidenschaft gezogen, dass sie zu fern klingt, zu historisch, um uns noch zu berühren. Von Mythen, Knistern und Rauschen umwoben, lässt sich leicht vergessen, dass Charley Patton vom Ficken gesungen hat, von Liebeskummer und der ganzen Scheiße, die ihn wütend machte – genau das, von dem auch heute gesungen wird. King vermenschlichte und entmystifizierte die Auftritte, indem er einen Atemzug hörbar machte, ein Stampfen. Oder einen Idioten, der draußen wartete und mitsang.

Manchmal hatte Kings Aufgabe damit zu tun, wie eine Platte abgespielt worden war und in welchem Zustand sie ihm in die Hände kam. War das Holz der Victrola verzogen gewesen, hatten die Menschen so wild getanzt, dass die Nadel immer wieder gesprungen war, war die Platte in einem feuchten Keller oder auf einem zugigen Dachboden gelagert worden? Meistens aber versuchte er, die Mängel der damals gerade aufkommenden Technologie auszugleichen. (Die meisten Platten wurden nicht bei genau 78 Umdrehungen pro Minute aufgenommen, manche Aufnahmen waren von dieser Zahl weit entfernt.) An dem Abend, als King mir seinen Gaspard vorspielte, hörten wir auch »Hell Hound on My Trail« von Robert Johnson – ein Stück, das ich schon Hunderte Male gehört hatte, nur dass es sich jetzt anders anhörte, klarer, kraftvoller. Ich fragte bei King nach. Er grinste. Als ich einen Blick auf den Plattenspieler warf, sah ich, dass die Abspielgeschwindigkeit bei 79,4 Umdrehungen lag und er einen Eisstiel auf den Tonabnehmer gelegt hatte. Wie ein Zaubertrick. Magie.

Ich habe seitdem mit King einige der üppigsten und leckersten Mahlzeiten meines Erwachsenenlebens verzehrt, ein zwielichtiges gastronomisches Abenteuer, das auf dem Vordersitz von Kings VW begann, in Christiansburg, Virginia, auf dem Parkplatz vor dem *Dudes Drive-In*. Die Folgen waren trostlos, spirituell betrachtet. »Ich fühle mich, als hätte ich gerade ein kleines Kind gefressen«, erklärte King. Auf den Knien balancierte er die Überreste eines Hamburger-Steak-Sandwichs auf den Knien. Ich spritzte mir noch ein paar Packungen Ketchup auf die Kartoffelschnitze und positionierte die Schale strategisch auf dem Armaturenbrett, für leichteren Zugriff. Am Handschuhfach klebte eine mit Schreibmaschine getippte Track-Liste von *Mama, I'll Be Long Gone*, einer Sammlung von Songs, die der Vorkriegs-Akkordeonspieler Amédé Ardoin aufgenommen hatte, vor Kurzem von King neu veröffentlicht. Ich achtete darauf, die Liste nicht schmutzig zu machen. »Ich bin ekelhaft«, murmelte ich vor mich hin. Ich nahm einen großen Schluck Coke. Den Mund hatte ich noch voller Cheeseburger. King hatte mich vor den kulinarischen Einschränkungen an unserem Zielort gewarnt – »wenn man nachts darüberfliegen würde«, so hatte er es ausgedrückt, »wäre alles vom Schein Tausender Fritteusen erleuchtet« –, aber wir hatten nicht besonders angestrengt versucht, etwas Besseres zu finden. Kurz hatten wir das Grillrestaurant nebenan erwogen, aber die angekündigte Abendunterhaltung (ein paar Langhaarige, die »Flowers on the Wall« von den Statler Brothers schrammeln wollten), hatte auf King sofort als Appetithemmer gewirkt. Das hatte ich ihm deutlich angesehen.

Ein paar Wochen zuvor hatte ich King überredet, mich auf eine Müllsammel-Aktion mitzunehmen – Plattenbeschaffung bei Leuten, die von deren Wert, ob finanziell oder ideell, keine Ahnung haben oder denen er egal ist. Es ging zur »Hillsville VFW Flea Market and Gun Show« - dem Veteranen-Flohmarkt und Waffenmarkt in Hillsville, Virginia, einem verschlafenen kleinen Nest im Vorgebirge der Blue Ridge Mountains ungefähr zwanzig Kilometer vor der Grenze zu North Carolina. King hatte dort schon Glückstreffer gelandet, aber er hatte mich auch vor der Möglichkeit einer völligen Pleite gewarnt: »In den letzten vierzehn Jahren bin ich fast jedes Jahr hingefahren«, schrieb er mir per Mail. »Manchmal ist es sehr gut gelaufen ... Einmal habe ich einen Patton abgestaubt, ein andermal ein paar Henry-Thomas-Platten, dann eine von den Reeves White County Ramblers, dann wieder einen großen Stapel polnischer Streicherbands. Letztes Jahr bin ich mit leeren Händen nach Hause gekommen ... So ist das eben. Aber es ist ein beschissener, staubiger Treck, für Frühaufsteher. (Man muss am Freitag ganz früh los, und zwar zackig.)« So wurden gute Platten aufgespürt, das war mir klar - nicht, indem man in einer Vorstadt von New Jersey zu spät beim *Jazz Record Collectors Bash* aufschlug. Und ich wollte King natürlich bei der Arbeit beobachten - aber ich wollte auch sehen, was ich selbst auftreiben konnte.

Am Donnerstag vor Marktöffnung traf ich mich mit King in seinem Büro bei County Records. Um zeitig in Hillsville zu sein, mussten wir die zweieinhalb Stunden von Charlottesville nach Christiansburg hinter uns bringen, dort übernachten, und dann für die letzte Etappe vor sechs Uhr früh wieder wach sein. Mit King ließ sich gut reisen, nett gemeinte Neckereien inklusive (als er meine Reisetasche in den Kofferraum wuchtete, zog er mich sofort mit deren Größe auf - die ich auch heute nicht übertrieben finde), er hatte nichts gegen regelmäßige Zwischenstopps (zum Teil, weil er dann rauchen konnte), und erörterte bereitwillig alles, was es an Menschheitsversagen gab, in Bezug auf uns persönlich ebenso wie auf die Spezies Mensch als Ganzes. (»In eine abgrundtiefe Depression verfalle ich offenbar nur alle anderthalb Jahre oder so, und zwar meistens, weil ich in den Biosupermarkt muss.«)

Auch über Platten unterhielten wir uns. King hatte eine ausgeprägte Abscheu vor Sammlern entwickelt, die ihre Fundstücke als Compilation veröffentlichten, ohne die dazu notwendigen Belege vorzulegen – vor Sammlern also, die die Musik, die sie promoten wollten, nicht in einen sinnstiftenden Kontext einordneten. Nach Kings Überzeugung mussten Sammler auch den wissenschaftlichen Teil der Arbeit erledigen, und wer das nicht tat, war ein Dilettant. »Sie glauben, dass sie keine Informationen liefern müssen, und das führt dann zu dieser fiktionalen, künstlichen Mythologie«, sagte er. »Vorgespiegelt, damit man die Banalität dahinter nicht entdeckt. ›Wir mögen das einfach – aber erzählen wollen wir euch darüber nichts.‹ Die Menschen, die mich beeindrucken, sind von der Musik so besessen, dass sie alles tun, die Platten in bestmöglicher Qualität zu beschaffen und dann über wirklich obskure Musiker oder Musikrichtungen so viel lernen, wie sie können. Dann teilen sie ihre Musik und ihr Wissen. Sie enthalten uns nichts vor.«

Ich hatte noch keine klare Haltung zu diesem Hang der meisten 78er-Sammler, zwanghaft zu kontextualisieren und schlimmstenfalls aus lückenhafter Forschung allzu pseudoakademische Narrative zu stricken, und wollte noch immer glauben, dass die Platten einen Wert an sich hatten, unabhängig von ihrem behaupteten historischen Wert. Schließlich ging es um Musik. Warum uns von ihr distanzieren? Moderne Musikhörer:innen hatten schließlich nicht viel Gelegenheit, Kunst im Vakuum zu erleben, den Einschränkungen durch deren kulturellen Wert, durch Zeit und Ort enthoben. War das nicht eine Gelegenheit? Etwas Schätzenswertes?

King sprach es nicht aus, aber ich bin mir ziemlich sicher, dass er mich naiv fand, wenn nicht gar bewusst naiv. Ein paar Mal rollte er mit den Augen. Ich erwähnte Wiley. Glaube er denn nicht, »Last Kind Words Blues« sei gut genug, einen Raum voller, sagen wir, Schweden vom Land umzuhauen, die von Country Blues, Mississippi oder 78er-Raritäten keine Ahnung hatten? Die noch nicht auf die Debatte eingestiegen waren, ob sie am Ende einer der ersten Strophen »bolted metal«, »boutonniere« oder »broken will« singt? Er verzog das Gesicht. »Was man aus dem Kontext der Originalaufnahme erschließen kann, ist einfach zu toll«, sagte er. »Das macht mich jetzt wohl zum Spielverderber, so sehr ich an die erlösende Kraft von Geeshie glaube.«

Am Ende würde dieses Thema zwischen King und mir der größte Zankapfel bleiben – ich hatte mich auf das Argument versteift, Wiley könne jeden und jede fertigmachen, überall, unabhängig von Fachwissen jeglicher Art, und als ich ein paar Monate nach meiner Rückkehr aus Virginia wieder davon anfing, schrieb er mir folgende Mail:

»Hier ein Gedankenspiel. Anstatt die 78er ein paar Schweden, Albanern oder Griechen vom Land vorzuspielen, könnten wir doch die wirkliche Geeshie Wiley in Albanien auftreten lassen, und [den albanischen Klarinettisten, Violinisten und Sänger] Riza Bilbyl in Jackson, Mississippi. Glauben Sie, die Reaktion der albanischen Landbevölkerung der Gegenwart auf Wiley oder die von Sharecroppern im Mississippi der Dreißigerjahre auf Riza Bilbyl würde wesentlich anders ausfallen? Und wenn ja, wie? Jetzt nehmen wir Geeshie und Riza raus und ersetzen sie mit dem verschrammten, letzten erhaltenen Exemplar ihrer jeweiligen 78er, aber die jeweiligen Daten erhalten wir aufrecht ... Würde die Einführung dieses basalen Artefakts anstelle des Echten ihre Reaktion auf deren jeweilige Größe erhöhen oder mindern?«

Nun gut, er hatte Recht: Zeit und äußere Umstände prägen unser Verständnis von Kunst entscheidend mit. Was ich aber immer noch nicht klar bekam – wahrscheinlich weil ich beides nie wirklich unterschieden hatte –, war, ob mein subjektiver Kontext (die Tatsache meiner Existenz, wo ich geboren bin und wo ich jetzt lebe, mein Begriff von Liebeskummer und was ich zum Lunch gegessen habe) von einem objektiveren Kontext übertrumpft oder erweitert werden sollte (den Tatsachen der Existenz des Songs, wie, wo und warum er entstand). Ich bleibe der subjektiven Erfahrung entschieden treu und bin einer objektiven Bedeutung gegenüber oft misstrauisch. Als Tonmeister hatte King oft die verschiedenen Kontexte ausbalancieren müssen: das, was er hören wollte, mit dem, was er hören sollte, und dem, was faktisch hörbar war. Hier schien John Muirs berühmte Behauptung der Vernetzung anwendbar zu sein – »Wenn wir irgendetwas an sich betrachten wollen, sehen wir, dass es über tausend unsichtbare, unzerreißbare Bande mit allem im Universum verbunden ist«, schrieb er 1869 in sein Tagebuch.

Als wir an jenem Donnerstagabend in Christiansburg angekommen waren und uns bei *Dudes* unser Abendmahl erbettelt hatten, nahmen King und ich für 49 Dollar die Nacht ein Paar beigefarbene Betten in einem Billigmotel am Highway in Beschlag. Das Motel war aufgebaut wie ein altes Motor Inn, Zimmer auf zwei Etagen mit Betonbalkonen. Im Hof drängelte sich eine Kompanie Kabelfernseh-Mechaniker, knallte batzenweise Hamburger-Fleisch auf Hibachi Grills und leerte Legionen von Bierdosen (Pabst Blue Ribbon). Ich wurde freundlich angebaggert, als ich mit einem Plastikeimer durch die Gegend lief, auf der Suche nach Eis für den Bourbon, den ich aus Charlottesville mitgebracht hatte. Als der Ton vom Gemütlichen ins Bedrohliche umschlug, flitzte ich zurück auf mein Zimmer, verbarrikadierte mit allen Möbeln, die nicht festgeschraubt waren, die Tür, zog eine Tasse aus der Plastikhülle, schenkte mir einen Drink ein (pur), legte mich hin und schlief mit allen Kleidern am Leib ein.

King und ich hatten verabredet, uns um Punkt sechs Uhr an der Rezeption zu treffen. Vor meiner Abreise aus New York hatte ich King gefragt, ob ich irgendetwas Besonderes einpacken solle. Er hatte mir eine Liste geschickt, und ich war versucht gewesen, sie mir auszudrucken und innen an die Schranktür zu kleben wie Joan Didion in *Das weiße Album*:

Also, was Sie mitnehmen sollten:
a) Trinkflasche
b) Ranzen
c) bequemes Schuhwerk, das Sie nachher verbrennen können
   (Ich habe gelesen, dass die Ladys in New York das sowieso
   immer machen, das also eher nebenbei)
d) Taschentücher (vom Mond aus sieht man, dass in Hillsville
   mittags ein Sandsturm herrscht wie in der Sahara)
e) einen oder zwei Sätze Kleider zum Wechseln (nach drei oder
   vier Stunden auf dem Markt kann selbst ich mich nicht mehr
   riechen)
f) Fassungslosigkeit über die Duldungsfähigkeit der Menschheit

Das deckte alles ab, fand ich – und ließ sich auf viele Reportage-Szenarien anwenden. Ich warf mich in ein paar Levi's Hotpants, ein weißes Tanktop und meine alten Converse-Sneaker. Im Badezimmer füllte ich die Trinkflasche mit Leitungswasser und verstaute sie nebst Handy, Notizbuch, Stiften und Aufnahmegerät in meinem Rucksack. Ich band mir die Haare zu einem Knoten. Ich rieb mir die Augen. Es fühlte sich an wie Schlachtvorbereitungen oder die Initiation in eine Leidensgemeinschaft von Traumatisierten. Ich räumte die Tür frei, schnallte mir den Rucksack um und verließ mein Zimmer Richtung Rezeption.

Der Mond – zufällig der zweite Vollmond dieses Monats, was selbst vom Parkplatz des Billigmotels, normalerweise ein Stimmungskiller, unheilvoll wirkte – stand noch immer hohl am Himmel. Es war schon heiß, obwohl die Sonne noch nicht schien, vielleicht war es auch nur feucht; nach jedem Einatmen kam ich mir aufgedunsen vor und spürte eine Klebrigkeit, die von innen nach außen drang. Beim Warten auf King schenkte ich mir aus der Kanne an der Rezeption eine Tasse lauwarmen Kaffee ein und sah mir die Fernsehnachrichten an. Ein dünner Teenager namens Levi

Moneyhunt wurde zu seiner Teilnahme an etwas namens *Catawba Farm Fest* interviewt, auf dem er offenbar auf einer gelben Flying-V-E-Gitarre »*old time music*« spielen würde. Ich unterstrich in meinem Notizbuch gerade die Worte »Levi Moneyhunt«, als King eintraf. Er trug Jeans und ein in die Hose gestecktes braunes Hemd. Kings Rucksack aus Leder und Segeltuch enthielt einen Tragekoffer für antike Platten mit Trennwänden aus Pappe, in dem er seine Einkäufe verstauen konnte.

Nach kurzer Beratung beschlossen wir, das Frühstück im Waffle House hinter dem Parkplatz einzunehmen. Ich bestellte einen Teller Rührei mit suppigen Kartoffelstücken. Der Toast – Weizen, ein Zugeständnis, das mir heute absurd vorkommt – war so mit Butter getränkt, dass er in der Hand die Form verlor. Ich tupfte trotzdem ein Tröpfchen Traubengelee darauf und stopfte ihn mir in den Mund. Energie tanken, sich eine Basis schaffen, das kam mir klug vor. Wir traktierten mit der Gabel die Eier, und King erläuterte die Pläne für den Tag. Wir würden auf direktem Weg zu einem Plattenhändler fahren, bei dem King schon früher Treffer gelandet hatte – einem gewissen Rodger Hicks, der jedes Jahr aus Forest Hill, West Virginia, ein paar Stunden Richtung Süden nach Hillsville zog. King wusste, wo er meistens seinen Stand hatte, und dass er früh dort sein musste. Danach würden wir herumschlendern, bis es unerträglich wurde, und nach unter anderen Hinterlassenschaften vergrabenen Platten stöbern. Ich fragte King, was ich zu erwarten hatte, ganz allgemein. »Da werden Sie ein Foto machen wollen«, sagte er. »Sie werden verblüfft sein. Wie viele Menschen dort sind, wie dick die Menschen sind, wie dick die Zelte sind, wie groß das Ganze ist, und vielleicht auch wie ekelhaft es ist.« Ich antwortete, ich hätte in Brooklyn schon ein paar Widerlichkeiten erlebt, wie damals, als ein Typ in Jogginghosen vor meiner Wohnung auf den Bürgersteig gekackt hatte. Damit handelte ich mir ein Augenrollen ein. Wir warfen etwas Geld für das Essen auf den Tisch, kletterten wieder in den VW und rasten davon.

Aus nördlicher Richtung fuhren King und ich in Hillsville ein, nach vielen Meilen Fahrt durch bukolische Landschaften, auf und ab, ganz weich, wie ein Surfer, der bei Sonnenuntergang auf seinem Brett sitzt. Ende August gibt es in den Südstaaten einen Augenblick, da wird die Landschaft geradezu obszön – übersatt und im vollen Bewusstsein des Kommenden – und lässt nochmal die Muskeln spielen. Überfluss lag in der Luft. Schon ein paar Meilen vor der Stadt fingen die privaten Flohmärkte an, Auffahrten und Veranden voller Trödel. Ortsfremde kamen, mit Geld in den Taschen, auf der Suche nach Das-wollen-sie-nicht-sagen, und wer das Glück hatte, an der Hauptzufahrt zum Markt Grund zu besitzen, nutzte den plötzlichen Zustrom und brachte die Kauflustigen mit wilder Ware vom Kurs ab. Ganze Häuser schienen umgekrempelt worden zu sein. Der Verkehr stockte. Es wurde aggressiv gestöbert. Die Menschen hatten Koffein im Blut. King dagegen blieb stoisch und ließ sich von den Sirenenrufen der unregulierten Ware nicht ins Wanken bringen, und um zwanzig vor neun hatten wir im Ort einen Parkplatz gefunden (fünf Dollar, zahlbar an den Herrn im Overall) und marschierten zügig auf das Zelt von Rodger Hicks zu, vorbei an den Verkäufern mit Bauchtaschen voller kleiner Scheine, vorbei an den Frauen, die Donut-Packungen von der Tankstelle aufrissen und kleine Puderzuckerwolken aufsteigen ließen. Luftleer war die Luft – schwer und fest, wie ein nasses Betttuch.

Es ist seltsam aufregend, mit King über einen Flohmarkt zu ziehen – als würde man sich hinten an ein wärmesuchendes Geschoss binden lassen oder in RoboCop verwandeln. Während wir uns stetig auf unser Ziel zubewegten, scannte King diverse Tische und Stände und deutete auf alle Händler mit Grammofon – für King der deutlichste Indikator für mögliche Schellack-Treffer. Wie gut er darin ist, lässt sich kaum beschreiben: Er kommt um eine Ecke, und nach ungefähr 1,5 Sekunden zeigt er auf eine Victrola. Ich dagegen ließ mich von fast allem ablenken (»Oh, als Kind hatte ich genau die gleiche Alf-Puppe!«), und für jede Whiskey-Karaffe in der Form des Großen Feuers von Chicago, vor der ich begeistert stehen blieb, entdeckte er wieder einen schlabberigen Karton mit alten Tonträgern, versteckt in einer Fünfzigerjahre-Anrichte. Er merkte einfach nur noch vor, was wir später nicht verpassen durften. Um neun, wenn der Flohmarkt offiziell aufmachte und die Händler verkaufen durften, mussten wir bei Hicks sein.

Als wir Hicks' Stand gefunden hatten, wühlten dort schon ein paar Kunden herum, darunter ein Sammler, den King kannte – ein freundlicher älterer Herr mit Schnurrbart und zugeknöpftem Hemd namens Gene Anderson. Als ich mich vorgestellt hatte, ließ Anderson mich durch seine Bedarfslisten blättern, die in Plastikhüllen in einem Ordner steckten. Diesen Listen nach zu schließen, hatte er schon eine anständige Sammlung von alten Country- und Blues-Platten im Regal. King nickte derweil Hicks zu – einem Mann in den mittleren Jahren, das schüttere braune Haar zum Pferdeschwanz zurückgebunden, eine winzige Sonnenbrille mit ovalen Gläsern auf der Nase –, beugte sich dann über eine Kiste 78er und fing an, sie durchzugehen. VORSICHT GUT ERHALTENE 78ER, hatte jemand auf ein Stück Pappe geschrieben, aber der Tau, der durch die von Hicks aufgespannte Plane rann, hatte es schon durchgeweicht. King wischte sie schnaubend beiseite.

In diesem Zelt wurden vor allem Rock-LPs, -Singles und -CDs angeboten. Rodger Hicks schien irgendwie das dumpfe Gefühl zu haben, dass bestimmte alte 78er etwas wert sein könnten, ohne dass er daraus irgendwelche logischen Schlüsse für die Bepreisung zog. Der Großteil seiner 78er kostete nur ein paar Dollar das Stück, nur einige wenige hatte er beliebig auf 100 bis 300 Dollar heraufgesetzt. Ein bisschen Runterhandeln wurde erwartet. King stieß mich fast sofort an und reichte mir eine Paramount-Pressung von »That Black Snake Moan« von Blind Lemon Jefferson, die er schon besaß und für die er sich nicht interessierte. Der Preis lag bei 250 Dollar, ungefähr 100 Dollar mehr als die meisten Sammler dafür hinlegen würden. Ein kraftvoller, ächzender Song – wobei die schwarze Schlange in diesem Fall einerseits war, was sie zu sein schien, und andererseits für Jeffersons Angst vor allem stand, was er nicht sehen konnte. Dazu sehr populär, was eine hohe Auflage bedeutete. Es reizte mich, sie in der Hand zu haben, ich fand aber weder Song noch Preis besonders verführerisch. Ich legte sie weg.

King plauderte freundlich mit Anderson und zog dabei weiter Platten aus den Kartons. Ich machte mir ein paar Meter weiter Notizen über meine Eindrücke von der Besucherschaft (»Eine Frau mit Stirn-Sonnenschirm hat eine LP in der Hand und ruft ›Guck mal, Jim, Steve Miller!‹«) und schaute King ab und zu über die Schulter. Ich wollte ihm auf keinen Fall im Weg stehen, und delikate Kaufverhandlungen stören. Einmal fragte King Anderson mit gespielter Lockerheit, was er schon so gefunden hätte und wirkte dann erleichtert, als Anderson ihm seine Auswahl zeigte. (Zwei Sammlern zusehen, wie sie einander über ihre neuesten Ankäufe ausfragten – in diesem Fall noch beim Suchen –, war ein bisschen, als hätte man zwei ehrgeizige Oberschüler vor sich, die ganz vorsichtig nach der Note des anderen fragen: »Was hast du bekommen?« – »Was? Was hast du denn?« – »Was?«)

Schließlich zahlte Anderson seine Platten und wackelte davon, und King zeigte mir, was er gefunden hatte, darunter zwei bemerkenswerte Raritäten. Eddie Head and His Family mit »Down on Me« / »Lord I'm the True Vine« (eins von zwei, vielleicht drei bekannten Exemplaren; Preis: zwei Dollar) und »Guitar Blues« / »Guitar Rag« von Sylvester Weaver (nicht ganz so selten, aber in Eins-a-Zustand – ein E-Exemplar als Ersatz für Kings E-minus-Exemplar). Nach kurzem, freundlichem Feilschen zahlte King Hicks für insgesamt neun 78er 100 Dollar in bar. Er hockte sich auf den Rasen und sortierte die Platten vorsichtig in seinen Koffer ein. Er war sehr zufrieden. Ich hatte ein paar von Kings Aussortierten aufgesammelt, darunter 78er von Stick McGhee, Washboard Sam und Blind Boy Fuller und ein Stapel Victor-Pressungen früher Stücke der Carter Family. Alles zusammen für ungefähr vierzig Dollar. Ich strahlte. King war stolz.

Bevor wir gingen, fragte King Hicks noch schnell, was er an diesem Morgen sonst so verkauft hatte. Offiziell durften die Verkäufer vor Freitag früh um neun keine Abschlüsse machen (im folgenden Jahr würde der Geschäftsbeginn auf sieben Uhr vorverlegt werden), aber viele hatten ihre Zelte schon ein paar Tage in Hillsville aufgeschlagen. Wenn man alten Kram verkloppte, lag die Gewinnspanne irgendwo zwischen minimal und nicht wahrnehmbar, und man konnte niemandem, der frühe Angebote akzeptierte, einen Vorwurf machen. Hicks, schon prächtig verschwitzt, zog sich die Shorts zurecht und ließ eine Bombe platzen: Er habe vor ein paar Tagen »Blues-Platten« für 1600 Dollar an »wen aus Raleigh« verkauft – am Mittwoch vermutlich. Seit Sonntag stehe er auf der Matte. An die einzelnen Titel könne er sich nicht erinnern. King war spürbar aufgebracht. Nicht wirklich beleidigt, aber verstört. Als wir Stunden später im Blue Ridge Restaurant in Floyd, Virginia, einkehrten – King bestellte »Country Ham«, ich »City Ham«, und für uns beide gab es Bohnen und frittierten Kürbis –, kam er auf das Thema zurück. »Jetzt kann ich wochenlang nicht mehr schlafen«, seufzte er. Ich wusste nicht, ob er das ernst meinte. Ich legte die Information erst einmal zu den Akten. Wir schleppten uns davon, bereit zum Sturm der nächsten Festung.

Im Rückblick erscheint mir die *Hillsville VFW Flea Market and Gun Show* wie ein inoffizielles Mekka für Sammler und Liebhaber durchgeschwitzter T-Shirts. Hier spiegelt das Dunkelwerden vorgewaschener Baumwolle eine Eindunklung der Seele. Es ist unverschämt heiß und voll, und die Anwesenden müssen sich mit mehreren Meilen zart abgenutzten Schrotts abfinden, allem Krimskrams, den Menschen je entworfen haben, um sich den langen, langsamen Kriechgang zum Tod hin zu erleichtern – tausend Improvisationen auf buntem Plastik. Man muss sich ergeben, sonst bricht man unter der Last zusammen. Als ein stattlicher Mann in prall gefüllten Cargoshorts und mit einem orangefarbenen GUNS SAVE LIVES-Button ein paar Zentimeter vor meinem Gesicht einen monumentalen, vielstimmigen Rülpser von sich gab– wir wühlten beide einigermaßen hektisch in einem Haufen Kühlschrankmagneten –, war ich nicht nur nicht angeekelt, ich hätte ihm beinahe die Hand gereicht.

In Hillsville kann man sich komplett für ein ganz neues Leben ausstatten und bekommt für 500 Dollar wahrscheinlich die Einrichtung für eine Einzimmerwohnung, besonders, wenn man sich für die »Komisches altes Zeug«-Ästhetik begeistert (die vor ein paar Jahren Brooklyn erfasst hat und der ich, wie ich schamrot gestehen muss, ebenfalls anhänge). Aber selbst wer das nicht will, findet Beute aller Arten, die geplündert werden will: Im Überfluss gibt es handgeschnitzte viktorianische Bettgestelle, Retro-Futurismus-Plunder und Taschenmesser mit Gold und Elfenbein, aber auch Ikea-Nachttische mit kleinen Dellen, gebrauchte Cabbage-Patch-Puppen und Duracell-Batterien unbekannter Herkunft. Ein Fest des Messietums, wertfrei und unsortiert angerichtet. Sofort hatte ich an »A Romance of Rust: Nostalgia, Progress, and the Meaning of Tools« denken müssen, den *Harper's*-Essay von Donovan Hohn aus dem Jahr 2005. Der Autor besucht die Scheune eines Sammlers antiker Werkzeuge und ist überrascht, wie zoologisch die Sammlung wirkt. »Ihres Nutzwerts enthoben und morphologischer Klassifikation unterworfen, wirkten sie wie Fossilien känozoischer Mollusken oder Handwurzelknochen von Tyrannosauriern«, schrieb Hohn über die Schätze seiner Zielperson.

In Hillsville gibt es kein Gefühl für Genus oder Spezies – alles ist alles – aber das Produkt, von dem ihm zugedachten Zweck ebenso befreit wie vom kodifizierten Einkaufserlebnis, verliert seinen Halt, seine festen Umrisse, und wird zunehmend absurd: lauter Einzelteile ohne ein zugehöriges Ganzes. Nach weniger als einer Stunde des Stöberns kam mir die Ware in Hillsville vor wie ein zu oft ausgesprochenes Wort – als hätte ich ihr durch blinde

Wiederholung unbeabsichtigt den Sinn genommen, als hätte sie nie eine Bedeutung gehabt. Besonders erschütternd waren die Vintage-Objekte aus jüngster Zeit – stapelweise Computerspiele von 2011, gebundene *Harry Potter*-Ausgaben, ein ungeöffneter Cuisinart-Panini-Maker. Donovan Hohn war auf einer Zwangsversteigerung ein Tintenstrahldrucker aufgefallen, der, noch immer in Originalverpackung, »schon übergegangen war in den Schwebezustand der Wertlosigkeit zwischen Novität und Nostalgie«, und als ich den Blick über das Gelände schweifen ließ, hatte ich diese gigantische, endlose Leere vor Augen – das Terrain des gerade eben außer Mode geratenen, das weder nützlich ist noch eine Vergangenheit heraufbeschwört.

Das konnte uns natürlich nicht bremsen. In Hillsville ist für existenzielle Nöte kein Platz; sie werden durch den Genuss frittierter Lebensmittel aufgeweicht oder ausgelöscht. In einem Zelt am Eingang bekam man frittierte Oreo-Kekse, Twinkies, MilkyWays, Snickers, Three Musketeers und – als Nachspeise – »gefrorenen Cheesecake, in Schokolade getaucht«. In der Nähe der Waffenabteilung des Markts (ein alter Veteranensaal, gerammelt voll mit Angriffswaffen aller Arten, manche davon in Rosatönen für die bessere Hälfte), verkaufte ein Haufen Jäger in Tanktops von der Ladefläche eines Pick-up-Trucks ausgestopfte Tiere und ein buntes Allerlei an Waren (Kehrbleche, Badezimmerwaagen, Krippenfiguren aus Plastik). Ich blieb stehen, bewunderte den Kopf eines Weißwedelhirschs auf einem Stück Eichenholz, für zwanzig Dollar ein Schnäppchen, und kraulte ihm die Ohren, bis King mir einen Blick zuwarf und »Lieber nicht« sagte. Als ich später ein altes Puzzle erwarb, aus dem Jahr 1981 und mit dem Titel »Feelings«, nickte er mir anerkennend zu. Es bestand aus vier Darstellungen auf Holz eines jungen Mädchens im Wechselbad verschiedener Gefühle – traurig, ängstlich, zornig, glücklich und verliebt –, und man musste dem jeweiligen Gefühl das richtige Gesicht zuordnen. Aber als ich bezahlte, konnte King sich eine Bemerkung nicht verkneifen: »Von 1975 wäre es so viel schöner gewesen.«

Wir hielten auch nach Schellackplatten Ausschau – in Victrolaschränken, unter Stapeln von John-Denver-LPs, in vergilbtes Zeitungspapier gewickelt, auf den Rücksitzen der Autos von Verkäufern, unter Tischen, in blauen Tupperware-Kästen mit der Aufschrift ALTE PLATTEN, immer der heißen, gleißenden Sonne ausgesetzt – aber auch nach mehreren Stunden gründlichen Grabens brachte der Acker wenig mehr Bemerkenswertes zutage. Es gab gute Platten – kommerziellen Country wie Hank Williams; Little-Wonder-Kinderschallplatten, nur zwölf Zentimeter im Durchmesser mit ungefähr einer Minute langen Musikausschnitten aus Neuerscheinungen – aber nichts, das für King Bedeutung hatte. So kann es einem auf Trödelmärkten gehen. Doch allein wegen der Platten von Eddie Head und Sylvester Weaver hatte der Ausflug sich für ihn schon gelohnt.

Wir machten uns auf die Fünftausend-Meilen-Wanderung zurück zu Kings Auto. Mir waren inzwischen diverse beunruhigende Gerüche in die Nase gestiegen. Besonderen Eindruck machte das Aroma, das jedes Mal freigesetzt wurde, wenn jemand aus einem Porta-Potti gestolpert kam, und dessen ekelhafte Ausdünstungen in die Luft entließ. Ich hatte den überwältigenden Wunsch, mir würgend die Hände zu waschen. Mein Dutt hatte sich fast völlig aufgelöst, und die Haare klebten mir auf ganz neue Weise an den Wangen. Als wir den VW erreichten, kam er mir vor wie ein Rettungsboot.

Drinnen brach ich zusammen, und wir verließen Hillsville in rasender Fahrt in Richtung Floyd, wo wir Halt machten, um Kings Kollegen bei County Records zu besuchen, und dann, nach einigen Stunden, nach Charlottesville, wo King mich am Flughafen ablieferte, wobei er kontrollierte, ob meine Platten auch anständig in Pappe und Luftpolsterfolie verpackt waren. An der Sicherheitskontrolle wurde ich herausgewunken – »Miss, was ist das bitte?« –, erreichte aber schließlich mein Gate, saß da, malte in meinem Notizbuch herum und fragte mich, ob ich mir auf der Toilette noch eine Handvoll Wasser ins Gesicht spritzen sollte. Alle paar Minuten machte ich meine Tasche auf und sah nach den Platten. Allein sie anzusehen, war schon aufregend. Tief befriedigt, wenn auch beschmutzt, flog ich nach New York zurück.

Ein Gefühl, das nicht von Dauer sein würde.

VIER

Eine Art Schutz
vor Selbstverlust

Pete Whelan, 78 Quarterly, Florida, Willie Brown,
Kid Bailey, Wissenschaft, die Kontext-Frage,
wie man beherrscht, was einen beherrscht

Pete Whelan, einer der ersten Sammler von seltenen Blues- und Jazz-78ern, ist der Gründer und Chefredakteur von *78 Quarterly*, einer Zeitschrift, die Ende der Sechzigerjahre von und für 78er-Sammler ins Leben gerufen worden war. Besonders in der Zeit vor dem Internet war *78 Quarterly* für das Gewerbe die Standardbibel, erhältlich in kleinen Plattenläden oder im Versand. Neben den Artikeln fand man Suchanzeigen, Diskografien und wütende Leserbriefe, und ganz im rebellischen Geist vieler Vierteljahreszeitschriften der Gegenkultur erschien sie nie pünktlich. Zwischen den Bänden zwei und drei zum Beispiel klaffte eine Lücke von fünfundzwanzig Jahren.

Auch wenn einige Artikel objektiv betrachtet irre sind – im sechsten Band wird eine Pressung von Paramount Records so beschrieben:»Im Neuzustand schwarz wie eine Nonne (mit einer

Aufschrift, fahl glänzend wie der Mond), spröde wie eine französische Hure in enger Dienstmädchen-Uniform auf der Cocktailparty« -, bleibt das *78 Quarterly* eine hervorragende Quelle und eine überraschend lebendige Lektüre. Es gibt Insiderwitze und selbstironische Anfälle (im dritten Band steht in der Denkblase einer vampirartigen Gestalt »Weite Mäntel mit riesengroßen Taschen sind dieses Jahr *in!*«, und ein Foto von Fidel Castro trägt die Bildunterschrift »Ich widme mich ganz Autograph ...«, ein Verweis auf das Jazz-Label der Neunzehnhundertzwanziger), dazu als Service massenweise Versteigerungs-Ankündigungen. Am hilfreichsten ist vielleicht die alphabetische Auflistung der seltensten 78er, meines Wissens die einzigen veröffentlichten Kompendien der Auflagenhöhe bestimmter Platten nebst Nennung der Besitzverhältnisse. Der Sammler James McKune nannte die Rubrik einmal »einen nervigen Artikel über Platten, die manche von uns nie ihr Eigen nennen werden«, während Whelan selbst sie als »Baggerarbeit« bezeichnete. Heute sind die Listen recht veraltet (die letzte Ausgabe des *78 Quarterly* erschien vor über zehn Jahren), aber nicht so veraltet, wie man meinen möchte: Seltene 78er wechseln nicht so oft den Besitzer.

Ich schickte Whelan einen handgetippten Brief an die Adresse im Impressum der Zeitschrift. Er antwortete prompt mit seiner Telefonnummer, und ein paar Tage später rief ich ihn an. Mit 81 Jahren hatte Whelan beschlossen, das *78 Quarterly* offiziell einzustellen; nach dem Aufkommen von Internetforen und E-Mailverteilern hatte die Bedeutung der Zeitschrift abgenommen, so beliebt sie immer noch war. Zur Zeit unseres Gesprächs war Whelan der 78er-Gemeinde siebzig Jahre lang mehr oder weniger verbunden gewesen, sammlerisch wie de facto auch organisatorisch.

Whelan war in New York geboren worden, wuchs aber in Pennsylvania auf. »Vor allem in einem Ort namens Plymouth Meeting in der Nähe von Philadelphia«, erklärte er. »Das war in den Dreißigerjahren, da war alles Ackerland. Später wurde natürlich alles Vorstadt. Die Verstädterung fing schon an, als ich noch Kind war. Ursprünglich bestand das Gebiet aus alten steinernen Farmhäusern aus dem späten 18. Jahrhundert, mit ein bisschen Wald.« Seine Familie war nicht besonders musikalisch. »Niemand mochte Blues oder Jazz«, sagte er. »Meine Mutter und mein Stiefvater taten so, als würden sie klassische Musik mögen. Meine Mutter mochte Oper, wegen der italienischen Männer.« Trotzdem packte ihn die Platten-Sammelleidenschaft schnell, angefangen mit Jazz, dann mit Blues: »[Der Sammler] Bernie Klatzko hat seltenen Blues einmal mit dem Aufflammen des sexuellen Verlangens bei Teenagern verglichen«, sagte Whelan lachend. »Kommt aus dem Nichts.«

Als Whelan seine erste 78er kaufte, war er elf Jahre alt und wohnte in Asbury Park, New Jersey. »Ich war auf der Suche nach dieser bestimmten Art Musik, die ich mochte. Ich hatte keine Ahnung, was es war. Also bin ich in diesen Plattenladen und habe versucht, die Musik zu beschreiben. ›Na ja, sie klingt irgendwie lieblich‹, habe ich gesagt. Da hat er mir Glenn Miller geholt. Und ich habe gesagt: ›Nein, nein, das ist sie nicht.‹ Und er hat immer neue Platten geholt, bis er schließlich gesagt hat: ›Du meinst *race music*. Die verkaufen wir nur unter der Hand.‹ Und er griff unter den Ladentisch und legte mir ein paar Blue-Label-Vocalion-Platten aus den späten Dreißigern hin.« So fing es an.

Im Jahr 1970 beschloss Whelan, seine Sammlung zu verkaufen, um einen Umzug von New York nach Key West zu finanzieren, und fing mit dem Sammeln erst zehn Jahre darauf wieder an. »Von den ganz raren habe ich viel wieder bekommen können«, sagte er, beinahe wehmütig. Ich fragte ihn, ob das nicht schwer sei – alle Platten zu verkaufen und dann systematisch zu versuchen, sie zurück ins eigene Regal zu zwingen, als wären sie nie fort gewesen, als hätte er sie nie verstoßen. Das hatte natürlich romantische Konnotationen. »Das ist wie ein Verlust«, sagte er, »über den man nicht zu lange nachdenken möchte.«

Ein paar 78er hatte Whelan mir am Telefon vorgespielt, aber selbst mir war klar, dass das nur eine erbärmliche Annäherung sein konnte. Als ich ein paar Monate darauf mit meinen Eltern an der Golfküste von Florida Urlaub machte, fuhr ich durch die Everglades und hinunter an den südlichsten Punkt der kontinentalen USA, wo Pete Whelan an der Canfield Lane in einem schattigen Holzbungalow wohnte, umgeben von seinen Platten.

Die Autofahrt von Key West nach Miami führt über die Seven Mile Bridge – eine der längsten Brücken der Welt –, von Knight's Key nach Little Duck Key, über den Moser Channel, der direkt in den Golf von Mexiko ragt, und man tuckert dabei weiter weg von der Küste, als einem ratsam erscheint. Key West hängt der Ruf großer Liederlichkeit an, aber ich fand die Stadt manierlich und aufgeräumt, mit mehr Südstaaten-Kultur als erwartet. Es gab Pasteten und gesüßten Tee im Überfluss. In der Luft lag etwas beißend Salziges.

Pete Whelan hatte mich zum Lunch eingeladen und öffnete die Tür in weiten Khakihosen, einem langärmligen gelben Hemd und Flipflops. Das graue Haar trug er stoppelkurz. Sein Haus war von seltenen Palmen umgeben, die er seit 1975 sammelte. Wir schritten das Grundstück ab, und er zeigte mir verschiedene Arten, während ich krampfhaft versuchte, den Insekten zu entkommen.

»Dies ist die zweitgrößte Palme der Welt«, sagte er und deutete auf einen massiven, rauen Stamm. »Aus Vietnam. Einem Palmensammler ist es mitten im Krieg gelungen, ins Land zu kommen. Hinter der Grenze ist er dreißig Meilen gereist, um diese eine Palme zu bekommen, die nur ein einziges Mal Samen abwirft und danach eingeht. Das braucht drei Jahre, und in diesen drei Jahren wirft sie drei Tonnen Samen ab, und das war's«, erklärte er. »Er hatte also irgendwie davon gehört, ist hin und hat sich die Samen besorgt und sie herumgeschickt.«

Wir beschlossen den Rundgang, wobei Whelan weiter die Landschaft beschrieb, die sich von allem unterschied, was ich bisher gesehen hatte: üppig, undurchdringlich, ungezähmt. »Es gibt ein paar sehr exotische Palmen, die aus Kuba stammen und überhaupt nicht nach Palme aussehen«, sagte er. »Eine Klimaveränderung hat Kuba vor ungefähr dreißigtausend Jahren extreme Trockenheit beschert, und ein paar der Palmen dort, die man *Coperniciae* nennt, haben sich zu Wassersammelsystemen entwickelt. Sie sehen aus wie riesige Trichter in Petticoats. Eine davon könnte sogar fleischfressend sein, darauf deute die Anordnung ihrer Stacheln hin, sagte er. »Man kann die Hand hineinstecken, aber man bekommt sie nicht wieder heraus.«

Schließlich zogen wir uns ins Schallplattenzimmer zurück, einen kühlen, dämmrig beleuchteten Raum, in dem sich überall Bücher, Papiere und Platten stapelten. In einer Ecke stand ein altmodischer Ventilator in ewiger Ruhe; an eine Wand gedrängt gab es einen meeresschaumgrünen antiken Safe, groß genug, um mich, leicht gebückt, unterzubringen. Er habe ihn gekauft, um seine Plattensammlung vor Hurrikan-Schäden zu bewahren, sagte Whelan, aber zurzeit sei er leer (»Gott sei Dank!«). An der Wand daneben, in der Nähe einer Doppeltür aus Glas, standen Regalwürfel über Regalwürfel voller 78er, alle hübsch in unbeschrifteten Papierhüllen.

Wir plauderten ein paar Minuten lang über das Sammeln. Fast sofort stand Whelan auf und holte Platten zum Auflegen; er wollte lieber zuhören als reden. Er spielte ein paar Jazz-Stücke, und dann holte er auf mein Bitten »Drunken Spree« von Skip James – *78 Quarterly*, Band 6 zufolge war dies das einzige noch existierende Exemplar. Bevor ich nach Florida aufgebrochen war, hatte Chris King mir gesagt, ich solle es mir von Whelan unbedingt vorspielen lassen und ein untertänigstes Gesuch für ihn vorbringen: »Grüßen Sie Pete doch bitte von mir und erinnern Sie ihn daran, dass in meinem Leben noch große Lücken klaffen, da ist eine große Leere ohne eine Gitarren-78er von Skip James«, hatte er geschrieben. »Wirklich, ohne Scheiß. Von allen Größen aus dem Delta (und dem

Hill Country) habe ich ein schönes Exemplar, außer von James. Pete hat ein wunderschönes Exemplar von ›I'm So Glad‹ / ›Special Rider Blues‹, aber Herrgott, ich hätte so gern seine ›Drunken Spree‹. Tun Sie mir den Gefallen, meine Liebe, und rufen Sie ihm meine Verzweiflung ins Gedächtnis.«

»Drunken Spree« verdiente diese Begehrlichkeit, genau wie »Devil Got My Woman«: In den Sechzigern nahm James den Song schließlich neu auf und definierte ihn zu einer lieblichen, fast koketten Ballade um; die Version von 1931 ist dagegen eine unanfechtbare Verkapselung der Reue, die gelegentlich mit übermäßigem Alkoholgenuss einhergeht. Man hört James' Stimme die Dehydrierung praktisch an – die Demütigung.

Ich war noch ganz von »Drunken Spree« gefangen, als Whelan mir seine Country-Blues-Lieblingsplatte vorspielte, einen Song mit dem Titel »Mississippi Bottom Blues« von einem besonders obskuren Musiker namens Kid Bailey. Die Platte war 1929 im Peabody Hotel in Memphis aufgenommen worden, in einer Session für Brunswick Records, ein 1916 in Dubuque, Iowa, gegründetes Label, das später nach Chicago umzog. Bisher war von Kid Bailey erst eine einzige 78er ausgegraben worden: »Mississippi Bottom Blues« / »Rowdy Blues« (Brunswick 7114). Seit Jahren hielten sich Gerüchte – die Sammler einander zuflüsterten –, Bailey könnte zusammen mit Charley Patton aufgetreten sein, oder, noch interessanter: »Kid Bailey« wäre eigentlich ein Pseudonym von Willie Brown, einem weiteren Blues-Sänger, der Sammler seit Jahrzehnten reizte und ihnen Rätsel aufgab.

Der erhaltenen Buchführung der Firma nach hatte ein Gitarrist namens Willie Brown im Jahr 1930 für Paramount Records sechs Songs aufgenommen: »Grandma Blues« / »Sorry Blues« (Paramount 13001), »Window Blues« / »Kicking in My Sleep Blues« (Paramount 13099), und »M&O Blues« / »Future Blues« (Paramount 13090), wobei letztere die einzige von Brown noch erhaltene Platte ist und die anderen der Wiederentdeckung ganz entkommen sind. Zumindest »Future Blues« ist ein Meisterwerk: »*Can't tell my future, and I can't tell my past*«, knurrt Brown zu schnellen, staksigen Gitarrenklängen. »*Lord, it seems like every minute, sure gonna be my last*« – Gott, es fühlt sich an, als wäre jede Minute meine letzte, verkündet er und schlägt die Basssaite so stark an, dass sie vom Griffbrett abprallt. Diese in die Welt geklatschte synkopierte Basslinie ist es, die dem »Future Blues« seine Festigkeit verleiht. Diese absteigenden Noten vermitteln irgendwie (präzise, effizient) das eher unangenehme Gefühl, frei in der Zeit zu schweben.

Browns restliche Platten sind zum Mythos geworden, zum Zankapfel und zur Fantasievorstellung. Irgendjemand (ich habe John Heneghan in Verdacht) hat ihnen zu Ehren sogar ein Facebook-Profil erstellt. Die Seite ziert eine Fotomontage einer der noch nie erschauten Plattenseiten und den auf ein schwarzgoldenes Paramount-Label gephotoshoppten Worten »Kicking in My Sleep Blues« und »Willie Brown«. Als ich dem Profil *The Missing Willie Brown* eine Freundschaftsanfrage schickte, blieb sie wochenlang unbeantwortet und wurde dann eines Nachts sibyllinisch angenommen.

Neben seiner möglichen Partnerschaft mit Patton könnte Brown auch für Robert Johnson zweite Gitarre gespielt haben – oder auch nicht – »*You can run, you can run, tell my friend Willie Brown*«, erwähnt Johnson im »Cross Road Blues« wehklagend seinen Freund Willie Brown –, das Gleiche gilt für Son House. Wie es sich wirklich mit der Kid-Bailey-Platte verhält, darüber sind die Sammler sich nicht einig: Was, wenn sich Brown hinter Bailey verbarg, und da gab es eine zweite Gitarre, und was, wenn das Patton war, was wenn es Brown war? »Ich glaube schon, dass es da eine zweite Gitarre gibt – Willie Brown vielleicht, der war eine Art Zwerg. Patton war auch klein gewachsen. Die waren als die zwei Zwerge bekannt und traten in allen möglichen Bumslokalen auf«, sagte Whelan und regelte seinen Plattenspieler nach. »Und Kid

Bailey gehört auch irgendwie dazu, aber irgendwie kommt an die echten Informationen niemand ran.« Hier muss man anmerken, dass der »Rowdy Blues« von Bailey sich stark an den »M&O Blues« von Brown anlehnt, der wiederum Anleihen bei Pattons »Pony Blues« macht – allerdings hat man das im Blues immer so gemacht.

Später, zurück in New York, fischte ich per Mail nach genaueren Einzelheiten. Ich wusste, dass unser Wissen über die Frühgeschichte des Blues lückenhaft war (zu den meisten Aufnahmesessions gibt es keine schriftlichen Aufzeichnungen, vielleicht sind sie auch verloren gegangen), aber mir war nicht klar gewesen, wie umstritten bestimmte Narrative waren, und wie intensiv die Sammler mehr oder weniger erfolgreich versuchten, diese Rätsel zu lösen. »Also, MEINER Meinung nach ist das tatsächlich Willie Brown. Hören Sie einfach zu und vergleichen sie die Gesangsstimmen – klingt in meinen Ohren ziemlich identisch«, antwortete der Sammler John Tefteller. Er gehörte zu den Bewunderern: »Die Brunswick von Kid Bailey gehört für mich zu den TOP TEN der Vorkriegs-Blues-Platten, und mein Exemplar ist wie neu! Aber Sie dürfen nicht vergessen, dass es absolut KEINE Beweise dafür gibt, dass Kid Bailey und Willie Brown ein und derselbe waren. Meine Ansicht gründet allein auf dem Vergleich von Stimmen und Stil. Andere sind zum selben Schluss gekommen, aber wir werden es wahrscheinlich nie genau wissen, weil es für diese Aufnahme keine Karteikarte von Brunswick gibt und von den Zeitzeugen keiner mehr lebt«, fuhr er fort. »Da wir zum Vergleich nur die eine Paramount [von Willie Brown] haben, glaube ich, dass erst die beiden anderen auftauchen müssen (woran ich fest glaube), damit wir die Songs mit Bailey vergleichen können, und ich wette, dass er es ist.«

King war sich da nicht so sicher; ich konnte ihn durch den Bildschirm praktisch schnauben hören. »Alles, was wir über Bailey und Partner ›wissen‹, geht entweder auf auratische Spekulation oder Interviews mit [den Blues-Gitarristen] Robert Wilkins und

Furry Lewis zurück, die beide zur selben Zeit im Peabody Hotel in Memphis aufnahmen«, schrieb King. »Sie beschreiben Bailey und Partner als kleine, sehr schwarze Männer, die sie nicht kannten«, fuhr er fort. »Das Gerücht, das dann umging, lautete, der Stil [des Gitarrenspiels] ›up the staff‹ in D und das Aufmotzen von [Pattons] ›Pony Blues‹ in C wären einzig und allein die Domäne von Patton und Brown, und deshalb müsse es sich bei diesen mysteriösen Mackern um Patton und Brown gehandelt haben. Dem stimme ich überhaupt nicht zu.

Erstens: Brown, und besonders Patton, waren in Spiel und Gesang geradezu unverschämt hemmungslos, extrem dynamisch, ließen die Basssaite krachen und die Diskantsaiten jaulen und kreischen. Genau das tun diese beiden Plattenseiten von Kid Bailey und Unbekannt nicht ... sie sind recht dezent, und das Zusammenspiel der Gitarren ist sehr subtil«, fuhr er fort. »Im ›Mississippi Bottom Blues‹ gibt es sogar nur einen einzigen Beitrag der ›unterstützenden‹ Gitarre: eine einzelne schaurige gehaltene Note als dissonanten Intervall während der ersten vier Takte des I. und IV. Teils. Wenn das Brown und Patton wären, dann wäre das ihr inspirationslosester und zaghaftester Augenblick. Zweitens: Viele andere Gitarristen aus Jackson und dem Delta haben ›up the staff‹ gespielt, und Variationen von ›Pony Blues‹ gibt es auch von Mattie Delaney, Tommy Johnson und Ishman Bracey. Das waren wahrscheinlich einfach zwei Jungs, die für diese Proto-Delta-Blues-Nummern saubere Arrangements geschrieben haben und dann wieder in der Versenkung verschwunden sind«, schloss er.

Dass die meisten Sammler eine klare Meinung zu dem Thema hatten, war vielleicht wenig überraschend. Dr. David Evans, Leiter des Doktorandenprogramms der Fakultät für Ethnomusikwissenschaft und Landeskunde an der University of Memphis, war auf Teftellers Seite. In der *Blues Revue* räumte Evans 1993 ein, auch er sei früher skeptisch gewesen und habe die Idee abgetan: »Viele in der Forschung, auch ich, haben Son House gefragt, ob er je von

Kid Bailey gehört und die beiden Stücke für ihn eingespielt habe. Der Name sagte Son nichts, aber er erklärte mit Nachdruck, die Stimme gehöre seinem guten Freund und Partner Willie Brown. Damals hat niemand großen Wert auf Sons Meinung gelegt. Die Stimmen klangen unterschiedlich. Browns war heiser, kratzig und gepresst; Baileys war heller und eher luftig, weshalb der Spitzname ›Kid‹ auf ihn zu passen schien.« Aber nach jahrelangem systematischen Zuhören hatte Evans seine Meinung geändert. Er führte jetzt eine »große Zahl von Ähnlichkeiten und musikalischen und lyrischen Entsprechungen« an – die er in seinem Essay mit eindrucksvollem Detailreichtum anführte –, zum Beleg, dass Brown und Bailey ein und derselbe waren. Mit Nachdruck.

»Man darf nicht vergessen, dass ›Bailey‹ mit dem Kapo ungefähr drei Bünde hochgesetzt ist«, erklärte er mir in einer Mail. »Wenn er nun dieselben Melodien singt wie ohne Kapo, müsste er dies jetzt deutlich höher tun, vielleicht auch heller (also genau wie beim Vergleich zwischen Bailey und dem eindeutig identifizierten Willie Brown). Auch die An- oder Abwesenheit von Alkohol bei der Aufnahmesession könnte die Stimmqualität beeinflusst haben. Vergleichen Sie die Melodik, die Gitarrenpartie und die rhythmische Phrasierung der Stimme, und stellen Sie sich dann Willie Brown vor, der in seiner höchsten Lage singt und im Studio vielleicht nicht so sehr vom Alkohol und seinen groben Kumpeln angestachelt wurde«, schlug er vor.

Ich selbst neigte, bei aller Bescheidenheit, instinktiv eher zu Kings These. Die beiden Stimmen klangen ähnlich, aber aller Blues einer bestimmten Ära war im Idiomatischen verwurzelt, und Baileys Darbietung fehlte eine gewisse Wildheit – was sich möglicherweise der relativen Nüchternheit des Künstlers zuschreiben ließ oder der Art, wie seine Gitarre gestimmt war. Aber ich ging eher davon aus, dass die Aggression, die Browns Aufnahmen so lebendig machte, sich nicht so leicht aus dessen Stimme herausdestillieren lassen würde. Dass sie ihn nicht verlassen würde, nicht im nüchternen Licht des Peabody Hotels und auch nicht auf der Veranda seiner Mutter.

Aber als ich der Platte in Whelans Musikzimmer in Key West lauschte, hinter von seltsamen ausladenden Palmwedeln beschatteten Fenstern, dachte ich nicht an Brown oder Geheimnisse, die nicht direkt Teil von Baileys Vortrag waren – der verhaltener sein mochte als Browns, aber nicht weniger brutal war. Baileys Stimme war klar und resolut, mit einem leichten Beben, das nur zutage trat, wenn ihm die Luft ausging. Ich wunderte mich längst, warum Sammler sich so sehr auf die historischen Details einzelner Aufnahmen fixierten, wo die Aufnahmen selbst doch so atemberaubend waren. Die Vorstellung, Brown und Bailey könnten ein und derselbe sein, war verführerisch, aber gleichzeitig war dies genau die Art Frage, mit der ich mich ein, zwei Augenblicke lang beschäftigen würde – denn wer war Willie Brown überhaupt? –, um sie dann sofort zu vergessen.

Das machte mir Schuldgefühle. Ich kam mir dumm vor. Als junge Kritikerin hatte ich die Sprache der Kritik erlernen müssen: alles über Genres und Untergenres, Aufbau und Modelle von Gitarren und alten Orgeln, Hinweise auf obskure Label und zehn Mal verkaufte Compilations. Pflichtschuldig hatte ich mir Fakten zur Einstellung von Verstärkern, zu Pedalen, Filtern, Mikrofonen, Produzenten und Erscheinungsjahren gemerkt, auch wenn es mir frustrierend und leer vorkam, als würde ich mir systematisch beibringen, genau am eigentlichen Thema vorbeizugehen. Wenn ich mich fragte, ob ich vielleicht nur *anders* hörte – ob mein Erlebnis von Musik eher emotional war, nicht so sehr von technischen Umständen bestimmt, mehr vom Ganzen als von den Einzelteilen –, schimpfte ich mich arrogant oder dumm. (Ich wurde schon blass, wenn ich ein so kitschiges Wort wie »emotional« benutzte.) Und dennoch: Ich konnte eine Platte mehr als alles auf der Welt lieben und mich trotzdem nicht an ihre Seriennummer erinnern.

Diese Kluft – zwischen einer fachlichen Reaktion und einer aus dem Bauchgefühl – schien mir im Kontext des Vorkriegs-Blues noch deutlicher spürbar zu werden. Hier schien die Jagd nach den Platten (und besonders deren folgende Analyse) dem gesetzlosen Geist des Werks direkt zuwiderzulaufen. Von ein paar denkwürdigen Ausnahmen abgesehen war der Blues ungehobelt und gesellig, und seine Schöpfer:innen führten ein wildes Leben. Sie waren Trinker und Streuner, hatten unbekümmert Sex und stachen einander gelegentlich ab. Es passte irgendwie nicht dazu, in einem spärlich beleuchteten Zimmer zu sitzen, penibel eine Blues-78er von Staub und Moder zu befreien und die Seriennummer in einem antiken Logbuch zu verzeichnen. Warum nicht tanzen, heulen, sich besaufen und etwas umtreten? Ich kannte Sammler, die genau das taten, aber für andere gehörte zum Erlebnis einer seltenen Blues-Platte eine Art von einsamem Lerneifer, was natürlich völlig in Ordnung war – es gibt keinen falschen Weg zum Musikgenuss, und mir war klar, dass bestimmte kontextuelle oder biografische Details helfen konnten, sich ein gründlicheres, reichhaltigeres Bild eines Songs zu machen. Aber ich glaubte weiterhin, dass der Weg, der es Menschen erlaubte, Musik zu genießen und nach ihr zu verlangen, seinen Ausgang vermutlich an einem stärker instinktgesteuerten Ort hatte (im Herz, im Bauch, im Unterleib). Kontext war wichtig, für mich aber nie so entscheidend – oder überzeugend – wie die Art, wie mein gesamtes Zentralnervensystem unwillkürlich in Zuckungen verfiel, sobald Skip James den Mund öffnete.

Langsam hatte ich den Verdacht, dass die sammlerische Konzentration auf uralte Details ein Weg war, dieses Verlangen zu entschärfen: Unsere Beziehung zu Musik ist intensiv, aber mit einem Arsenal historischer Wahrheiten lässt sich diese Intensität – zumindest zum Teil – niederringen. In seinem Buch *Retromania* stellt Simon Reynolds die These auf, ein Hang zum Plattensammeln und dem dazugehörigen Auswendiglernen von Fakten und Zahlen hänge vielleicht mit dem Impuls zusammen, »das beherrschen zu wollen, was einen beherrscht. Musik auf einer abgesteckten Karte des systematischen Wissens zu beherrschen, ist eine Form, sich gegen den Kontrollverlust zu schützen – eine der großartigsten Gaben der Musik.« Reynolds zufolge werden Sammler »durch ihren Geschmack und ihr kulturelles Expertenwissen zu Autoritäten«, und zwar deshalb, weil sie in der Gesellschaft so wenig Autorität haben. Das garantiert ihnen Schutz und Machtzuwachs zugleich. (Dasselbe Verlangen – sich zur Autorität zu machen – ist auch das Herz der Musikkritik. Ich musste dieses Verhalten vielleicht erlernen, aber unschuldig war ich dabei gewiss nicht.)

Möglicherweise verbarg sich also hinter der Konzentration der Sammler auf Fachwissen – oder das Wissen, ob Kid Bailey und Willie Brown wirklich ein und derselbe waren – nur der Versuch, die gesamte Praxis des 78er-Sammelns gegen unerwünschte Amateure abzuschotten. Wie eine Grizzlybärin, die mit wilden Blicken ihre Jungen umkreist, schützten die Sammler ihr Hobby.

Unglaublich klar erschien mir jedenfalls, wie diese Platten in ihrem gegenwärtigen Kontext funktionierten, was sie jetzt für mich taten. »Mississippi Bottom Blues« ist ein trauriger Song, der davon handelt, wie man Menschen enttäuscht und sich dann deren Erwartungen beugt – das eigene Scheitern akzeptiert und wie eine Maske trägt. »*I'm going where the water drinks like wine / Where I can be drunk and staggering all the time*«, singt Bailey. (Ich gehe dorthin, wo sich das Wasser trinkt wie Wein / Wo ich immerzu betrunken sein und torkeln kann.) Das Bemerkenswerteste an seinem Vortrag ist, dass er nicht resigniert klingt; er klingt ganz frei. Sein Gitarrenspiel hat etwas Träges, wie ein Zeichen, dass es Dinge gibt, die man nicht aufhalten oder verlangsamen kann, so sehr wir es auch versuchen.

FÜNF

Paramount Masked Marvel

Edisons Klangversuche, die Wisconsin Chair Company,
Aufstieg und Fall von Paramount Records,
Charley Patton, »High Water Everywhere«

»Der Phonograph kennt uns besser als wir selbst«, schrieb Thomas Edison im Jahr 1888. »Denn er bewahrt die Erinnerung an vieles, das wir vergessen, obwohl wir es gesagt haben.«

Edison hatte durchaus eine Vorahnung, was die Bedeutung seiner Erfindung betraf – »Er wird uns lehren, vorsichtig mit dem zu sein, was wir sagen«, warnte er, »denn er schenkt uns die Gabe, uns so zu hören, wie es sonst nur andere tun« –, auch wenn sich nur schwer sagen lässt, ob jemand hätte vorhersagen können, in welchem Ausmaß sie unsere kulturellen Verfahren verändern würde. Es dauerte Jahrzehnte, bis die Menschen sich auf den Stand ihrer Nachwirkungen gebracht hatten. Bis dahin war Musik gelebte, vergängliche Erfahrung gewesen – ausgeübt, gewiss, aber aus dem Stegreif wiedergegeben. Klänge verflogen. Lieder und Stimmen lebten weiter, indem man sie erinnerte, sonst waren sie verloren.

Am 17. September 1915 veranstaltete Edison Records in Montclair, New Jersey, ein Konzert für geladene Gäste und buchte dafür die Altistin Christine Miller, den Flötisten Harold Lyman und den Violinisten Arthur Walsh. Es handelte sich um den ersten der sogenannten Klangversuche Edisons, für die ein Edison-Diamond-Disc-Phonograph auf der Bühne aufgebaut wurde, mit einer 78er als Aufnahmemedium. An jenem Abend zum Beispiel sang Miller »O Rest in the Lord« (»Sei stille dem Herrn«), eine Arie aus Felix Mendelssohn Bartholdys Oratorium *Elias*. Danach würde Miller (oder wer auch immer) dann die Aufnahme des jeweiligen Stücks pantomimisch begleiten. In regelmäßigen Abständen würden die Sängerin oder der Musiker die Lippen geschlossen halten oder den Bogen senken. Die Menschen im Publikum rangen nach Luft, als sie merkten, dass sie den Unterschied nicht erkennen konnten: ein kollektives Japsen. Greg Milner führt in *Perfecting Sound Forever* aus, die Sängerinnen und Musiker hätten wahrscheinlich ein bisschen geschummelt und die Aufnahme imitiert, anstatt sich darauf zu verlassen, dass sie den Live-Auftritt originalgetreu wiedergab. »Von nun an«, schrieb Milner, »würden die Aufnahmen nicht klingen wie die Welt; die Welt würde klingen wie die Aufnahmen.«

In den Zehnerjahren des 20. Jahrhunderts fertigte die Wisconsin Chair Company, eine kleine Möbelbaufirma in Port Washington, für Edison Phonographen-Schränke aus Holz an. Produktion und Verkauf von Phonographen boomten, und zwischen 1914 und 1916 entstanden in den USA in der Branche mehr als 150 Firmen, was die Gesamtzahl von 14 auf robuste 167 erhöhte (im Jahr 1914 besaßen zirka 540 000 US-Amerikaner:innen einen Phonographen; 1919 war ihre Zahl auf über zwei Millionen angewachsen). Wie viele Hersteller von Phonographen-Schränken beschloss die WCC schließlich, sich auch im expandierenden Aufnahme-Business zu versuchen, für die eigenen Schränke selbst die passenden

Phonographen zu bauen (unter dem Markennamen Vista) und dann begleitend Walzen auf den Markt zu werfen.

Strategisch betrachtet war das kein großer Sprung. In seinen Anfangsjahren wurde der Phonograph fast mehr als dekoratives Möbelstück vermarktet, ein protziges Teil, eine Huldigung an die modernen Zeiten und gleichzeitig Angelpunkt des Salons. Phonographen-Walzen wurden in Möbelgeschäften als Zubehör verkauft; Plattenläden, wie wir sie heute kennen, waren noch nicht erfunden. Wie der Paramount-Geschichtsschreiber Stephen Calt im dritten Band des *78 Quarterly* schrieb: »Im Musikgeschäft durfte man sich nicht einbilden, dass die Menschen Phonographen kauften, um Walzen oder Platten abzuspielen … man ging davon aus, dass die Kunden Platten kauften, um etwas für ihre Victrolas zu haben.«

Im Sommer 1917 gründete die WCC eine neue Gesellschaft, eine Aufnahmefirma namens New York Recording Laboratories (Das »New York« war mehr Absichtserklärung; das »Laboratories« war eine prätentiöse, von Edison geborgte Geste) und begann mit der Veröffentlichung von 78er-Platten. Dem Autor von *Paramount's Rise and Fall* Alex van der Tuuk zufolge war die NYRL anfangs nur ein Weg für das Unternehmen, noch effektiver seine Möbel zu pushen. Schallplatten waren *added value*, Mehrwert-Marketing: Wenn man ein Abspielgerät kaufte, legte die Firma einem noch fünf oder zehn 78er drauf. NYRL hatte seine Büros in Wisconsin, nutzte aber etablierte Studios in New York und Chicago, um Novelty Songs und Vaudeville von Künstler:innen wie Helen Clark und Arthur Fields aufzunehmen; dazu wurden für die beträchtliche Menge der aus Deutschland Eingewanderten aus Europa importierte deutschsprachige Tracks produziert. Die Aufnahmen wurden unter einer Handvoll von Markennamen veröffentlicht, zum Beispiel Famous, National, Broadway, Blue Bird, Puritan und Paramount.

Weil Platten immer noch so etwas wie eine Dreingabe waren, investierte die WCC in deren Produktion nicht viel. Größere, engagiertere Labels wie Victor, Columbia und Brunswick zahlten mehr, und ihre Releases klangen besser, weshalb sie die erfolgreicheren Künstler:innen anzogen. Für die WCC war eine 78er so etwas wie der gratis Plastikregenschirm, den man dazubekommt, wenn man sich für eine Kreditkarte mit hohem Zinssatz entscheidet: nicht ganz ohne Bedeutung, aber auch nicht wirklich relevant. Die ersten Angestellten bei Paramount hatten von Platten oder Aufnahmetechnik kaum oder gar keine Ahnung; sie waren Sesselverkäufer. Wie Calt schrieb:»Was Paramount zu einer einzigartigen Firma machte, waren weniger die Errungenschaften bei der Verbreitung schwarzer Musik, es war die fortdauernde Beschäftigung von Amateuren.«

Paramount wurde vom NYRL am 27. Juni 1917 ins Leben gerufen (mit dem 1912 gegründeten Filmstudio gab es keinen Zusammenhang), und nach ein paar Krisenjahren als vom Scheitern bedrohtes Pop-Unternehmen beschlossen die Paramount-Manager, angeführt vom Verkaufsleiter M. A. Supper, Gewinn aus einem plötzlichen Boom bei schwarzem Vaudeville, Jazz und Blues zu schlagen. Paramount sollte, so wurde beschlossen, bei der Einführung einer Serie von »race records« spekulativ vorangehen, ein Projekt, das 1922 mit dem Erscheinen von Paramount 12001 begann – »Daddy Blues« / »Don't Pan Me« von Alberta Hunter. Das war ein kluger Schachzug: Obwohl race artists Zugang zu einem wenig erschlossenen Markt boten, verlangten sie keine hohen Gagen, sodass Paramount die Kosten niedrig halten konnte. Al Jolson ans Mikrofon zu bekommen, mochte 10 000 Dollar kosten – ein Bluessänger verlangte dagegen nur fünfundzwanzig bis fünfundsiebzig Dollar pro Plattenseite und manchmal auch nur sechs.

Der Gründungsimpuls für Paramount war rein ausbeuterisch: Zu keinem Zeitpunkt der Firmengeschichte hatten die Gründer irgendeinen großartigen Dienst an der Kultur im Sinn oder wollten eine unterprivilegierte Gemeinschaft mit der Verbreitung zu wenig beachteter Musik ehren. Wie jeder sachorientierte kapitalistische

Betrieb versuchte die WCC einfach, so viel Profit zu machen wie möglich. Wenn frühe Plattenmanager an das Erbauliche der Musik dachten, dann weil sie notleidende Bevölkerungsgruppen »kultivierter« weißer Kunst aussetzen wollten, nie andersherum. *Race records* wurden erst populär, als Afroamerikaner:innen zu Plattenkäufer:innen wurden, und das wurden sie vor allem in den frühen Zwanzigerjahren, als der eigentlich für Soldaten des Ersten Weltkriegs gedachte tragbare Phonograph es Menschen, die sich keine schmuckvolle Victrola leisten konnten, erlaubte, erste Schritte in der Home-Audio-Welt zu machen.

Im Jahr 1922 war die Idee, schwarze Künstler Musik für ein schwarzes Publikum aufnehmen zu lassen, noch wild und unerprobt, obwohl ein paar abenteuerlustige Label mit ähnlichen Projekten experimentiert hatten. Ein paar Monate vor Paramount, im Jahr 1921, hatte Okeh Records in New York seine erste *race series* gestartet, mit Seriennummern, die in den Achttausendern losgingen. Ein weiteres Jahr zuvor war Okeh Records (damals noch als General Phonograph Corporation) ein Wagnis mit einer siebenunddreißigjährigen schwarzen Sängerin und Schauspielerin namens Mamie Smith eingegangen, mit »Crazy Blues« / »It's Right Here for You (If You Don't Get It ... 'Taint No Fault of Mine)«, der vermutlich ersten Aufnahme von gesungenem Blues einer schwarzen Künstlerin. Im ersten Monat nach Erscheinen wurden unglaubliche 75 000 Exemplare verkauft. 1923 hatte Columbia dann seine eigene *race series*, und 1926 war die gesamte Branche auf den Zug aufgesprungen.

Ein Jahr nach der Einführung wurde ein 28-jähriger Talentscout und Teilzeit-Sportjournalist namens J. Mayo Williams ausgesucht, die *race series* von Paramount von Chicago aus zu managen. Williams, ein Absolvent der Brown University und ein ehemaliges Läufer- und Football-Ass, war bei Paramount die einzige schwarze »Führungskraft« (allerdings ohne festes Gehalt, er erhielt nur die Tantiemen) und hatte sich den Job im Grunde selbst geschaffen, war nach Port Washington gereist und hatte sich durch ein Meeting geschummelt. (»Ich hab mich da einfach reingejivet«, erzählte er Calt später.) Williams wird als Komponist vieler der *race releases* von Paramount gelistet, manchmal unter dem Pseudonym Everett Murphy, und gilt unter Blues-Fans inzwischen als umstrittene Figur. Angeblich machte er Musiker vom Land mit Alkohol gefügig, eignete sich ihre Songs oft widerrechtlich an und gab sich als Co-Komponist aus (was allerdings auch sein einziger Weg war, überhaupt etwas zu verdienen). Diese Art Tricks waren offenbar verbreitet – van der Tuuk zufolge schummelte auch Williams' Sekretärin Aletha Dickerson bei dreiundvierzig Titeln ihren Namen als Copyright-Inhaberin auf die Liste – und außerdem hatten die meisten Künstler willig einem Pauschalhonorar zugestimmt und auf die Beteiligung an zukünftigen Gewinnen verzichtet. Ob ihnen bewusst war, was diese Vereinbarungen bedeuteten, sollten sie einen Hit landen, ist nicht klar; in der Debatte »Geld jetzt« / »Geld später« entscheiden sich die meisten Menschen für »jetzt«. Williams' schlechten Ruf unter Musikern dieser Ära erklärt Calt interessanterweise eher mit Abgehobenheit – Geplänkel war nichts für ihn, besonders dann nicht, wenn sein Gesprächspartner ungebildet war.

Trotzdem hatte Williams für schwarze Musiker, denen in den frühen Zwanzigerjahren nicht viele Möglichkeiten blieben, ihre Arbeit aufzunehmen, so etwas wie eine Gatekeeper-Funktion. Im *Wisconsin Magazine of History* hält Sarah Filzen fest: »Weil Williams im Plattengeschäft einer der ganz wenigen Repräsentanten schwarzer Musik war, genoss er den Luxus, dass viele schwarze Künstler zu ihm kamen, um ›entdeckt‹ zu werden.« Er besuchte kleine Theater, ließ Künstler vorsingen und erhielt Tipps von den über die Südstaaten verteilten *talent scouts* von Paramount. Männer wie R. T. Ashford, der in Dallas an der Central Avenue eine Kombination aus Schuhputzshop und Plattenladen unterhielt, schickte Musiker aus der Gegend oft zum Aufnehmen zu

Paramount. 1925 empfahl Ashford die Bluesgröße Blind Lemon Jefferson, die er angeblich als Straßenmusiker entdeckt hatte. Jefferson wurde schließlich der am häufigsten von Paramount aufgenommene *race artist* und lieferte innerhalb von dreieinhalb Jahren zweiundneunzig Plattenseiten ab.

Ein Gutteil der *race releases* von Paramount wurde von einem Produzenten namens Orlando Marsh aufgenommen, in einem Studio im fünften Stock des Lyon & Healy Building mitten in Chicago. Samuel Charters, Autor von *Der Country Blues*, kommentiert, »Marsh war ein gewissenhafter und einfallsreicher Aufnahmetechniker. Aber alles am Paramount-Geschäft war billig und die Qualität der Platten entsprechend schlecht.« Marshs erstes Studio lag an der Hochbahntrasse, und immer, wenn ein Zug vorbeiratterte, musste die Aufnahme unterbrochen werden. Selbst nach dem Umzug in ein weiter entferntes Gebäude unterliefen Marsh Fehler (angeblich lagerte er einmal eine Kiste mit Mastern aus Wachs in einem heißen Raum voller Mäuse, die sich zwischen ihnen hindurch wühlten, sie zerkratzten und unbrauchbar machten). Aufnahmesessions dauerten normalerweise drei bis vier Stunden; dabei fielen drei oder vier Stücke ab. Den Künstlern wurde Aufnahmebeginn und -ende mit Lichtzeichen angekündigt, und oft vergaloppierten sie sich, ignorierten die Warnung, zum Schluss zu kommen, völlig, oder brachen einfach mitten in der Strophe ab. Die Technik war neu und konnte verwirrend sein. Künstler, die mehr als drei Takes brauchten, wurden meistens entlassen.

Wenn Marsh fertig war, gingen die Wachsmaster an ein Presswerk in Grafton, Wisconsin, einem kleinen, vorwiegend weißen Ort am Milwaukee River, ungefähr hundert Meilen nördlich von Chicago und ein Stück südlich vom Hauptumschlagplatz der Wisconsin Chair Company in Port Washington. Das Werk in Grafton hatte früher Stühle produziert, war aber 1917 für die Herstellung von Schellackplatten umgebaut worden. Sobald dieses Werk fähig war, eigene Stempel herzustellen, wurden die Wachsmaster in Eis gepackt und über die Schiene dorthin geliefert. In der Plattierungs-Abteilung wurde die Oberfläche des Wachses dann sorgfältig mit einem Kamelhaar-Pinsel mit Grafit bestäubt, dann hängte man alles in ein Becken mit Kupfersulfat, aus dem das Grafit Eisenoxid anzog, woraus sich eine Kupferbeschichtung bildete. Von diesem sogenannten Negativ-Master wurde nun das Wachs abgezogen, weggeworfen, und ein Positiv-Master produziert. Er war als »Mutter« oder »Matrix« bekannt, hatte Erhebungen statt Rillen und war mit Nickel oder Silber beschichtet. Schließlich wurde aus der Mutter ein Negativ-Stempel gefertigt und in eine Presse eingepasst, mit der sich brandneue 78er produzieren ließen. In Sarah Filzens Worten: Die neue Platte wurde dann von der Presse ausgeworfen »wie eine sehr zarte, dünne Waffel.«

Die neuen Platten wurden von Arbeitern entgratet und gereinigt und dann in braune Papierhüllen gesteckt. Alte Stempel und Master wurden oft wieder eingeschmolzen, das Material wurde für neue Platten wiederverwendet. Der gesamte Fertigungsprozess nahm ungefähr vier Tage in Anspruch. Die Firmenchefs erhielten von allen Platten Testpressungen und entschieden – vermutlich eher nach Lust und Laune –, welche Aufnahmen veröffentlicht werden sollten.

Schon früh verfügte Paramount über zehn Pressen, aber in den Mittzwanzigern – auf dem Höhepunkt des Erfolgs der Firma – quetschten zweiundfünfzig Pressen Schellack, Steinmehl und Ton aus der Umgebung in 78er-Form. Jede Presse konnte theoretisch täglich bis zu 700 Platten ausstoßen, aber weil das Presswerk von Paramount über ein Wasserrad im Fluss mit einem Förderseil betrieben wurde und nicht mit einem Elektromotor, lief es nur auf halber Kraft. Das meiste am Werk in Grafton war schludrig und unausgegoren, und obwohl es funktionsgemäß lief, stieß es wohl kaum Spitzenprodukte aus. Schon die ersten Paramount-Kunden klagten über die Qualität der Pressungen und deren seltsame und ärgerliche Eigengeräusche. Die meisten Historiker schreiben sie der billigen Schellack-Mixtur des Werks zu, die einen hohen Füllstoff-Anteil hatte – Gestein aus Wisconsin ist für vieles gut, aber nicht dafür, gemahlen und in Blues-Platten gemischt zu werden. Für eine erste Pressung mussten gewöhnlich 1200 78er durchlaufen, die in Holzkisten à fünfundzwanzig Stück verpackt wurden und fünfundsiebzig Cent pro Platte kosteten. Die Veröffentlichungen der Paramount wurden von den Tochtergesellschaften der Firma oft neu aufgelegt, sodass eine Aufnahme für Paramount aus Chicago später auch bei einem WCC-eigenen Unterlabel wie Puritan, Famous oder Broadway erscheinen konnte. Hier war die Schellack-Zusammensetzung noch schrottiger, und die Platten kosteten nur noch fünfzig Cent das Stück, manchmal gab es auch drei für einen Dollar.

Wenn sie nach Pressung und Verpackung einmal im Lager standen, wurden die *race records* von Paramount meistens über Postversand verkauft (Broadway-Pressungen konnte man eine Weile sogar über den Katalog des Versandhauses Montgomery Ward bestellen). Im Jahr 1999 berichtete Dorothy Larson Bostwick an Alex van der Tuuk, sie könne sich noch erinnern, wie sie als Oberschülerin für Paramount Bestellungen ausgeführt habe: »Wir haben Coupons aus gedruckter Werbung gesammelt, die in den Südstaaten an potenzielle Käufer verschickt worden war. Eine Platte musste man per Vorkasse bestellen, über eine postalische Geldanweisung«, sagte sie. Potenzielle Käufer:innen trugen Name und Adresse in ein kleines Formular ein und gaben es zusammen mit dem Geld dem Briefträger. Bei einer Bestellung von zwei oder mehr Platten übernahm Paramount die Versandkosten. Wenn man nur eine bestellte, wurde bei Lieferung eine »kleine Nachnahmegebühr« fällig.

Neben dem Direktmarketing schaltete Paramount Anzeigen im *Chicago Defender*, einer 1905 gegründeten Zeitung unter afroamerikanischer Leitung mit einer bemerkenswert großen schwarzen Leser:innengemeinde und einem beeindruckenden Impressum (Anfang der Zwanzigerjahre schrieben sowohl Langston Hughes als auch Gwendolyn Brooks für den *Defender*). Außerdem gingen Vertreter mit der Ware auf die Reise, die für die Ehre, für Paramount 78er verticken zu dürfen, vier Dollar fünfzig hinlegen mussten (dafür bekamen sie zehn Platten, die sie dann für fünfundsiebzig Cent an Mann oder Frau bringen konnten, um drei Dollar Profit zu machen), und manchmal auch Schaffner aus Chicago, die Schlafwagen-Passagiere versorgten und Platten an die Menschen am Bahndamm verkauften.

Außerdem schickte Paramount seine Ware direkt an eine Handvoll Plattenhändler, aber die meisten traditionellen Musikgeschäfte interessierten sich nicht für die in ihren Augen randständige Ware. Daher wurde Paramount auf dem Gebiet der Promotion kreativ. 1924 brachte das Label eine Platte der beliebten in Georgia geborenen Sängerin Ma Rainey mit langsamem, düsteren Blues heraus und betitelte sie »Ma Raineys Mystery Record«. Die Firma behauptete, die Aufnahme sei so spektakulär, dass niemandem ein Titel eingefallen sei, und schrieb dann einen Wettbewerb zur Titelsuche aus (den eine Frau namens Ella McGill aus Jefferson, Indiana, mit »Lawd I'm Down Wid De Blues« gewann – auch wenn ich das, was Frau McGill aus dem Songtext als »down« hörte, immer eher als das vergleichsweise finstere »dyin« verstanden habe). Sarah Filzen zufolge hat ein Händler namens Harry Charles einmal einen raffinierten Plan erdacht, zu dem Folgendes gehörte: »Anheuern einer Gruppe Afroamerikaner, die ihm in einen Plattenladen folgen und große Begeisterung für die Platten zeigen, die er promoten wollte«.

In den Zwanzigerjahren wurden von einer *Race-records*-Platte durchschnittlich etwa fünftausend Exemplare verkauft; bei einem Hit konnten es zwanzig- bis fünfzigtausend sein. Um als Sänger:in bei Paramount eine Anschluss-Session zu bekommen, musste man zehntausend Exemplare verkaufen und einer Firma, die an das künstlerisch Wertvolle als Selbstzweck nicht so sehr glaubte, beweisen, dass sie wirtschaftlich wertvoll waren. Paramount veröffentlichte nicht ausschließlich Blues – im Jahr 1924 fing man an, Country- und Old-Time-Songs von Künstlern wie Earl Johnson, der Dixie String Band und den Kentucky Thorobreds herauszubringen, und Platten mit Jazz oder Jazzeinflüssen hatte man von Anfang an herausgebracht. Aber gegen Ende des Jahrzehnts verkauften sich die Releases von Paramount alle nicht mehr besonders gut. In den Anmerkungen zu *Screamin' and Hollerin' the Blues* erläutert Dick Spottswood, dass Konkurrenzunternehmen die Südstaaten abgrasten und vor Ort bessere Versionen der Bluesplatten produzierten, auf denen das kleine bisschen Ruhm von Paramount sich gründete, und die sinkenden Profite führten dann zu Einsparungen bei Werbung und Vertrieb. »1930–31 verkaufte Paramount Platten entweder über Mund-zu-Mund-Propaganda oder überhaupt nicht mehr«, schreibt er. Als Charley Patton 1929 in Grafton eintraf, war Paramount fast schon tot.

Patton, der 1934 auf der Heathman-Dedham-Plantage in Mississippi starb, ist lange für einen der Schöpfer des Delta Blues (oder zumindest für deren größten Vertreter) gehalten worden, und war als Erscheinung ebenso angesehen wie schwer zu fassen. In seinem Buch *Deep Blues* behauptet der Gelehrte Robert Palmer, Patton sei für »ungefähr jeden wichtigen Delta-Bluesman eine Inspiration gewesen ... er gehört zu den wichtigsten Musikern, die Amerika im 20. Jahrhundert hervorgebracht hat. Über seine prägenden Jahre wissen wir wenig, darüber, wie er seine Kunst erlernt hat, wissen wir nichts.«

So viel wissen wir immerhin: Im Sommer 1929 lebte Patton – der ganz nach Art aller klassischen Blues-Sänger umherzog – in Jackson, Mississippi. Er war mit Henry C. Speir bekannt, dem weißen Besitzer eines Musikgeschäfts, der nebenbei, genau wie R. T. Ashford, als Talentscout für ein paar Plattenfirmen arbeitete.

Speir organisierte Patton eine Reise nach Richmond, Indiana, zu einer von Paramount finanzierten Aufnahme in einem Studio von Gennett Records. Palmer beschreibt das Gebäude als »eine Art Scheune ein paar Meter neben den Eisenbahnschienen« und merkt an, dass es auch ein Presswerk beherbergte, sodass »die frisch gepressten Platten zwar bequem per Bahn verschickt werden konnten, die Aufnahme aber jedes Mal unterbrochen werden musste, wenn ein Zug kam.«

Am Freitag, dem 14. Juni nahm Patton, damals achtunddreißigjährig, im Gennett-Studio vierzehn Tracks auf. Gut möglich, dass Patton betrunken war – »die meisten Firmen gaben ›Race‹- und ›Hillbilly‹-Künstlern Schnaps, um sie locker zu machen«, schreibt Palmer – aber Pattons Darbietung ist trotzdem fesselnd. Im Juli 1929 brachte das Label Pattons erste Veröffentlichung heraus, »Pony Blues« / »Banty Rooster Blues«, und die Platte verkaufte sich so gut, dass das Label die Werbung für Pattons nächstes Album sorgfältig plante – »Mississippi Boweavil Blues«, eine alte Folk-Ballade über einen kleinen schwarzen Käfer, der sich in Baumwollknospen gräbt und deren Blüte verhindert. »*Suck all the blossoms and he leave you an empty square, Lordy*«, sang Patton mit schwerer, gepresster Stimme. Die Platte, Paramount 12805, wurde einem »Paramount Masked Marvel« zugeschrieben, und an die Paramount-Händler gingen Flyer mit einer Karikatur, die ein wenig nach Patton aussah – oder seiner Superhelden-Variante in schlabberndem Anzug und mit schwarzer Maske. Die Kunden sollten seine Identität erraten, und wer richtig riet, bekam eine Platte eigener Wahl gratis. (Da Patton als Sänger irgendwie einzigartig war, hätte die Antwort für jeden, der auch nur zehn Sekunden des »Pony Blues« gehört hatte, auf der Hand gelegen.)«

Am 7. und 14. September wurde das Rätselspiel im *Chicago Defender* beworben und lief bis zum 15. Oktober. Zehntausend Teilnahmescheine waren gedruckt worden, und die Forschung geht davon aus, dass die entsprechende Zahl Platten gepresst worden ist. Heute sind Exemplare bekannt, die Pattons richtigen Namen verzeichnen, nicht Masked Marvel, sodass Paramount den Song vermutlich nachpressen ließ, als die erste Auflage ausverkauft war. Spottswood weist darauf hin, dass Patton »1929 Paramounts produktivster Musiker war, ein Indikator für das Vertrauen des Unternehmens in dessen Absatzpotenzial.«

Bald darauf wurde Patton in das nagelneue Studio von Paramount in Grafton eingeladen. Eingerichtet im Jahr 1928 oder Anfang 1929 – vor allem aus Gründen der Kostenersparnis, um Studiomiete zu umgehen –, befand es sich im ersten Stock eines Gebäudes direkt gegenüber des Presswerks, an der Ecke Twelfth Street und Falls Road. Fotografien der Innenausstattung sind nicht überliefert, aber Berichten nach gab es dort ein Klavier, eine Gitarre, ein paar Stühle und eine Wand mit dem allernotwendigsten Aufnahme-Equipment, manches davon vielleicht sogar selbstgebaut. Oft wird der Ort mit schalen Euphemismen wie »rustikal« umschrieben. Es gab zwei Räume – einen Produzentenraum und das Studio für die Musiker – und alle Wände waren mit Sackleinen, Handtüchern und Decken abgehängt, um den Hall zu reduzieren. »Selbst die Türen waren gepolstert«, erfuhr van der Tuuk vom Bandleader Sig Heller, der 1931 in Grafton aufnahm. »Raumklang, Hall, Akustik gab es dort kaum. Es erschwerte das Spiel eher, wenn eine Note verklang, sobald man sie gespielt hatte.« Im Studio war es je nach Jahreszeit schwülwarm oder feuchtkalt. Komfortabel war es dort nicht.

Im Oktober 1929 nahm Patton in Grafton nebst vierundzwanzig anderen Stücken »High Water Everywhere Part 1« und das Folgestück »High Water Everywhere Part 2« auf – einen schaurigen Bericht von der Flut am Mississippi von 1927. »High Water Everywhere« erschien im April 1930. Drei Jahre zuvor, im April 1927, war es in Mound Landing, Mississippi, zu einem Dammbruch gekommen, etwa zwanzig Meilen nördlich von Pattons Heimatort Greenville. Im gleichen Frühjahr war das Delta mit einer Serie von Extremwetterlagen geschlagen worden (Tornados, Erdbeben, Starkregen), eine schwere Prüfung für die Dämme, die unter dem Gewicht des schäumenden, übersatten Stroms erzitterten. Als sie schließlich nachgaben, verschlang eine massive Wasserwand – manchen Berichten nach deutlich über sechs Meter hoch – den größten Teil des Nordwestens von Mississippi und überflutete 70 000 Quadratkilometer Land. John M. Barry, dem Autor von *Rising Tide*, zufolge schwemmte der nun entfesselte Fluss pro Sekunde über drei Millionen Kubikfuß Wasser heran – also um die 85 Milliarden Liter. Allein der Versuch, einen Fluss von der Wucht des Mississippi in Zaum zu halten, erforderte ein gewisses Maß an Größenwahn; in diesem Fall ging er nach hinten los. Erst im August gingen die Fluten zurück. Bis dahin waren 250 Menschen ums Leben gekommen, vielleicht auch mehr.

»The whole round country, Lord, river has overflowed«, ächzt Patton in »Part 1«, mit satter, zittriger Stimme über einer Gitarrenmelodie aus drei Noten in offener G-Stimmung. Im Hintergrund hört man ein leises Trommeln – vielleicht klopft Patton auf seine Gitarre oder stampft mit dem Fuß auf; der Gesang ist knödelig, der Text kaum zu verstehen. Möglicherweise hat Patton im schrottigsten Studio der Welt aufgenommen, siebenhundert Meilen von seinem Zuhause im Mississippi Delta, aber die Darbietung ist hart, aggressiv, selbstbewusst. »The whole round country, man, is overflowed«, knurrt er. Patton klingt wütend und beleidigt, so wie wir singen, wenn wir über Dinge singen, die wir nicht unter Kontrolle haben, zu überwältigend und niederschmetternd, um wahr zu sein.

In einer Anzeige für die Platte pries der Werbetexter deren Stärken plakativ an: »Alle, die diese Platte gehört haben, finden ›HIGH WATER EVERYWHERE‹ Charley Pattons beste, und da muss sie ziemlich gut sein, weil er nämlich schon ein paar Hämmer hingelegt hat. Genuss ist garantiert, wenn Sie die Platte bei Ihrem Händler hören oder uns den Coupon schicken.«

Obwohl Patton als Bluesmusiker kommerziell erfolgreich war, sind zu seinem Werk keine Aufzeichnungen erhalten, zumindest nicht in Reinform (was für fast alle Künstler von Paramount gilt). Wie Edward Komara in den Anmerkungen zum Revenant-Set schrieb:»Pattons Platten heute zu hören, ist eine Herausforderung, so ramponiert sind die meisten erhaltenen Scheiben, so provinziell war Mississippi vor dem Zweiten Weltkrieg, und so stark hat sich die Musik seit seinem Tod im Jahr 1934 weiterentwickelt.« Wie viele Exemplare von »High Water Everywhere« exakt gepresst, wie viele verkauft wurden und wie viele es noch gibt, lässt sich kaum genau sagen. Richard Nevins schätzt, dass noch circa fünfzehn Exemplare existieren. Gewiss ist nur: Wer eines findet, sollte es sich fest ans Herz drücken.

Von 1929 bis 1932 zog ein ganzer Haufen von Scouts aufgetriebener Bluesmusiker aus kleinen Orten in den Südstaaten ins Studio nach Grafton, darunter Giganten wie Son House und Skip James. Das Unternehmen ging langsam unter, aber künstlerisch könnte man die drei letzten Jahre von Paramount die fruchtbarsten aller US-Plattenlabel der Geschichte nennen. Die Diskografie von Paramount aus dieser Zeit – von Wileys »Last Kind Words Blues« über James' »Devil Got My Woman« und Pattons »Moon Going Down« – ist erstaunlich.

Trotzdem blieb Paramount wegen der schlechten Tonqualität und der schlampigen Pressungen verrufen, und als das Label 1932 seine letzten Aufnahmen herausbrachte, »She's Crazy 'Bout Her Lovin'« / »Tell Her to Do Right« von den Mississippi Sheiks, war niemand überrascht. J. Mayo Williams war schon von Paramaount zu Brunswick Records gewechselt und mit dem weißen Manager Arthur Laibly aus Port Washington ersetzt worden, der von Blues oder dessen Publikum wenig Ahnung hatte. Wie Sarah Filzen anmerkt: »Die Firma wurde ein Abladeplatz für mittelmäßige oder unbekannte Künstler.« Im Jahr darauf ging das Label dann in der Weltwirtschaftskrise völlig unter und lag brach, bis es

Ende der Vierziger kurz von dem Sammler John Steiner aufgekauft und wiederbelebt wurde. Als das Werk in Grafton schloss, wurde ein Teil des Bestands en gros an Großhandelslager abgegeben, ein anderer Teil mit hohen Rabatten dem Einzelhandel angeboten, aber was mit dem Großteil der Platten – und ihren Mastern aus Metall – geschah, ist unklar. Es kursieren zahlreiche Gerüchte. Manche behaupten, 78er seien in der Fabrik zum Heizen verfeuert oder zum Abdichten der Wände verwendet worden, aber die vorherrschende Theorie lautet, dass verbitterte Angestellte sie nach Erhalt der Kündigung stapelweise in den Milwaukee River warfen.

Als ich Alex van der Tuuk am Telefon fragte, was seiner Meinung nach aus den Mastern von Paramount geworden war, hatte er sofort eine Antwort parat. »Als die Firma 1944 dichtmachte, wurden die Master aus Metall entweder verkauft oder bei einem Schrotthändler in Milwaukee abgeladen«, sagte er. »Zu dem Zeitpunkt waren die Master schon schwer verrostet, und das Lager war nicht abgedichtet. Tauben flogen ein und aus, und Sie können sich vorstellen, wie sie die Master zugerichtet haben.«

Was nicht verrostet oder mit Guano überzogen war, landete schließlich in einem Lager in Port Washington. Dort lag es bis 1942, als das *War Production Board* eine massive Altmetall-Kampagne startete, mit dem Ziel, siebzehn Millionen Tonnen Metall zur Verwendung durch die Alliierten im Zweiten Weltkrieg zu sammeln. In der Folge wurden die meisten der Paramount-Master eingeschmolzen, abgesehen von ein paar hundert, die man dem Produzenten Jack Kapp aus Chicago verpachtete, der später die amerikanische Tochtergesellschaft des britischen Labels Decca leiten sollte. Nachdem John Steiner Paramount gekauft hatte, nahm er Kontakt mit der Decca auf und erhob Anspruch auf die verbleibenden Master. »Er hat bei der Decca angerufen«, erklärte van der Tuuk, »und gesagt, ›ihr habt Master, die gehören mir. Schickt sie mir zurück.‹ Und zu seiner Überraschung haben sie das getan, und er hatte sie bis zu seinem Tod im Jahr 2000 bei sich zu Hause.«

Diese Master – die letzten, die es noch gibt – wurden angeblich zusammen mit Steiners Unterlagen von der Regenstein Library der University of Chicago archiviert, aber als ich Julie Gardner schrieb, der Leiterin des Leserservices der Forschungsstelle Sondersammlungen, erhielt ich folgende Antwort:»Uns liegen zwar Listen diverser Metall-Master der Paramount vor, aber die Master selbst konnte ich nicht verorten. Box 33, Ordner 12 der John-Steiner-Papiere enthält zum Beispiel einen Ordner mit einer Liste der Metall-Muttern der Paramount Master von 1931 bis 32, nicht aber die Master selbst. Ähnlich verhält es sich mit Box 46, Ordner 1, der Fotokopien von Karteikarten enthält, auf denen die Master aufgelistet werden, aber wieder nicht das eigentliche Material. Es tut mir leid, dass wir Ihnen darüber hinaus nicht helfen konnten.«

Das gab mir einen leisen Stich. Aus Verzweiflung vielleicht, aber auch wegen der erzählerischen Möglichkeiten, die sich daraus ergaben. Was hatte das zu bedeuten?

Paramount-Ephemera sind heiß begehrt, und im Jahr 2006 beschloss der Sender PBS – nach dem Tipp einer bluesbegeisterten Lokalhistorikerin namens Angela Mack –, für seine Sendung *History Detectives* den Grund des Milwaukee River von Profi-Tauchern nach kostbaren Relikten der Paramount absuchen zu lassen. Die (etwas ziellose) Suche dauerte eine Weile, brachte aber nichts zutage.

Blues-78er von Paramount – besonders Platten von Country-Blues-Sängern wie Patton, James und Son House – sind heute außergewöhnlich rar und werden unter Sammlern für aberwitzige, existenzgefährdende Summen gehandelt. Ende 2013 zahlte der Sammler John Tefteller 37 100 Dollar für »Alcohol and Jake Blues« / »Riding Horse« von Tommy Johnson (Paramount 12950), nachdem ein anonymer Verkäufer die Platte, deren Wert ihm vielleicht nicht einmal bewusst war, auf eBay eingestellt hatte. Es handelte sich um eines von zwei bekannten Exemplaren; das andere, das Tefteller ebenfalls schon erstanden hatte, war in einem Zustand, den er als »komplett schrottig« beschrieb. Dieses Exemplar jedoch nannte er »wunderschön«.

Dass die Paramount-78er so begehrt sind, weil sie sich fast unmöglich auftreiben lassen, ist mir klar. Trotzdem glaube ich, dass zu ihrer besonderen Anziehungskraft auch etwas Mysteriöses, Unerklärliches gehört, das sich in jenem Studio in Grafton abgespielt hat – was immer es gewesen sein mag. War es das Unbehagen, an einen fremden Ort versetzt worden zu sein, das diese Musiker befeuerte – die Tatsache, dass sie aufgenommen wurden, wie sie waren, als Provinz-Sänger aus den Südstaaten in einer unvertrauten Stadt des Nordens? Spürten diese Musiker, die für ein Label aufnahmen, das so offensichtlich am Rand der Auflösung stand, vielleicht ein Stück dieser Ungewissheit und reagierten dann mit unglaublicher Furchtlosigkeit darauf?

Auch den Gedanken an die Platten, die vielleicht am Grund des Milwaukee River verrotteten, wurde ich nicht los – wie sie neben zerdrückten Bierdosen und verrosteten Autoteilen den Bachkrebsen Unterschlupf boten. Eine gespenstische und surreale Vorstellung – ein kalter, nasser Tod für die heißeste Musik der Welt. Von den Menschen, die Ende der Zwanziger- und Anfang der Dreißigerjahre im Presswerk gearbeitet hatten, lebte kaum noch jemand. Zwar hatte in den Neunzigerjahren eine Handvoll Forscher – darunter vor allem Calt und van der Tuuk – unermüdlich versucht, Berichte aus erster Hand zusammenzutragen, aber nur wenige erhellende Geschichten waren dabei ans Licht gekommen. John Tefteller zufolge war das Spiel, Platten wie Frisbees in den Fluss zu werfen, nicht einmal auf die Zeit der Werksschließung beschränkt. »Wenn man überzählige Scheiben oder Aufnahmen hatte, die sonst vernichtet worden wären, nahm man sie mit nach draußen und ließ sie in den Milwaukee River segeln. Die Bosse hatten nichts dagegen. Das war einfach Überschuss.«

Aha, dachte ich. Das ist ja interessant.

SECHS

Wir werden nicht ertrinken

*Tauchkurs, Klaustrophobie, Geld, Die Goonies,
der Milwaukee River*

Wenn man Anfang des 21. Jahrhunderts lebte und eine einigermaßen bedeutende 78er-Sammlung zusammenstellen wollte, musste man um einen warmen Regen beten, das war mir inzwischen klar. Die Platten würden nicht einfach so auftauchen. Sie waren schon in festen Händen. Alle üblichen Quellen waren ausgeschöpft. Auch die weniger üblichen Quellen waren ausgeschöpft. Es blieben nur aberwitzige Quellen.

Wer noch nie aus heiterem Himmel ein Tauchsportgeschäft in Wisconsin angerufen hat, um den höflichen Fremden aus dem Mittleren Westen, der das Gespräch annimmt, zu bitten, einen persönlich dabei zu begleiten, wie man im Flussschlick nach einem Haufen zerbrechlicher alter Platten sucht, die jemand vor achtzig Jahren in den Milwaukee River geworfen haben könnte, und ja, du willst im flachen Wasser nach ihnen wühlen, mit einem ausgeliehenen Taucheranzug und voller Ausrüstung, aber nein, du weißt nicht genau, von wo aus sie genau in den Fluss geworfen wurden, und nein, du hast keine Taucherfahrung, du lebst nämlich in New York, bist eigentlich auch nicht wirklich sportlich veranlagt und warst außerdem schon wegen schwerer Klaustrophobie in medizinischer Behandlung – dem würde ich ehrlicherweise auch nicht empfehlen, es zu versuchen.

Ich machte eine Liste aller Tauchsportgeschäfte im Großraum Milwaukee, bereitete einen mitreißenden Pitch vor, der ein paar vernichtende Details ausließ, und fing an zu wählen. Nach ein paar erniedrigenden Fehlschüssen (»Was suchen Sie? Was für Platten?«) gab man mir schließlich die Nummer eines Kapitäns zur See, den ich Lenny nennen möchte – ein alter Seebär, um mich ein bisschen bei der Seemannssprache zu bedienen – und der Tauchausflüge zu Schiffswracks im Lake Michigan anbot. Höflich erduldete er meine langatmige Einführung. Beschämt merkte ich, dass meine Stimme immer höher klang, bis ich fast quiekte – er hätte meinen können, ein kleines Kind in der Leitung zu haben. »Im Fluss tauchen, das tut man nicht«, sagte er schließlich. »Aber gut ...«

Ich würde das Folgende nicht als uneingeschränkt positive Reaktion bezeichnen, aber es war auch keine eindeutige Ablehnung. Er sagte mir, ich solle ihn ein paar Wochen vor meinem Trip noch einmal anrufen, und verabschiedete sich, bevor ich weitere Forderungen ins Telefon quieken konnte. Das Klicken, mit dem die Verbindung beendet wurde, klang wie ein Gnadenschuss. Ich atmete schwer aus.

Ich hatte eine zarte Spur, aber ich brauchte Übung. Ein Tauchlehrgang, dachte ich, würde ein, zwei Nachmittage in Anspruch nehmen. Ich erinnerte mich an meine Tage als Touristin in der Karibik. Dort warf man sich in grelle Shorts, meldete sich am Strand für eine zehnminütige Einführung an und stürzte sich dann kopfüber ins Riff. Tausende taten das, täglich! Das konnte keine große Sache sein.

So weit die erste einer ganzen Reihe idiotischer Vorannahmen über den Tauchsport. Tauchen lernen ist nicht besonders einfach, und es ist auch nicht billig. (Später würde ich daran denken, was John Heneghan mir über seine Ängste vor seinem Abtauchen in die Welt des Sammelns erzählt hatte:»Ich wusste die finanzielle Belastung würde weit über das hinausgehen, was man bei klarem Verstand vernünftig nennen konnte.«) Der Weg zum Tauchschein ist lang und verschlungen; dazu gehören viele Stunden Theorie, mehrere Tage praktische Ausbildung (meistens in einem Schwimmbad) und vier Tauchgänge im Freiwasser (die über einen Zeitraum von einem oder zwei Jahren absolviert werden können). Der erforderliche Einsatz schreckte mich ab, aber ich wollte trotzdem weitermachen. Ich wollte die Platten.

Tauchsport und New York City sind nicht natürlich miteinander verbunden, aber da diese Stadt gern auch die unsinnigsten Fantasien wahr werden lässt, ergab eine Google-Suche sofort, dass eine ganze Handvoll von Tauchsportgeschäften in Manhattan auch Kurse im Angebot hatte. Ich suchte mir Pan Aqua an der Ecke 43rd Street und Tenth Avenue aus und schrieb mich für einen Intensivkurs an drei Abenden ein. Die Kursgebühr betrug 295 Dollar, und zusätzlich würde ich ein Lehrbuch für 65 Dollar, eine DVD für 38 Dollar (die teuerste Story der Filmgeschichte) und Tauchausrüstung im Wert von ungefähr 225 Dollar erwerben müssen. Nicht im Preis inbegriffen war das Freiwasser-Tauchen (etwa 160 Dollar pro Tag plus Miete für die Ausrüstung), das außerdem die Reise an einen Ort erforderte, der für die Erkundung von Unterwasserwelten zugänglicher war, egal wo; dort würde ich mich dann zwei Tage lang in die Tiefe spaddeln und wieder hocharbeiten müssen.

Bei der Darstellung meines bisherigen Desinteresses am Tauchsport lässt sich, glaube ich, nicht übertreiben. Bei beengten Verhältnissen gerate ich in Panik. Ich finde, Sand fühlt sich eklig an.

Und ich bilde mir zwar etwas darauf ein, nicht besonders hysterisch zu sein, aber sobald ein Fisch meiner nackten Haut auf dreißig Zentimeter nahekommt, lege ich einen meiner berüchtigten Anfälle hin, wie man sie sonst nur von Zweijährigen in Flugzeugen kennt. Und obwohl ich die dafür notwendige sportliche Veranlagung zu schätzen weiß, empfinde ich für »Extrem«-Sport eine so wütende Ablehnung, dass ich schon schaudere, wenn ich mit einer offenen Energy-Drink-Flasche konfrontiert werde. Ich suche nicht nach dem besonderen Kitzel. Mir war schnell klar, dass ich diese Sache nicht allein bewältigen konnte.

Ich legte den Fall meinem Ehemann Bret dar; mein Plädoyer schloss mit meinem schwer zu entkräftenden Lieblings-Bonmot (»Abschließend lässt sich sagen, das werde ich wahrscheinlich nicht überleben«). Sein Konter war scharf – er wies darauf hin, dass ich immer wahnhafter wurde, mich an Unsinn aufrieb und so weiter –, aber letztlich willigte er ein, mich zu begleiten, teilweise vermutlich, weil er das mit dem nicht Überleben halb glaubte. Jetzt hatte ich einen zögerlichen Mann an meiner Seite.

Am Nachmittag, als ich bei Pan Aqua Unterrichtsmaterialien und Ausrüstung abholte, hing gerade ein einwöchiger Frühjahrs-Regenguss über New York – das ließ nichts Gutes ahnen. Aber ich blieb ernst und hielt durch. Ich platschte durch den warmen, peitschenden Regen zurück zum U-Bahnhof Times Square und versuchte dabei, einen umgeschlagenen Regenschirm, einen Stapel Lehrbücher und zwei Ein-Meter-Netzbeutel (mit je einer Taucherbrille, Füßlingen, Schnorchel und Taucherflossen) festzuhalten und gleichzeitig im Kopf auszurechnen, wie viele Erdnussbutterbrote ich mir als Hauptmahlzeit schmieren musste, um das eben ausgegebene Geld wieder hereinzubekommen. Leise Zweifel stiegen in mir auf. Und als ich an einer Wand aus nassen Touristen abprallte, die an der U-Bahn-Treppe Schutz suchten, mir die Taschen von den Schultern rutschten und der Pony mir in einer giftigen Pampe aus Schweiß und Regen an der

Stirn klebte, geriet ich gänzlich in Panik. Was machte ich hier eigentlich?

So viel wusste ich: Die Chance, am Grund des Milwaukee River wirklich abspielbare Paramount-78er oder Metall-Master zu finden, war im Grunde gleich null. Hätte ich engen Freund:innen meinen Plan genau erklärt, hätten wohl alle mir einstimmig gesagt, dass die Erfolgsaussichten zu schmal seien, um sich dafür auf diese Weise emotional, körperlich und finanziell zu verausgaben. Aber das Sammeln ist nichts für Vernunftwesen, und ich war eingetaucht in eine Gemeinschaft starrsinniger Männer, die ihr ganzes Leben unglaublichen Unternehmungen gewidmet und in ihr jeweiliges Streben massenweise Zeit und Geld und graue Zellen investiert hatten. Das Einzige, was in diesem Augenblick für mich sprach, war meine Bereitschaft, mich diesem Irrwitz auszusetzen. Und, wie ich hoffte, ein Körper, der dem noch gewachsen war.

Den ganzen Rückweg nach Brooklyn über beschäftigte ich mich mit Meditationsübungen. Die gleichen Übungen machte ich, während ich die endlose Lehr-DVD ansah, wobei ich alle paar Minuten auf Pause drückte, um mich wieder zu beruhigen. (Bei empfindlicheren Betrachterinnen löst offenbar selbst ein Video eines Menschen, der zwanzig Meter unter der Wasseroberfläche atmet, Panikattacken aus.) Weitere Meditationsübungen machte ich am Abend vor der ersten Unterrichtsstunde, nachdem ich Bret daran erinnert hatte, dass er mich nach der Arbeit in einem Schwimmbad treffen, sich in einen geliehenen Neoprenanzug quälen und sich dann bis 23 Uhr 30 unmenschlicher Behandlung aussetzen musste, um dann wieder in die U-Bahn zu steigen, fünfundvierzig Minuten lang nach Hause zu fahren, ein Stück kalte Pizza zu essen, zu schlafen und am Tag darauf wieder dasselbe zu tun (noch zwei Mal sogar).

Am Morgen vor meiner ersten Stunde ging die folgende E-Mail meiner Mutter ein: »Wie läuft es mit dem Tauchen?????? Bist du bereit? Viel Glück damit. Vielleicht wirft dir jemand ein paar Schallplatten ins Schwimmbecken.« Ich war ein Kind, das mit einer Eselsmütze in der Ecke stehen musste und von der eigenen Mutter ausgelacht wurde.

Das Training – die erste Hälfte des Abends verbrachten wir immer im leeren Klassenzimmer einer Kindertagesstätte, die zweite im Schwimmbecken eines an den Laden angrenzenden Health Clubs – wurde von einem auf unheimliche Weise gleichmütigen Mann namens Tom angeleitet, der meine regelmäßigen Panikattacken mit abgeklärter Gelassenheit hinnahm. Als ich zum ersten Mal meine komplette Ausrüstung zusammenbaute und umschnallte – Sieben-Millimeter-Neoprenanzug, Füßlinge, Flossen, ein westenartiges Tarierjacket, eine 20-Kilo-Tauchflasche, Taucherbrille, Atemregler mit Schlauch, Sechs-Kilo-Bleigurt und Schnorchel – und bibbernd am Beckenrand stand, kam ich mir vor wie Houdini, in Ketten, sprungbereit auf der Weighlock Bridge. Neoprenanzüge pressen einem Brustkorb und Gliedmaßen auf eine Weise zusammen, die ich vorher für physikalisch unmöglich gehalten hätte; Taucherbrillen schließen die obere Hälfte des Gesichts luftdicht ab, Nasenlöcher eingeschlossen. Mit dem Atemregler im Mund war meine Platzangst so groß, dass ich mir alles gleich wieder abreißen wollte. (»Amanda, setz die Maske wieder auf!«, war bald das Lied, das alle in der Gruppe sangen.) Meine Finger waren taub. Meine Kehle war gereizt, kratzig. Mein Panikverhalten – mit allen Menschen in Hörweite so viel wie möglich reden – setzte ein. Ich brauchte einen Zauberer. Ich drehte mich zu Bret um, aber der trug eine ähnlich verzweifelte Miene, und jetzt hatte ich zusätzlich zu meinen Ängsten auch noch Schuldgefühle. Was hatte ich getan, dass wir jetzt an einem Dienstagabend um elf in Midtown Manhattan in Neopren gewickelt an einem Schwimmbecken hockten?

Unsicher nahm ich einen Atemzug Luft aus der Dose, presste mir die Maske ans Gesicht, streckte eine einsame Flosse aus und machte einen Schritt nach vorn. Fünfzehn Sekunden später kletterte ich wieder aus dem Wasser. Vom Kopf her verstehe ich, wie ein Atemregler funktioniert – er verwandelt Druckluft mithilfe eines mechanischen Systems aus Rückschlagventilen in Atemluft –, aber das Einatmen unter Wasser ist beim ersten Mal eine wirklich verstörende Erfahrung, so als würde man die Hand in offenes Feuer halten und nicht wieder wegziehen. Ich hielt mir selbst eine strenge, aufmunternde Rede, in der ich die Götter anrief und beschimpfte, stürzte mich wieder ins Wasser und hielt mich am Beckenrand fest. Ich schloss die Augen. Ich biss auf den Atemregler. Ich tauchte ab und zwang mich, unten zu bleiben.

Nach einer Reihe halb vorsichtiger, halb panischer Atemzüge gelang es mir, meinen Körper für eine Zeit umzutrainieren – WIR WERDEN NICHT ERTRINKEN –, und fast sofort wurde das Tauchen bedeutend einfacher. (Spaß machte es immer noch nicht.) Ich konnte an nichts anderes denken als ans Luftholen. Ein und aus: gedämpfte Sauggeräusche, ein Strom aus Luftblasen. *Wir werden nicht ertrinken.* Vorsichtig sah ich mich im Becken um und lenkte mich ab, indem ich die verlorenen Haargummis zählte, die sich an einem Abfluss sammelten. Schließlich gab Tom das Zeichen, uns um ihn zu scharen, und wir gingen die Übungen aus den Lehrbüchern durch. Bald machte ich so absurde Sachen wie den Atemregler aus dem Mund zu ziehen und dabei im Schneidersitz auf dem Grund des Beckens zu sitzen. (Eine Szene, die durch die Besucher des Health Clubs, die vier Meter über mir ihre After-Work-Bahnen zogen, noch grotesker wurde.) Schließlich erlaubte ich Tom sogar, mir die Luftzufuhr abzudrehen, damit ich Bret ein zweites Atemgerät vorn aus der Weste ziehen, es vom Wasser befreien, mir zwischen die Lippen schieben, langsam auftauchen und mich dabei an Brets Sauerstoffflaschen festhalten konnte, womit ich mir zum hoffentlich letzten Mal das Leben rettete.

Auftrieb ist, so musste ich lernen, sowohl die Krux eines erfolgreichen Tauchgangs als auch schwierig zu beherrschen. Wenn man zu schnell atmet (weil man nervös ist), lassen die übervollen Lungen einen nicht auf die gewünschte Tiefe sinken, egal wie viel

Ballast man sich um die Hüften geschnallt hat – ich trug meinen Gürtel tief – »Wie ein Revolverheld«, sagte Tom – oder wie wild man mit den Flossen paddelt. Das ist natürlich nicht ohne Komik: Sanft gleiten die anderen Taucher auf den Grund, während du zwanzig Zentimeter unter der Wasseroberfläche hängst, allein und erniedrigt wie der verpickelte Teenager, den man mit dem Hosenboden an den Schulschrank gehängt hat. Und so bekommt das Sporttauchen etwas Buddhistisches: Um sich wirklich fallen zu lassen, muss man Körper und Geist ganz entspannen, tief ausatmen (und wenn es unter Wasser etwas gibt, das noch kontraintuitiver ist als Einatmen, dann ist es, seine Lungen zu leeren) und sich dem Gewicht des Wassers ergeben. An der Ergebenheit arbeite ich noch, aber irgendwie schaffte ich es durch den Kurs. Am Ende des dritten Abends hatte ich auf die eine oder andere Weise alle Aufgaben erfüllt – darunter den wirklich wahnsinnigen Teil, wo einem jemand die Taucherbrille vom Gesicht reißt und man im Wasser um sich schlägt, blind und in Panik versucht, sie zu wiederzufinden, sich wieder aufzusetzen und vom Wasser zu befreien, ohne aus Versehen durch die Nase einzuatmen, zu würgen und in einem Meter Tiefe in gechlortem Wasser zu verrecken – und bestanden.

Unser Kurs hatte mit vier Teilnehmer:innen begonnen und endete zu dritt (Bill, ein Fallschirmspringer, der im Finanzwesen arbeitete und beeindruckende Mengen Powerbars verschlang, bekam unter Wasser den Druckausgleich der Ohren nicht hin, den Taucher:innen erreichen, indem sie sich die Nase zuhalten und pusten, bis der Druck auf das Mittelohr nachlässt), und nach Abschluss des letzten Abends, nachdem wir eine schriftliche Prüfung abgelegt, alle fünf Tauchgänge absolviert und unserer Mitschülerin Alexia gratuliert hatten, gönnten Bret und ich uns ein Taxi, warfen zu Hause die Flossen in den Schrank und leerten eine Flasche Champagner. Wir hatten sie uns eindeutig verdient. Ich schnarchte in meinem feuchten Bikini weg. Was aus meinem Lehrbuch geworden ist, weiß ich bis heute nicht.

Unsere Freiwasser-Tauchgänge wollten wir ein paar Wochen darauf in Beaufort, North Carolina, absolvieren, einem verschlafenen dreihundert Jahre alten Ort am Meer, in dem Brets Eltern ein Ferienhaus besitzen. Auf dem Flughafen Raleigh-Durham erkannte ich den Menschen, der da eine sperrige Tasche mit Tauchausrüstung in Leuchtfarben vom Gepäckband wuchtete, kaum wieder.

Für die Schifffahrt war die Südküste von North Carolina schon immer besonders tückisch gewesen – man nennt sie den Friedhof des Atlantik –, und für furchtlose Taucher:innen gibt es eine unchristliche Menge von Wracks zu erkunden. Das war ein Plan, vor dem ich zurückschreckte, er kam mir karmisch unpassend vor, so als würde man einen Alkoholiker auslachen, während man einen Scotch runterkippt. Stattdessen buchten wir für Montag früh eine Privatsession; wir würden vor Radio Island tauchen, zwischen Beaufort und Morehead City, und vor allem nach Weich- und Steinkorallen suchen, nach Krebsen, Seeigeln und etwas, das man Seescheide nennt. Ich war froh zu hören, dass es ein Walk-in-Tauchgang werden würde, dass wir also direkt vom Strand aus ins Wasser watscheln würden, anstatt uns von einem gecharterten Boot hineinzurollen oder zu springen. Ich redete mir ein, dass Walk-ins im Vergleich zu anderen Meeresabenteuern relativ harmlos waren, im Grunde wie Schnorcheln.

Zufälligerweise ist Beaufort für Schatzsuchende eine Art Leuchtboje. Im Jahr 1718 lief hier das Schiff des Piraten Edward »Blackbeard« Teach auf eine Sandbank (ein erbeuteter französischer Sklaventransporter, den er in *Queen Anne's Revenge* umgetauft hatte), und verlor den Großmast. Das Wrack war 1996 in relativ flachem Wasser vor dem nahen Atlantic Beach wiederentdeckt worden; ein paar Wochen vor unserer Ankunft hatten Meeresarchäologen geholfen, den ersten der anderthalb Tonnen schweren Anker des Schiffs zu bergen. Die Gerüchte, Blackbeard habe einen Teil seines Vermögens irgendwo in oder um Beaufort herum vergraben, halten sich seit Hunderten von Jahren, und noch immer zieht die Stadt Schatzsucher mit von den *Goonies* inspirierten Träumen von Golddublonen an. Ich fühlte mich diesen schrulligen Entrepreneuren, die gleichzeitig vom Wahn besessen und angenehm optimistisch wirkten, irgendwie verwandt – Plattensammler sind, was das Verhältnis von Aufwand zum finanziellen Ertrag angeht, noch viel verrückter –, und redete mir ein, Beaufort sei der richtige Ort, meine eigene Unterwasser-Schatzsuche in Gang zu bringen.

Und ein bisschen Graben über dem Meeresspiegel konnte auch nicht schaden. Das ganze Wochenende über warteten Bret und seine Eltern geduldig, während ich sämtliche Antiquitäten- und Trödelläden der Umgebung durchwühlte. Ich lächelte entschuldigend – mein Schamgrinsen, das ich mir inzwischen patentieren lassen habe –, während sie draußen standen, ihre beiden Golden Retriever bewachten und über meinen Wahnsinn plauschten. Zum Glück hatte ich mit der Zeit ein ziemlich gutes Sensorium für altes Schellack entwickelt: Ich konnte einen vollgepfropften Raum scannen und fast sofort die Kiste mit den Platten orten. Zuerst suchte ich, wie Chris King es mir beigebracht hatte, nach altem Home-Audio-Equipment, zum Beispiel einer tragbaren Victrola oder einem ausgewachsenen Phonographen – die 78er werden regelmäßig in den Lautsprecherschrank gesteckt, ein Regalfach mit Türen, das die meisten Menschen mit Schrankraum verwechseln.

Wenn die Razzia nach Phonographen nichts zutage gebracht hat, suchte ich mit meinen Blicken den Boden ab, nach durchhängenden, vernachlässigten Pappkartons. Weil 78er im Stapel so schwer sind (und sich dann auch schwer heben lassen), werden sie meistens in kleineren Behältern in Bodennähe verstaut, in einer spinnwebverhangenen Ecke oder unter einem Möbel. Gegen jeden Instinkt führt es meistens zu nichts, einen Angestellten zu fragen. Kassierer schicken einen vielleicht an ein Regal mit überteuerten Beatles-LPs oder – und das kommt häufiger vor – zucken einfach die Achseln, weil sie nicht einmal wissen, dass sie 78er auf Lager haben. Wer nicht eingeweiht ist, übersieht sie leicht.

Im nahen Morehead City fand ich in der hintersten Ecke eines Trödelladens des Tierschutzvereins eine Hutschachtel, vollgestopft mit 78ern – sorgfältig in den Seiten einer Lokalzeitung von 1951 eingelegt, und in Beaufort entdeckte ich auf dem Fußboden eines Ladens mit Kommissionsware eine Straße hinter der Strandpromenade ein Victor-Plattenalbum (ein Buch, ähnlich einem Fotoalbum, in dem die Platten in Papierhüllen stecken) voller alter hawaiianischer Gitarrenaufnahmen. Es enthielt zwanzig Stücke, die ich noch nie gehört hatte, darunter sechs Plattenseiten von Pale K. Lua und David Kaili, einem hawaiianischen Gitarrenduo, das Mitte der Neunzehnhundertzehnerjahre für Victor aufgenommen hatte. Der Library of Congress zufolge wurden die meisten Aufnahmen in den Wintern 1914 und 1915 in Camden, New Jersey, eingespielt, einem Ort, der einen deutlichen Kontrast zu der Musik bildet, die sich wiegt wie hawaiianische Palmen im Wind – warm, berauschend und versöhnlich. Ich kaufte das ganze Buch für zwei Dollar.

In einem Antiquitätengeschäft an der Front Street entdeckte ich in einem halb leeren Raum im ersten Stock unter einem Ölgemälde eine seltsame Kollektion – darunter eine Platte mit dem Titel »Folk Songs Accompanied by Nightingales and Canaries from Karl Reich's Aviary«, ein Musical-Comedy-Album von Van and Schneck von Columbia Records und ein Exemplar von »Black Bottom,« ein Foxtrott, der 1926 hoch in den Charts war, gespielt von Johnny Hamp's Kentucky Serenaders. Der Black Bottom war in den Zwanzigern ein wahnsinnig populärer Tanz (eine Abwandlung des Charleston), dessen Ursprung angeblich im New Orleans der Jahrhundertwende liegt. Der Anleitung auf der Partitur von 1919 zufolge ging der Tanz so: »*Hop down front then Doodle back, Mooch to your left then Mooch to the right, Hands on your hips and do the Mess Around, Break a Leg until you're near the ground.*«

(»Vorn in die Knie und wackel wieder hoch, links was schnorren, rechts was schnorren, Hände auf die Hüften und dann mach mal rum, Hals und Beinbruch, gleich bist du schief und krumm.«) Voller Anfängerstolz betrachtete ich meine Neuerwerbungen.

Wer schon einmal einen Koffer voller Schellack durch das Gedrängel in einem Flughafenterminal geschleppt hat, weiß, dass das Reisen mit 78ern keinen Spaß macht. Die meisten ernsthaften Sammler, die für Verpackung und Versand alle ihre ganz eigenen Methoden entwickelt haben, würden schon bei dem Gedanken, Platten in ein Gepäckstück zu stopfen, die Nase rümpfen. Aber ich hatte daran gedacht, ein Gutteil meines Koffers für Neuerwerbungen leer zu lassen, und später am Abend wickelte ich jede Platte einzeln in Luftpolsterfolie ein und schichtete sie sorgfältig in meine Tasche, mit meinen weichsten T-Shirts dazwischen. Ich hatte nichts Seltenes oder historisch Bedeutsames aufgespürt, aber der Anblick der Platten zwischen meinen Klamotten gefiel mir sehr.

Montag früh war ich schon beim Aufwachen nervös. Ich zog meinen Badeanzug an und würgte eine Schüssel Frühstücksflocken hinunter, dazu ein bisschen Kaffee aus einer riesigen Souvenir-Tasse in Form eines Piratenschiffs. Wir hatten nur einen Tag zum Tauchen, und das bedeutete zwei Tauchgänge bis auf den Grund und wieder zurück, nach den Regeln des Tauchlehrerverbandes. Die Druckluft in den Tauchflaschen ist im Grunde das, was wir täglich atmen: ungefähr 80 Prozent Stickstoff und 20 Prozent Sauerstoff. Aber weil diese Luft unter Wasser so stark verdichtet wird – bei einer Tiefe von zehn Metern atmet man zweifach verdichtete Luft – kann die dadurch entstehende Stickstoffübersättigung des Gewebes und das Freiwerden des Stickstoffs im Blutkreislauf beim Auftauchen und danach zur Dekompressionskrankheit führen, wenn man dem Körper zwischen zwei Tauchgängen keine Erholungspause gönnt.

Bret und ich packten unsere Ausrüstung, spazierten zu Discovery Diving, unterschrieben einen Stapel Papiere, die unsere

Ausbilder von jeder Verantwortung freisprachen, sollten wir aus irgendeinem Grund nicht zurückkommen. Weil die Strömung in Beaufort stark sein und Schwimmende vom Strand fort ins offene Meer ziehen kann, muss man auf das Stauwasser warten, wenn man tauchen will, ein kurzes Zeitfenster zwischen Ebbe und Flut, wenn die Strömung sich umkehrt und das Wasser relativ ruhig ist; mit etwas Glück hat man dann dreißig oder vierzig Minuten mit weniger Seegang. Wir warfen ein paar rotweiße Taucherflaggen aus – kleine Bojen, die warnen, dass dort getaucht wird, damit wir beim Auftauchen nicht zufällig von einem Boot voller besoffener Dudes enthauptet wurden –, dann legten wir unsere Ausrüstung an und absolvierten im Flachwasser ein paar Vorbereitungen (Wasser aus den Taucherbrillen schütteln, uns tot stellen und vom anderen an Land ziehen lassen, die Peilung checken, nach verloren gegangenen Atemreglern suchen). Danach schwammen wir hinaus, vorbei an einer Fels-Buhne (die Steinkrabben beherbergte, Flundern, Forellenbarsche, Seeigel, Asselspinnen und ein schauriges, schwabbeliges Ding namens Austernfisch) und arbeiteten uns auf zwölf Meter Tiefe vor. Dort setzten wir uns auf den sandigen Grund, bliesen uns die Ohren frei und prüften unsere Messgeräte.

Womit ich beim Gerätetauchen in echtem Wasser nicht gerechnet hatte, war, wie friedvoll es ist, besonders für eine, die sich so sehr an das laute, dauernde Dröhnen von New York gewöhnt hat: Es wird einem Einlass gewährt in einen großen Teil der Welt, der einem vorher verschlossen war, und es zeigt sich, dass es sich dabei um den sanftesten, ruhigsten Teil handelt. All meiner Ängste das Tauchen betreffend zum Trotz hätte ich ewig dort sitzen bleiben können, schwerelos und meinem eigenen Atemrhythmus hingegeben, versunken in den Anblick der Schwärme kleiner Schleimfische, die um die Felsspalten spielten. Meine neurotischen Großstadtängste vor einer Berührung durch Fische schwanden, und zum ersten Mal seit Wochen – oder zumindest seit ich grandiose Vorstellungen entwickelt hatte, wie ich aus einem Fluss in Wisconsin Schellackplatten bergen würde – war ich ganz ruhig. Ich dachte nicht mehr an Atemregler und Luftflaschen und die negativen Auswirkungen hohen Drucks auf den menschlichen Körper. Ich dachte auch nicht mehr an Schallplatten. Wir tauchten gemeinsam auf, machten noch ein paar Übungen und tauchten nochmal ab, wieder an der ausladenden Buhne entlang. Diesmal war ich etwas aufmerksamer, und mir fiel auf, dass es umso schwerer wurde, überhaupt etwas zu sehen, je mehr Sand wir am Boden aufwirbelten – was bedeutete, dass das gezielte Wühlen im Schlick mich vor noch größere Herausforderungen stellen würde als gedacht (und ich hatte mir sowieso schon einiges gedacht). Unsere Ausbilderin Debbie, eine erfahrene Taucherin, schlug vor, mir Unterwasser-Metalldetektoren anzusehen, das würde mir zumindest helfen, verlorene Master aufzuspüren. (Nachdem ich die Kosten recherchiert hatte – irgendwo zwischen 400 und 1000 Dollar – hoffte ich inständig, dass wir ein Gerät mieten oder ausleihen konnten.) Aber die Vorstellung, in einer bodenlosen Schwärze verloren zu gehen, blind und orientierungslos, ausgetrickst vom Schlamm, machte mir immer noch Angst. Anders als die glitzernden klaren Wasser rund um die meisten Karibikinseln – wie auf den Bildern in meinem Tauchlehrbuch –, sah der Milwaukee River auf Fotografien braun und eher trübe aus. Vielleicht so, als würde man in einer Flasche des 1928 auf den Markt gebrachten pasteurisierten Schokodrinks Yoo-hoo treiben.

Wir tauchten wieder auf und übten Schwimmen nach Kompass, dann waren wir durch. Ich quälte mich aus dem Taucheranzug, nahm meine Ausrüstung auseinander und spülte sie ab. Es war erst kurz nach zwölf Uhr mittags. Debbie zeichnete unser Taucher-Logbuch ab und gab uns die Hand.

Auf dem Rückweg zu unserem gemieteten Jeep kam ich mir fast wie eine Weltmeisterin vor.

Ein paar Wochen vor unserer Abreise ging Lenny plötzlich nicht mehr ans Telefon. Das beunruhigte mich. Abgesehen von der Tatsache, dass wir einen Führer und Aufpasser brauchten, würden Tauchgänge im Fluss möglicherweise eine besondere Lizenz erfordern. Er besaß eine. Ich nicht. Nach ein, zwei Tagen fragte ich mich, wie viele angestrengt gelassen klingende Voicemails ich ihm hinterlassen konnte; eine Sorge, die ich seit 1995 nicht mehr erlebt hatte, als ich noch manisch 14-jährige Jungs anrief.

Als ich Lenny schließlich ans Telefon bekam, saß ich im Wohnzimmer, aß Weingummifische und starrte die Wand an. Es war ein Mittwochnachmittag, und ich hatte die Nummer gewählt, ohne wirklich damit zu rechnen, dass er ranging. Ich würgte eine Handvoll Gummifische hinunter und fing an, ihn zuzutexten. Er hatte eine ganze Reihe berechtigter Einwände – Grafton befand sich dreißig Meilen nördlich von seinem Stützpunkt in Milwaukee, und dort oben war der Fluss nicht tief (»Man kann durchwaten!«), und außerdem, was wenn ich eine Tauchgenehmigung von der Stadt oder dem Landkreis brauchen würde? Und was noch dazu kam: Für die Planung brauchten wir eine Ahnung davon, wo sich die tiefsten Stellen befanden, an denen sich die Platten logischerweise angesammelt hätten (eine Grube voller Platten! Mir wurde ganz schwindelig bei dem Gedanken: ein Loch ohne Boden, in dem sich die Stimmen der Toten sammelten!), und wir wussten beide nicht, wo wir so eine Karte auftreiben konnten.

Lenny wollte mich auf die nette Art hängen lassen. Ganz klar, er fand, ich solle mir jemanden mit Ortskenntnissen und vielleicht ein, zwei Kontakten zur Feuerwehr von Grafton suchen. Höflich bat er mich, ihn auf dem Laufenden zu halten, aber dies war offensichtlich ein »Lass uns Freunde bleiben«-Abschied.

Wie durch ein Wunder brach ich nicht zusammen. Ich hatte mich zum Glück schon vorher zu Steve Sand durchgegoogelt, dem in Thiensville, ungefähr sechs Meilen nördlich von Grafton, ein Taucherladen namens Sea n' Sand Scuba gehörte. Das war ein Geschenk – im ländlichen Raum von Wisconsin sind Tauchexperten dünn gesät, und außerhalb von Milwaukee nach einem Tauchgeschäft zu suchen, war mir vorher nicht einmal ansatzweise in den Sinn gekommen. Ich füllte das Kontaktformular der leicht antik wirkenden Website aus und versuchte, nicht auf eine Antwort zu hoffen. Nach zwei Stunden hatte ich eine Mail im Posteingang. Mit angehaltenem Atem öffnete ich sie: »Ja, ich kann Ihnen bei Ihrem Projekt bestimmt helfen. Bitte rufen Sie mich an, dann können wir reden.«

In verzweifelter Lage – weil man zum Beispiel jemanden braucht, der einen im vorstädtischen Wisconsin bei einem bizarren Unterwasserabenteuer begleitet – kann man, wie ich lernen durfte, keinen Besseren als Steve Sand anrufen. Bevor er im Jahr 2006 sein Tauchsportgeschäft eröffnet hat, war er dreißig Jahre lang Gebärdensprachdolmetscher und ist bis heute ein ausgezeichneter Zuhörer. Genau wie Lenny machte ihm die Sichtweite Sorgen – »wenn man den Schlamm aufwühlt, kann man nichts mehr sehen, auch nicht an einem schönen, sonnigen Tag, null«, warnte er –, und die Frage, ob man einfach ohne Genehmigung in den Fluss hüpfen durfte, aber er war dabei. In seinem Nebenjob fischte Steve Golfbälle vom Grund der Seen in der Gegend; mit dem blind im Schlamm Wühlen kannte er sich also aus. Wovor er mich warnte, waren die Klaustrophobie und Orientierungslosigkeit beim sogenannten Blindtauchen, und er fasste das in die erschreckendsten Worte, die ich in Bezug auf den Tauchsport je gehört habe: »Ich lasse immer ein bisschen Wasser in der Maske, damit ich weiß, wo oben und unten ist.« Ich schluckte. Beim Süßwassertauchen ist man auf negativen Auftrieb aus – nicht wie sonst auf neutralen Auftrieb, was bedeutet, dass man ungefähr auf Augenhöhe auf der Oberfläche treibt – und trägt Gewichte, um zu sinken. Dazu noch null Sichtweite, und schon hat man so etwas wie einen Reizentzugs-Tank. Mit Fischen dazu. Und Schlangen. Ach.

Steve versprach, sich umzuhören, auch bei den Behörden. Wir verabredeten uns für den frühen Morgen des Tauchgangs vor seinem Laden. Inzwischen nahm ich Kontakt mit Jim Brunnquell auf, dem Stadtpräsidenten von Grafton. Er sagte, er glaube nicht, dass es für Tauchausflüge in den Fluss irgendwelche besonderen Anforderungen gebe, und weil der Wasserstand unmittelbar südlich der Falls Road gerade durch die Entfernung eines Damms dramatisch gesunken sei, riet er mir, mich nördlich davon umzusehen. »Vielleicht finden Sie da was, der Abschnitt ist auch noch relativ unerforscht«, schrieb er. »Viel Glück.«

SIEBEN

Ich gehe gern raus in die Natur und jage Aug in Auge mit der Beute

John Tefteller, King Solomon Hill,
Angela Mack, Grafton, Orangendrink,
»Shakin' Down That Town«

Grafton, Wisconsin, ist lind und bukolisch nach Art der Vorstädte des Mittleren Westens: Die Straßen sind breit und sauber, die Häuser gepflegt und bescheiden, und immer weht über dem Schulparkplatz hoch und stolz die amerikanische Flagge. Als ich aus meinem Hotel in Milwaukee zum ersten Mal in Grafton einfuhr, überlegte ich, was an der Landschaft einem Bluessänger, der sich 1929 aus dem Mississippi-Delta auf den Weg nach Norden machte, bekannt vorgekommen wäre. Da das mittlere Wisconsin von den Temperaturen her kühl und von der Kultur her stoisch und überwältigend weiß war, stach mir nur eins ins Auge: An beiden Orten ist das Land ziemlich flach. Aber im Grunde kann man sich nur schwer eine andere US-amerikanische Stadt vorstellen, die für die Erschaffung von Country Blues kosmisch weniger geeignet oder für deren Schöpfer weniger vertraut gewesen wäre.

Angela Mack hatte zugesagt, mich um elf Uhr vormittags an der Ecke Falls Road und Twelfth Avenue zu treffen, ein paar Stunden, bevor sie in der North Shore Academy of the Arts sein musste, dem Kulturzentrum, in dem sie Musikstunden gab. Ich war vorgewarnt worden – von John Tefteller und anderen –, dass man in Grafton von Paramount nicht mehr viel sehen könne, aber als ich an der Falls Road Bridge meinen gemieteten Toyota Corolla abstellte, ausstieg und mit meinem Becher Hotelkaffee zu den zerbröckelten Resten des Presswerk-Fundaments ging, umwehte mich etwas Gespenstisches. Ich setzte mich auf eine alte Betonplatte und zog die nackten Beine an die Brust. Ich bin für die magnetischen Anziehungskräfte geheiligter Erde nicht immer empfänglich – Denkmäler finde ich meistens anstrengend –, aber die harten, grauen Reste dieses Baus, seine Bodenplatten aus Beton, seine Mauerreste, halb aus Stein und halb aus Ziegeln, schlugen mich in Bann. Das Presswerk war in den Vierzigerjahren abgerissen worden, und am Nordende des Grundstücks hatte man ein Privathaus errichtet; am Südende hatte die Pflanzenwelt sich durchgesetzt, und durch jeden Spalt des restlichen Fundaments reckten sich die Gräser. Den Blick an ihr Grün geheftet, versuchte ich, mir all die Schallplatten vorzustellen, die hier hergestellt worden waren, all die Songs, die den Gang meines Lebens neunhundert Meilen weiter östlich für immer verändert hatten. Mit der Nase suchte ich in der Luft nach einem Hauch von Schellack – aber keine Spur.

Beim Warten las ich die von der Stadt Grafton aufgestellte Gedenktafel, einen Tribut, für den Alex van der Tuuk gemeinsam mit dem Historic Preservation Committee federführend gekämpft hatte. Jahrelang war dies in ganz Grafton die einzige öffentliche Erwähnung von Paramount Records gewesen. Angela Mack hatte sich seitdem rastlos für Schutz und Pflege des musikalischen Erbes des Ortes eingesetzt, Gleichgültigkeit und gelegentlichem Widerwillen der Bewohnerschaft zum Trotz. Sie war 1996 nach Grafton gezogen, aber erst als John Tefteller ihr und dem Rest des Ortes eine Postkarte mit Abbildungen von Schellackplatten der Paramount schickte, erfuhr sie von der seltsamen Rolle, die der Ort in der Geschichte des Blues gespielt hatte, und machte das Thema zu ihrem eigenen.

Man kann schwer über Paramount Records reden, ohne über John Tefteller zu sprechen, den weltweit wichtigsten Sammler von Paramount-78ern. Sein privater Vorrat beläuft sich auf circa fünftausend Platten, geteilt in Vorkriegs- und Nachkriegs-Blues, wovon Paramount-Blues ungefähr achthundert Stück ausmacht, vielleicht ein paar mehr. Ich war mir ganz sicher gewesen, dass er mit seinen dreiundfünfzig Jahren genauso resolut und manisch rüberkommen würde wie seine jüngeren Pendants (beide Eigenschaften würde er besitzen müssen, um an einige der Platten zu kommen, die er besaß), aber bei unseren ersten paar Telefonaten strahlte er eindeutig eine tiefe Gelassenheit aus, die noch größer war, als wir uns wenige Monate darauf in Brooklyn zum Lunch trafen. Er war auf der Durchreise aus seiner Heimat Grants Pass, Oregon, auf der Jagd nach Platten. Ich hatte schon viel über Teftellers Sammlung gehört. Die Konkurrenz betrachtete sie mit einer Mischung aus Neid und Abscheu.

Anders als die meisten seines Schlages verdiente Tefteller sich mit An- und Verkauf seltener 78er, LPs und Singles (seine Paramount-Platten standen nicht zu Verkauf) den Lebensunterhalt. Seine Sammlertätigkeit war also Business und Hobby zugleich und sie war flächendeckend. Während die meisten Sammler sich auf Passivhandel beschränkten (Tauschhandel mit anderen Sammlern treiben, Suchaufträge bei eBay speichern, die Visitenkarte bei Trödlern hinterlegen), traute Tefteller sich auch schwierige aktive Suchunternehmungen zu, stieg ins Flugzeug und legte beträchtliche Summen hin, um zu bekommen, was er wollte. Diese Aggressivität machte ihn in der Szene zu einer umstrittenen Figur. »Ich gehe gern raus in die Natur und jage Aug in Auge mit der Beute, um es mal so auszudrücken«, sagte er.

Beim Lunch sagte Tefteller, er halte es fast für ausgeschlossen, dass man heute als Newcomerin – also als jemand wie ich – noch eine ernstzunehmende Sammlung von 78ern mit Vorkriegs-Blues aufbauen könne. »Ich wüsste nicht, wie man das heute schaffen sollte«, sagte er mit zuckendem weißen Schnurrbart und wedelte dabei mit einer Pommes frites. »Dass man morgens aufwacht und sagt: ›Ach, ich glaube, ich möchte Vorkriegs-Bluesplatten sammeln und eine Weltklasse-Sammlung aufbauen.‹ Wie soll das denn gehen, selbst wenn man dafür ein paar Millionen Dollar in die Hand nehmen würde? Es gibt nur eine begrenzte Anzahl von diesen Dingern, und wer sie hat, ist meistens nicht daran interessiert zu verkaufen. Da müsste man dann sehr geduldig sein – das dauert, und den meisten geht die Geduld sehr schnell aus.«

Selbst für einen Vollzeit-Jäger mit vollen Taschen ist Paramount-Blues nicht besonders leicht aufzustöbern. Tefteller scheute wenigstens nicht vor der Laufarbeit zurück, und seine Archivrecherchen gingen bis ans Ziel. »Sie suchen sich zum Beispiel raus, wer 1930 bei Paramount Zwischenhändler war«, erklärte er. »Sie eruieren den Namen und den Sterbeort und etwaige Nachkommen. Und ob diese Nachkommen von diesem Material etwas besitzen, oder ob alles weggeworfen worden ist, als diese Person aufgehört hat, als Zwischenhändler für Paramount zu arbeiten.«

Ich machte große Augen. Das war journalistische Recherche, irgendwie – jedenfalls war es mehr, als einfach auf dem schmierigen Linoleumboden der Heilsarmee vermoderte Plattenkisten durchzugehen. Tefteller jagte seine Beute mit der Vehemenz eines Privatdetektivs auf der Spur der Exfrau seines Klienten, oder der eines Polizisten, der nach einem Gangsterboss fahndet. Die Methode kam mir ausgeklügelt und gründlich vor. Und undankbar. Nicht jede Recherche liefert Ergebnisse, wie einem jeder Reporter bestätigen kann. Wie weit kann man gehen, bis man die Story nicht mehr im Griff hat? Wie löst man einen Mord ohne Leiche?

78er, gab Tefteller zu, »können von überall her kommen. Es gibt nicht die eine sichere Quelle. Platten haben so eine Art, sich zu verstecken. Vor vielen, vielen Jahren sind sie gekauft worden, auf Partys mitgeschleppt, zu Hause gehört, totgespielt worden. Ein paar sind weggeworfen worden, klar, aber viele sind auch in irgendeiner Ecke gelandet, auf dem Dachboden, im Keller, in der Garage, bei den Nachbarn oder Freunden.« Von daher tauchten Paramount-78er »nur ganz selten« bei privaten oder öffentlichen Flohmärkten oder in Trödelläden auf. Meistens fristeten sie ihr Dasein im Privaten, außer Sicht. »Heute tauchen sie meistens in Erbmasse auf, wenn jemand gestorben ist und die Verwandten kommen, den Besitz durchgehen und in einem Haus oder Keller auf einen kleinen Stapel Platten stoßen«, fuhr Tefteller fort. »Die junge Generation kommt und sagt, na ja, die brauchen wir nicht, und sie versuchen, noch ein bisschen Geld rauszuschlagen. Oft sind diese Leute sich nicht bewusst, dass sie im Besitz von etwas sind, das seit 1928 außerhalb ihrer Familie nicht gehört wurde – sie sehen nur einen Stapel Platten.«

Und es zeigt sich, dass Tefteller über ein ganz eigenes Talent verfügt, aus einem freundlichen Hinweis einen Hauptgewinn zu machen. Er zieht an einem losen Faden, bis der ganze Pulli aufgedröselt ist. Ein Beispiel: Ende 2001 erhielt Tefteller einen Anruf von einem Sammlerfreund, der ihn auf eine interessante eBay-Auktion hinwies – angeboten wurde ein großes vierfarbiges Poster von Blind Lemon Jefferson im Stil der *Chicago Defender*-Anzeigen von Paramount (vermutlich aus einem Möbelgeschäft). Die Auktion war abgeschlossen, aber Tefteller schickte dem oder der Verkaufenden, wohnhaft in Port Washington, trotzdem eine Mail, falls sie oder er noch andere Paramount-Schätze losschlagen wollten. Als Tefteller den Mann – einen Lokalreporter namens Steve Ostermann – endlich am Telefon hatte, erfuhr er, dass Ostermann Anfang der Achtziger mit einer Freundin eine alte Zeitungsredaktion ausgeräumt hatte und dabei zufällig auf eine ganze Ladung alter Paramount-Werbemittel gestoßen war: Hunderte alter Werbeplakate, Fotos, Illustrationsvorlagen, Briefköpfe und andere Ephemera, alles hinten in einem Aktenschrank. Die Reporter waren nicht gerade Blues-Liebhaber, aber sie fanden, das Zeug sah interessant genug aus und packten sich ein paar Kisten davon in den Kofferraum.

Tefteller war ganz aufgeregt, versuchte aber, cool zu bleiben. In einem Essay für das *78 Quarterly* schrieb er, Ostermann habe »höflich zugehört (unser Telefonat wurde immer wieder von langem Schweigen unterbrochen). Ich hatte den Eindruck, dass er mich für ein bisschen verrückt hielt und ich vielleicht etwas zu viel redete.« Tefteller fragte Ostermann so vorsichtig wie möglich aus und erfuhr schließlich, dass die Freundin von damals – eine Frau aus Colorado namens Janet – einen Haufen Material über Charley Patton besaß, darunter auch, wie er glaubte, eine Fotografie. Zu diesem Zeitpunkt war von Patton nur eine einzige Aufnahme bekannt, ein Brustbild. Unserem Wissensstand nach hätte Patton drei Arme und einen Stelzfuß haben können. Tefteller war begeistert.

Janet hatte Wisconsin nach einer komplizierten Scheidung verlassen. Ostermann versprach, dass er versuchen würde, Kontakt mit ihr aufzunehmen und sie zu fragen, ob sie die Kisten noch habe und bereit sei, sie zu verkaufen. Ein paar Tage darauf rief er Tefteller zurück. Janet war noch immer im Besitz des Patton-Materials, auch des Fotos. Sie zögerte erst, nahm aber schließlich Teftellers »großzügiges Angebot« an. Alle drei verabredeten, sich im Mai in Port Washington zu treffen und den Handel persönlich abzuschließen. Tefteller hatte für das Material eine Summe versprochen, die er nur als »ein Vermögen« bezeichnen wollte. Er hatte ein kleines Darlehen aufnehmen müssen, um seine Kosten zu decken.

Der Deal stand, aber Tefteller hörte trotzdem nicht auf zu suchen: Sollte in Zentral-Wisconsin noch mehr erhaltenes Paramount-Material verrotten, dann würde er es bergen, und zwar schnell. Er würde sein Lager für zwölf Tage im Best Western Hotel von Port Washington aufschlagen und die ganze Gegend durchkämmen.

»Jahrelang – also seit den Sechzigern – sind die Leute nach Grafton und Port Washington gefahren und haben nach 78ern von Paramount gesucht, weil sie gedacht haben, okay, da kommen sie her, da werden auch noch welche sein«, sagte er.»Und sie hatten Recht, aber weder damals noch heute war jemand aggressiv genug, um das Zeug aus der Stadt, na ja, ich müsste wohl sagen ›herauszuschütteln‹. Bis ich kam«, fuhr er fort.»Die Leute sind durch die Trödelläden der Gegend spaziert, haben hier und da mal mit ein paar Menschen geredet, aber sie sind nicht wirklich durchgedreht wie ich. Wenn ich was mache, dann richtig – ich fahre nicht einfach für Halbherzigkeiten hin, ich mache das, so gut ich nur kann. Ich habe ordentlich Geld für Anzeigen in der Lokalpresse hingelegt, der Publicity wegen mit Reportern gesprochen und dann allen Haushalten im Umkreis von hundert Kilometern rund um den Firmensitz Flyer und Postkarten geschickt. Ich habe richtig schöne Flyer und Postkarten mit Fotos der Paramount-Label gestaltet und erzählt, dass einige dieser Platten Tausende von Dollar wert sind, und wenn Sie welche auf dem Dachboden oder im Keller haben, oder wenn Verwandte von Ihnen bei der Firma beschäftigt waren, dann müssen wir reden. Und damit habe ich die ganze Gegend überschwemmt und mich dann in Port Washington ins Best Western gesetzt und tagelang Anrufe von Menschen beantwortet, deren Verwandte dort gearbeitet hatten.«

Was sich für Tefteller in Port Washington und Grafton zutrug, ist genau, was Sammler sich nachts erträumen, die Decke über das stoppelige Kinn gezogen, die Hände zu kleinen Fäusten geballt. Nachdem er im Hotel eingecheckt hatte, fuhr er zu Ostermann, der mit Janet und der Beute wartete. Als er das auf dem Küchentisch ausgebreitete Material durchging, entdeckte er einen Stapel seltener Fotos (darunter Bilder von Blind Lemon Jefferson, Blind

Blake und dem Norfolk Quartette), blätterte ihn durch und zog das heute berühmte Bild von Charley Patton auf einem Stuhl hervor, mit weißen Stoffgamaschen, glänzenden Schuhen und einem Ring am kleinen Finger, eine abgenutzte Stella-Gitarre in den Händen. Pattons Haut war hell (seine Zeitgenossen hatten ihn für einen Afroamerikaner gehalten, aber Wissenschaftler:innen fragten sich seit Jahren, ob er in Wahrheit zum Teil Cherokee, Mexikaner oder Kaukasier war - oder eine beliebige Mischung daraus), und die dunklen Haare trug er nach rechts gescheitelt und sorgfältig in die Stirn gekämmt. Der Anzug ist ihm auf ulkige Weise zu groß. Der Kopf wirkt winzig und merkwürdig, er platzt aus dem Hemdkragen wie mit der Fliege festgebunden. Der Mann starrt direkt in die Kamera. Seine Ohren sind größer, als man erwarten würde, auch stärker ausgeprägt - gelegentlich ist er mir wie ein dunkelhäutigerer, ernster dreinblickender Alfred E. Neumann vorgekommen -, aber das Seltsamste an dem Bild ist, wie Pattons linke Hand auf der Gitarre liegt: Die Finger sehen beinahe verkrüppelt aus, wie zu einem Vulkanier-Handzeichen über das Griffbrett gebreitet, Zeige- und Mittelfinger weit abgespreizt und gerade nach unten gerichtet. Ich finde den Anblick bis heute verblüffend: Wer hält seine Gitarre so?

Obwohl man einen kleinen Ausschnitt dieses Fotos, der seinen Kopf zeigte, schon vor Jahrzehnten entdeckt hatte, war es doch beglückend, ihn ganz zu sehen. Den Anzug, den er trug, hatte er vermutlich nicht selbst ausgesucht (ein so schlecht sitzender Anzug war fast mit Sicherheit geliehen), aber so wie er die Gitarre auf den Oberschenkeln liegen hatte, wie er sich hielt - war es, als würde man vom Lagerfeuer aufblicken, einen Marshmallow vom Stock ziehen und Bigfoot entdecken, wie er lässig an einem Baumstamm vor dem Zelt lehnt und auf einen Nachschlag wartet. Es wirkte unwirklich. Legenden trugen keine Ringe am kleinen Finger. Sie saßen nicht hölzern auf hölzernen Stühlen.

Auch Tefteller wäre fast ausgerastet, riss sich aber zusammen, um den Kauf nicht zu gefährden. »Ich sah es mir einfach an und sagte: ›Ach, wie toll‹«, erinnerte er sich. »Ich wollte nicht losblöken: ›Das ist der heilige Gral!‹«

Obwohl er es war, auf gewisse Weise. Später, in seinem Artikel für das 78 *Quarterly* gab Tefteller zu: »Es war, als hätte ich ein paar verschollene Zusatzartikel zur amerikanischen Verfassung in der Handschrift von Thomas Jefferson entdeckt ... Ich wusste, dass dieses Foto in der Geschichte des Blues seinen Platz haben würde.« Wie vorhergesehen, kaufte er fast alles, was die Reporter gesammelt hatten, darunter das Foto von Patton.

Ein paar Tage darauf erhielt Tefteller einen Anruf von einer Frau, die angab, ihre Großmutter habe in Grafton im Presswerk gearbeitet. Sie habe eine Truhe voller 78er von Paramount geerbt und die Label auf der Postkarte wiedererkannt. Da hatte Tefteller schon Kiste auf Kiste voller schrecklicher Platten durchwühlt und war erschöpft, deshalb fragte er, ob überhaupt Blues in dem Haufen sei, nicht nur die üblichen Polkas, Märsche, die Country- und Tanzmusik, die deutschstämmige Wisconsiniten üblicherweise auf Lager hatten. Das wisse sie nicht, sagte die Frau, aber es gebe da eine Platte mit einem komischen Titel: »My Buddy Blind Papa Lemon«. Tefteller erstarrte.

»My Buddy Blind Papa Lemon« war 1932 von King Solomon Hill eingespielt worden, einem ein Meter sechzig kleinen Federgewicht von sechzig Kilo, geboren 1897 bei McComb, Mississippi. »King Solomon Hill« ist die umgangssprachliche Bezeichnung für ein kleines Stadtviertel von Yellow Pine, Louisiana; in Wirklichkeit hieß Hill wahrscheinlich Joe Holmes (ein Name, der in den Sechzigerjahren vom Blues-Forscher und -Sammler Gayle Dean Wardlow eingeführt wurde und unter Sammlern jahrelang heftig umstritten war). Holmes war der Paramount vermutlich von Blind Lemon Jefferson empfohlen worden; im Jahr 1928 waren die beiden gemeinsam auf Tournee gewesen. 1932 wurde Holmes von einem Scout der Paramount namens Henry Stephany nach Birmingham begleitet, wo sie sich mit ein paar anderen *bluesmen* trafen (Ben Curry, Marshall Owens und den Famous Blue Jay Singers), um dann gemeinsam zum Aufnehmen in den Norden zu reisen, nach Grafton. Holmes nahm dort sechs Plattenseiten für Paramount auf, zog bald darauf wieder gen Süden und starb im Jahr 1949 in Sibley, Louisiana, wahrscheinlich an den Folgen von Alkoholismus. Bevor Tefteller ins Spiel kam, waren erst zwei der drei Platten von Holmes wiederentdeckt und von modernen Ohren erlauscht worden – von den restlichen Stücken war nie eine Spur gefunden worden.

Schwer atmend bat Tefteller die Frau, die Platte irgendwo hinzutun, wo sie nicht zerbrechen konnte, und fragte, wann er vorbeikommen und sie sich ansehen könne. Sie wollte sich lieber an einem öffentlichen Ort mit ihm treffen. (Das konnte ich nachvollziehen.) Sie einigten sich auf den Parkplatz des Sentry Market in Grafton, und am nächsten Vormittag um viertel nach zehn war Tefteller stolzer Besitzer eines makellosen Exemplars von »My Buddy Blind Papa Lemon« / »Times Has Done Got Hard« (Paramount 13125), des weltweit einzigen bekannten Exemplars. »Die Hundertdollar-Scheine quollen mir nur so aus der Brieftasche«, schrieb er im *78 Quarterly* über den Abschluss des Handels.

Immer wenn die Sammler mich ärgern – mit ihrer Feindseligkeit, ihrem Absolutheitsanspruch, ihren Scheuklappen –, denke ich an »My Buddy Blind Papa Lemon« und daran, wie der verrückte alte John Tefteller dieses wilde, wundersame Stück davor bewahrte, in einer Truhe in Wisconsin zu verrotten. Man möchte dem Mann sofort einen Cheeseburger kaufen oder sich wenigstens bei ihm bedanken.

»My Buddy Blind Papa Lemon« ist eine bemerkenswerte Aufnahme. Sie nimmt fast jedes Mal, wenn ich sie höre, neue Gestalt an. Die Eröffnung des Songs ist überraschend, ein hohes, süßes Heulen. Holmes war klein und seine Stimme ist angemessen kompakt, aber dieses »Ooooowahhhhh!« durchdringt den ganzen Raum und übertönt auch sein leicht krampfig-abgehacktes Gitarrenspiel.

Der Song ist eine Art Totenrede auf Blind Lemon Jefferson, der am 19. Dezember 1929 mit sechsunddreißig Jahren unter mysteriösen Umständen in Chicago gestorben war. Sein im Jahr 2010 endlich wieder ausgegrabener Totenschein gibt als Todesursache »vermutlich akute Myokarditis« an (also Herzmuskelentzündung), obwohl alle möglichen anderen Theorien herumschwirren, darunter auch zweifelhafte: Jefferson könnte überfallen worden sein, eine verschmähte Geliebte könnte ihm etwas Unschönes in den Kaffee getan haben, vielleicht hatte ihn auch mitten in der Nacht ein Hund angefallen. Selbst die am weitesten verbreitete Annahme – dass er sich in einem Schneesturm verlief und erfror – ist eigentümlich. Aber Jefferson war, wie die Zitrone in seinem Spitznamen, in der Mitte rund, und da er zum Todeszeitpunkt nicht in Topform war, könnte alles ihm den Rest gegeben haben. Auslöser einer Myokarditis kann ein Virus oder ein Trauma sein (eine allergische Reaktion zum Beispiel, ein elektrischer Schlag oder radioaktive Strahlung), aber die eigentliche Ursache bleibt oft im Verborgenen. Paramount bezahlte für die Rückführung der Leiche nach Texas per Eisenbahn, und schließlich wurde Jefferson in Wortham auf einem afroamerikanischen Friedhof bestattet.

»My Buddy Blind Papa Lemon« zufolge erfuhr Holmes vom Tod seines Freundes per Post: *»I received the letter that my friend Lemon was dead«*, singt er, und obwohl Jefferson zur Zeit der Aufnahme schon einige Jahre nicht mehr lebte, klingt Holmes, als habe er es erst an jenem Morgen erfahren. Für einen Bluessong ist das Narrativ seltsam nüchtern: *»Everybody got to go, but it's still sad when you lose one of your best friends.«* Wenn ich in finsterer Stimmung bin, hoffe ich, dass jemand so von mir singen möge, wenn ich nicht mehr bin – Holmes klingt vernichtet, wütend. Der Song bricht abrupt ab, nach einer zuckenden, ausgedehnten Slide-Guitar-Passage. Ich fange danach fast immer sofort wieder von vorn an, überzeugt, dass mir etwas entgangen ist (was meistens stimmt). Tefteller veröffentlichte den Track im Jahr 2004 auf der CD zu seinem jährlichen Blues-Kalender mit einer Fotosammlung aus den Zwanzigerjahren, den er online meist für zwanzig Dollar verkauft. Später gab er Shanachie Records die Erlaubnis, ihn in die Compilation *Times Ain't Like They Used to Be* aufzunehmen. Heute kann man ihn, so wie ich es getan habe, für neunundneunzig Cent auf iTunes kaufen.

Es gibt noch circa dreißig verschollene *race records* von Paramount – darunter »Texas Blues Part Two« / »Seventh Street Alley Strut« von Marshall Owen und »Grandma Blues« / »Sorry Blues« von Willie Brown –, die auf die Wiederentdeckung warten, also war John Teftellers Mission an jenem Vormittag in Grafton durchaus nicht abgeschlossen. Er ist noch immer auf der Spur der verschwundenen Schellackplatten und möchte alles über sie erfahren. Als ich ihn im Jahr 2008 für die *New York Times* interviewte, bat er mich, sein festes Angebot von 25 000 Dollar für jede der verschollenen Willie-Brown-Platten mit aufzunehmen. Ich tat es und glaubte, jemand könnte es lesen – könnte auf den Dachboden steigen, ein paar Plattenkisten durchsuchen, könnte anrufen. Wir warten beide noch immer darauf.

Ich träumte von Platten – von brandneuen, nie abgespielten Exemplaren von »My Buddy Blind Papa Lemon«, noch warm aus der Presse von Paramount, von einer gespenstisch gut erhaltenen Willie-Brown-78er, die ich aus dem Fluss fischte –, als ich hörte, wie jemand mich beim Namen rief. Ich blickte auf und sah Angela Mack, die mir von der anderen Straßenseite aus zuwinkte, in einem königsblauen Top, das Gesicht von blonden Locken umrahmt.

Mack ist in Grafton die Einzige, die einer lokalen Blues-Forscherin nahe kommt (ein paar Monate nach meinem Besuch war sie Teil eines Teams, das den Totenschein und das namenlose Grab von Blind Blake entdeckte, im nahen Glendale, fast siebenundsiebzig Jahre nachdem er an Lungentuberkulose verstorben war), und sie hatte mir eine Paramount-Tour versprochen, einen Spaziergang, der – normalerweise ohne Führerin – an der Gedenktafel beginnt und ungefähr eine halbe Meile weiter an der Twelfth Avenue endet, vor einem Fotoatelier namens Photography by Michael. Mack war eine leidenschaftliche und kenntnisreiche Führerin, die eifrig und aus dem Stegreif über die diversen Paramount-Sehenswürdigkeiten sprach; im Gehen beantwortete sie all meine seltsamen Fragen, wo jemand einen Stapel Platten in den Fluss hätte schmeißen können. (»Nur so aus Neugier!«) Von der Gedenktafel aus gingen wir halb über die Brücke und machten dort Halt, den Blick auf ein langes Stück Grundmauer, das man nur vom Ostufer des Flusses aus sieht. Mack zeigte mir das verrostete Antriebsrad der Pressen, kaum sichtbar durch das dichte sommerliche Gestrüpp. Wir drehten wieder um, vorbei an dem Grundstück, auf dem das Studio gebaut worden war, mit dem Werk über ein Viadukt verbunden (es war 1938 abgerissen worden; nun stand dort ein gelber Ziegelbau mit roten Fensterläden und einem »For Sale«-Schild), vorbei an dem Haus, in dem einst Alfred Schultz gewohnt hatte, der oberste Tonmeister und Vorarbeiter des Presswerks. Mack erzählte mir, seine Tochter Janet habe Ma Rainey bei einer Begegnung irrtümlich Grandma genannt.

Vor dem Postamt von Grafton, aus dem manchmal Platten an ungeduldig wartende Käufer abgegangen waren, machten wir wieder Halt, neben dem Hotel Grafton, wo für die Zeit der Aufnahmesessions vielleicht Musiker untergekommen waren, vielleicht aber auch nicht. (Son House sagte 1965 in einem Interview: »Da gab es ein Hotel, ein kleines Hotel, zwei Geschosse, das war für alle, die aufnahmen, sehr wichtig«, aber es klingt wahrscheinlicher, dass Bluessänger auf Besuch im vergleichsweise diversen Milwaukee untergebracht waren.) Schließlich standen wir vor dem Paramount Walk of Fame, einer einsamen, steingefliesten Plaza mit einer Art eingelassener Klaviertastatur. Einzelne Tasten sind bestimmten Paramount-Künstlern gewidmet, und das Ganze wird von einem Springbrunnen abgeschlossen, in dem Rücken an Rücken drei bronzene Musikerfiguren stehen. Mack erklärte mir, für die Rechte für die Ebenbilder wirklicher Paramount-Performer habe der Stadt das Geld gefehlt, deshalb sind die Statuen bizarre Annäherungen. Ein paar Meter vor mir blickte die Statue eines kleinen Mannes mit einer akustischen Gitarre, einem Schnurrbart und einem breitkrempigen Hut (Son House?) selig in die Wolken, während dünne Wasserstrahlen in die Luft gespritzt wurden und zu seinen Füßen niederprasselten.

Ich war froh, dass der Ort zu seiner Geschichte stand – und dies war im Grunde ein ehrenvolles Standbild –, aber der Paramount Walk of Fame hatte für mich auch eine tragische Note. Die kommerzielle Darstellung »des Blues« ist oft katastrophal schmalzig und hat nichts mit der Tristesse der Songs selbst zu tun – sie steht ihm manchmal sogar antithetisch entgegen. Da ist die junge Frau, die beim Open Mic mit hoch erhobenen Händen »Chain of Fools« mitsingt. Da ist der Typ mit in die Hose gestecktem T-Shirt, der eine Kneipenband mit drei kreischenden E-Gitarren beklatscht. Da sind die leuchtenden Farben und die Slides auf Markengitarren und die alten blassrosa Typen, die etwas über Frauen grölen. Und da sind die drei plumpen, schiefen Statuen in einem Springbrunnen in Wisconsin.

Bei Michael endete unser Rundgang, vor einem unauffälligen zweigeschossigen Haus mit auf antik gemachtem Ladenschild und einer kleinen braunen Markise. Joseph Cramer hatte das Grundstück 1872 für ein paar Dollar erworben und darauf irgendwann ein Daguerrotypie-Atelier eröffnet. Das Geschäft hatte oft den Besitzer gewechselt, war aber immer auf die eine oder andere Weise ein Fotoatelier geblieben. Im Jahr 2002 war John Tefteller überzeugt gewesen, das Porträt von Patton sei dort gestellt und aufgenommen worden, und nervte den damaligen Eigentümer so lange, bis er einen Tag lang auf dem Dachboden und im Keller Kisten voller Glas-Negative durchsuchen durfte. Leider musste Tefteller schließlich erfahren, dass alle früher im Gebäude gelagerten Nitratfilmnegative – die zerbrechlichen Glas-Negative waren bei Fotografen seit circa 1924 nicht mehr in Gebrauch gewesen – 1975 vom damaligen Eigentümer Walter Burhop vernichtet worden waren, weil er sie zu Recht für feuergefährlich hielt – spontane Selbstentzündung alter Nitratfilme wurde schon bei Temperaturen von 41 Grad Celsius dokumentiert. Die meisten Porträtierten waren aus zwölf verschiedenen Blickwinkeln fotografiert worden, aber Teftellers Hoffnung, mehr Aufnahmen von Patton zutage zu fördern, hatte sich schnell zerschlagen. Beinahe kann ich ihn den Kopf in die staubbedeckten Hände sinken lassen sehen. Fast kann ich ihn verzweifelt seufzen hören.

Mack lud mich auf ein kaltes Getränk zu sich auf die Veranda ein. Lachend gestand sie, dass ihr Teftellers Postkarte ein wenig unheimlich gewesen sei. Sie holte ein paar ihrer Alben und Notizen zu Grafton und Paramount hervor, die umfassend und spannend waren: Die Story eines anständigen Orts, der mit einer schmutzigen Vergangenheit zurechtkommen muss. Kleinlaut berichtete ich von meinen unausgegorenen Tauchplänen, und sie war sehr verständnisvoll, geradezu wohlwollend. »Sie finden bestimmt etwas«, lächelte sie. »Sie können mich jederzeit anrufen.« Beinahe hätte ich sie umarmt.

Stattdessen verbrachte ich den Rest des Tages damit, alle Trödelläden im Großraum Milwaukee, darunter einen mit angeschlossener Paintball-Arena, nach Paramount-Labeln zu durchkämmen – dem schwarzen und goldenen Kreis, dem Adler mit seinen mächtigen ausgestreckten Flügeln, der die Weltkugel in seinen Fängen hält. Ich fand kein Fitzelchen.

Am Morgen des Tauchgangs wachte ich mit Gedanken an Jeff Buckley auf, der 1997 im Stauwasser eines ruhigen Nebenflusses des Mississippi ertrunken war; sein Tod gehört zu den vielen morbiden Rock 'n' Roll-Geheimnissen, die in regelmäßigen Abständen in Kabelsender-Dokus breitgetreten werden. Wenn ich heute in einem Fluss ums Leben komme, dachte ich, wird mein Ende völlig geheimnislos sein. Einfach nur wirklich dumm.

Ich versuchte, mich mit Passagen aus einem signierten Exemplar von Bill Rancics Buch *You're Hired: How to Succed in Business and Life* zu beruhigen, Lebenshilfe im Ziegelstein-Format, die jemand aus der Hotelbibliothek genommen und in unserem Zimmer auf dem Nachttisch liegen lassen hatte. Rancic sah auf dem Schutzumschlag so selbstbewusst aus: Mit einem Zeigefinger massierte er sich die Schläfe, die andere Hand ruhte lässig auf dem Oberschenkel, und sein Grinsen war so weit und offen wie sein Hemdkragen. Er verkaufte hauptsächlich Plattitüden, die ich sofort abspeicherte. Misstraue verbreiteten Weisheiten. Verstehe die Vergangenheit, wenn du die Zukunft gestalten willst. Tu, was du kannst. Hol die Kuh vom Eis. Nicht übertreiben.

Bret machte uns eine winzige Tasse Kaffee, und ich legte meinen Badeanzug an, band mir die Haare zurück und schluckte zwei große Multivitamintabletten. An Frühstück hatten wir beide kein großes Interesse, und so warfen wir unsere Ausrüstung in den Kofferraum, fuhren Richtung Norden nach Thiensville und erreichten Steve Sands Laden um 7 Uhr 45. In New York geht jeder Sommer ans Limit der Toleranz für Schweiß und Schwüle, aber in Wisconsin ist es Ende Juli frisch und klar: 15 Grad, die Sonne schien. Über meinem Bikini trug ich Jeans und einen Sweater.

Steve kam an die Tür. Vor Aufregung stellte ich ihm ungefähr neunhundert Fragen über das Tauchen nach Golfbällen, die er geduldig beantwortete. (Er sammelt fünf- bis siebenhundert pro Stunde, trägt dabei selten Handschuhe, und Walnüsse lassen sich leicht mit Golfbällen verwechseln.) Wir füllten ein paar Formulare aus, dann nahm Steve Maß für Ganzkörper-Neoprenanzüge (in Wisconsin gibt es im Jahr immer nur ein kurzes Zeitfenster, in denen man als Taucher:in keine teuren Kälteschutzanzüge tragen muss, die eine spezielle Ausbildung erfordern), holte den Rest der

148

Ausrüstung aus dem Lager und überprüfte die Tauchflaschen und Atemregler. Ich zählte Steve meine drei Hauptsorgen auf – Strömung, Sichtweite, Getier –, und er nickte. Ja, ja, ja.

Bret, der Vernünftigere von uns beiden, beschloss, nicht wirklich zu tauchen, sondern neben mir herzuschnorcheln und aufzupassen, dass ich nicht an Felsen hängen blieb oder in die Strömung kam. (Wenn man sich in etwas verfängt und ohne Sicht den Atemregler verliert, den man dann unmöglich wiederfinden kann, ertrinkt man auch bei einem halben Meter Wassertiefe.) Auf Macks Rat hin hatten wir Handschuhe und eine kleine Schaufel dabei, und wenn er mir nicht gerade den Rettungsschwimmer machte, wollte Bret in Ufernähe schnorcheln und dort nach Schätzen graben. Ich war sehr unvorbereitet, was Steve dankenswerterweise nicht bewertete – für eine echte archäologische Grabung hätten wir ein Stück Flussbett systematisch von allen Steinen befreien, es abschotten und langsam den Schlick durchkämmen müssen, immer wieder, Stück für Stück flussabwärts, anstatt, wie ich es vorhatte, blind im Schlamm zu wühlen und es dann irgendwo anders zu versuchen. Wir wollten nach Hohlräumen suchen und besonders der Uferregion Aufmerksamkeit schenken, wo sich abgetriebene Artefakte verfangen haben könnten. Steve kletterte in seinen Laster, wir stiegen wieder in unseren Toyota, und gemeinsam fuhren wir nach Grafton, wo wir an der Hinweistafel für die Möbelfabrik parkten.

Sich in Wisconsin in einem vorstädtischen Wohngebiet am Rand einer viel befahrenen Straße in einen Taucheranzug zu quälen, ist ein auf denkwürdige Weise demütigendes Erlebnis. Als ich gerade panisch versuchte, mir den meinen über die Hüftknochen zu ruckeln, kam von einer nahen Baustelle ein Mann herbeispaziert; seine orangefarbene Sicherheitsweste leuchtete in der Sonne. Ich hatte Angst, er würde mir erklären, dass man hier nicht tauchen dürfe, und uns festhalten, bis die Polizei kam, aber er grinste bloß und sagte mit erhobenen Händen: »Okay, ich muss einfach fragen.« Mit gesenktem Blick sagte ich mein Sprüchlein auf. Der Mann rief *Yay* und wünschte uns Glück.

Als ich mir kurz darauf die Füßlinge anzog, kam aus dem Haus auf der anderen Straßenseite ein Junge in einem schwarzen T-Shirt gelaufen – dem gelben Ziegelbau, der das alte Tonstudio beherbergt hatte. Er schien zu wissen, was wir hier wollten. »Ihr sucht nach Platten?«, rief er. Wir nickten. »Ihr müsst weiter nach Norden. Sie haben den Damm gesprengt, deshalb müsst ihr weiter im Norden gucken.« Wir winkten. »Viel Glück!«, schrie er.

Ich hörte den Fluss, bevor ich ihn sehen konnte. Wir hatten vor, an einer besonders schwierigen Stelle gleich südlich der Grundmauern des Presswerks ins Wasser zu gehen, und zu Anfang konnten wir kaum sagen, in welche Richtung das Wasser uns ziehen wollte. Der Fluss war hier nicht sonderlich tief – wer einen Meter siebzig maß, würde vermutlich ohne nasse Haare ans andere Ufer spazieren können –, aber die Strömung war wild, und ich rief Bret zu, er solle mich nicht schubsen, bevor ich merkte, dass er schon einen halben Meter entfernt war. Wenn man die falsche Stelle erwischt, haut der Fluss einen um; wenn man etwas fallen lässt, schießt es schon im Wasser davon, bevor man zum Abschied hilflos winken kann. Wir schleppten uns unter der Brücke der Falls Road hindurch und versuchten, einen Punkt in ausreichender Entfernung der Stelle zu finden, an der im Jahr 2000 der Damm entfernt worden war. Steve lud mir Extragewicht auf, um die Strömung auszugleichen, und die zusätzlichen Pfunde erschwerten zwar das Gehen – ich verlor ständig die Balance, meine Pressluftflaschen krachten an die Felsen und Steve musste mir umständlich wieder aufhelfen –, aber sobald ich mich nicht mehr bewegte, erdeten sie mich. An einem Ort stehen bleiben zu können, war wie ein Triumph.

Die Strömung mochte heftig sein, aber das Wasser war so flach, dass mein ganzes Getue mir lächerlich vorkam. Ich gestand mir ein, dass ich hier vermutlich nicht sterben würde und ich mich, was das Tauchen anging, überhaupt ein bisschen babyhaft verhalten hatte. Ich watschelte zwischen den Uferabschnitten hin und her, so gut es ging. Ich versuchte, die tiefsten Stellen auszumachen, und fand sie, indem ich hineinplumpste. Schließlich legte ich mich auf ein kleines Gebiet am Westufer fest, schob mir den Regler in den Mund, gab Bret ein Zeichen und versank in einem tiefen Loch. Es kam mir wie eine Taufe vor.

Ich lag flach auf dem Bauch und hatte kaum eine Handbreit Sicht, und jedes Mal, wenn ich einen Stein umdrehte und im Schlick herumtastete, wurde sie noch schlechter: Blind schlug ich in einem grünen, verschwommenen Abgrund um mich. Das wiederholte ich, so oft ich konnte, arbeitete mich nach Norden vor, entdeckte Hohlräume, tastete nach bissigen Schildkröten, grub, schnipste mir Flusskrebse vom Taucheranzug, tauchte auf, wenn ich an Felsen stieß. Mehrmals sah ich etwas silbrig blitzen – einen Master? –, und der Magen sackte mir weg, aber wenn ich weiter grub, stieß ich nur wieder auf das Perlmutt einer Muschelschale oder ein weggeworfenes CB-Funkgerät. (Von ein paar Ausnahmen abgesehen, fand ich den Milwaukee River seltsam müllfrei, entweder ein Zeichen für den Bürgersinn der Einheimischen oder für die Gewalt der Strömung.) Bret, der am Westufer die Baumwurzeln abfischte, brachte verrostete Maschinenteile zutage, die uralt aussahen und aus dem Presswerk stammen konnten, aber ich stand noch immer mit leeren Händen da. Nach ein paar Stunden merkte ich, dass Steve mir mitleidige Blicke zuwarf. Ich war erschöpft, und mir gingen die Ideen aus.

In Ufernähe erspähte ich Bret, der noch immer Berge aus Schlamm durchwühlte. Während ich versuchte, seine Aufmerksamkeit zu erregen, hatte ich eine kurze Vision: Ein Mensch in einem Ganzkörper-Taucheranzug und einem Paar Gartenhandschuhen aus Segeltuch und Leder, mit gelber Tauchermaske und Schnorchel auf der Stirn, der mit einer kleinen Schaufel in toten Zweigen gräbt und an einem Flussufer in Wisconsin nach

Schellackplatten sucht, die es vielleicht nicht einmal gab, ist ein extrem seltsamer Anblick. Ich spuckte mein Mundstück aus, legte den Kopf in den Nacken und nahm die Maske ab: Mein Mann sah aus wie ein schlaksiges Insekt mit Neopren-Panzer, das nach Engerlingen grub.

Ich spürte, dass Bret und Steve darauf warteten, dass ich das Zeichen zum Rückzug gab, erklärte, mein Bestes gegeben zu haben, und das ganze Fiasko zu der Art charakterfestigender Erfahrung umdeutete, die Bill Rancic als lebensverändernd einstufen würde. Langsam schleppte ich mich ans Ufer. Ich legte Atemgerät und Tauchflaschen ab. Ich trank einen Schluck Wasser. Ich sah mir die rostigen Maschinenteile an, die Bret der Erde entrissen hatte, und schoss ein paar Fotos, um sie Angela Mack und Alex van der Tuuk zu mailen. Ich öffnete den Reißverschluss des Oberteils meines Tauchanzugs und zog mir ein Sweatshirt über. Ich plauderte ein wenig mit Steve, während er die Ausrüstung ablegte und sich ein kariertes Hemd über die knappe Badehose zog. Mit jedem vorbeifahrenden Auto wurde mir klarer, dass es für die Fahrenden mit an Sicherheit grenzender Wahrscheinlichkeit so aussah, als würde ich mit einem Mann unten ohne reden. Jemand hupte.

Wir waren fertig.

Am Tag nach dem Tauchgang packte mich eine Magengrippe, die ich, als Bret versuchte, mich dazu zu verführen, meinen angeschlagenen, erschöpften Leib vom Hotelzimmerfußboden zu erheben, laut und delirant der »Flusskrankheit« anrechnete. Ich war mir ganz sicher, dass der Fluss mich umbringen wollte und das Wasser, das ich beim Tauchen nach 78ern aus Versehen geschluckt hatte, voller exotischer Krankheitserreger gewesen war (was stimmen mochte), dass mein derzeitiger Zustand außerdem die gerechte Strafe für meinen Größenwahn war, und für meine Dummheit. Es fühlte sich wie eine Warnung an: Stopp, nach Hause mit dir, wem willst du denn etwas vormachen. Die ganze Nacht über jammerte ich Bret mit meinem Zorn auf den grausamen Fluss voll, wenn ich ihn nicht gerade zu McDonald's schickte, um mir einen Orangendrink zu holen, wie ich ihn seit dem Alter von sieben Jahren nicht mehr zu mir genommen hatte. Wenn ich die Augen schloss, sah ich bis in alle Unendlichkeit rotierende 78er, wie der hypnotische schwarz-weiße Strudel aus dem Vorspann von *Twilight Zone*. Ich träumte von entfesselten Plattenspielern, die durch die Lüfte flogen wie Frisbeescheiben, hoch und frei. Ich wachte auf und trat alle Decken weg.

Am Morgen darauf ging es mir besser, körperlich zumindest. Ich bat um eine Fahrt in die nächste Kopp's-Custard-Filiale, um den Schmerz des Scheiterns mit einem riesigen Kirsch-Milchshake hinunterzuspülen. Langsam kam mir das ganze Debakel lustig vor.

Am nächsten Tag steuerten wir den Toyota Richtung Süden nach Chicago zum Pitchfork Music Festival, wo ich bei den anderen Pitchfork-Mitarbeiter:innen lässig endlose Witze über das eben Versuchte riss. Ich lachte. Sie lachten. Ich brüllte die Texte von No Age mit. Ich schlief in einem Hard Rock Hotel. Ich aß um halb drei Uhr morgens suppige Deep Dish Pizza und trank dazu ein paar Dutzend Gläser Heineken für lau. Mir ging es gut, sagte ich mir immer wieder. Wenigstens hatte ich den Versuch gewagt. Ich hatte mein Bestes gegeben.

Als ich später am Flughafen einen *Wired*-Artikel über die Suche nach der Black Box abgestürzter Flugzeuge las (vor einem Flug vielleicht nicht die beste Lektüre), stieß ich auf ein Zitat von Dave Gallo von der Woods Hole Oceanographic Institution, einem gemeinnützigen Forschungsverband, der oft bei der Suche nach unterseeischen Trümmern hilft. »Man kann die Nadel im Heuhaufen finden«, sagte Gallo dem Reporter. »Aber zuerst muss man den Heuhaufen finden.« Ich legte die Zeitschrift weg. Ich setzte die Kopfhörer auf und nahm sie wieder ab. Ich drehte nervös eine Runde durch den Terminal und blätterte eine Weile an einem

Zeitungskiosk die Ware durch. Bei der Suche nach 78ern gab es keinen Heuhaufen. Die ganze Welt war der Heuhaufen.

Gelernt hatte ich, wie berauschend – wie überwältigend, wie vernichtend – die Suche sein konnte, selbst (oder gerade) dann, wenn sie keine Ergebnisse erzielte. Ich hatte keine seltene Paramount-78er gefunden, aber schon der Akt des Suchens war Medizin gegen die Übersättigung durch das moderne Leben gewesen. Alles hätte ich haben können, wann immer ich wollte, aber dieses eine konnte ich nicht bekommen, zumindest nicht sofort, und von diesem Weh und Ach genoss ich jeden Augenblick – es ging nicht länger darum, was ich schaffen konnte. Darum, was ich finden konnte. Es ging darum, was ich besitzen konnte.

ACHT

Ich sage ja nur, dass man diese Art von System nicht austricksen kann

Marshall Wyatt, Blind Blake,
der Mann aus Raleigh, Verödung

An den Flohmarkt von Hillsville hatte ich nicht mehr oft gedacht, seit Chris King und ich uns von diesem staubigen Acker gemacht hatten, noch sauren Trödelgeruch ausschwitzend. Dann scrollte ich eines Vormittags gelangweilt durch Facebook und mir fiel der Post eines Blues-Sammlers auf, mit dem ich mich ein paar Mal unterhalten hatte. Es ging um eine früher unbekannte 78er von Paramount, die plötzlich in North Carolina aufgetaucht sei. Der Magen sackte mir weg, dann drehte er sich um. Ich klickte mich durch die Website von Old Hat Records, ein Wiederveröffentlichungslabel mit Sitz in Raleigh, betrieben vom Sammler Marshall Wyatt, und fand dort 45-Sekunden-Ausschnitte von »Miss Emma Liza« von Blind Blake und der anderen Plattenseite, »Dissatisfied Blues«. Beide Stücke waren im Januar 1932 im Studio von Paramount in Grafton aufgenommen worden. Und beide Stücke kannte ich nicht – dies war die letzte Entdeckung von den zweiundvierzig 78ern von Blind Blake, und offenbar existierte nur dieses eine Exemplar. Es gehörte Wyatt nicht; er hatte einfach nur die beiden Audioclips auf seiner Seite. Den paar Zeilen Text neben den Streams zufolge war die Platte »im August 2012 auf einem Flohmarkt in Virginia von einem Sammler entdeckt worden, der nicht genannt werden möchte.«

Shit, dachte ich.

Mein erster Anruf ging an John Tefteller. Er saß in einem Mietwagen auf dem Weg nach Florida, auf Plattensuche. Er konnte bestätigen, dass er die Platte innerhalb einer Woche nach deren Entdeckung aufgekauft habe. Über ihren Ursprung sei er sich nicht genau im Klaren, aber er habe viel Geld dafür hingelegt (»eine irre Summe«). Wer auch immer sie entdeckt hatte, hatte genau gewusst, wen man anrufen musste: »Er wollte sie einfach an den verkaufen, der Höchstpreise bezahlt, und das bin natürlich ich«, sagte Tefteller.

Die Ausschnitte auf der Website von Old Hat waren verstümmelt und ließen kaum Rückschlüsse auf die Songs zu, außer dass sie verspielt, jazzig und fast improvisiert klangen. Tefteller plante, die Stücke auf den Markt zu bringen, aber nicht vor dem kommenden Jahr, auf der CD, die seinem jährlichen Blues-Kalender beilag – so wie er schon mit den verschollenen Plattenseiten von King Solomon Hill verfahren war. Er räumte ein, dass die Platte in einem ziemlich schrecklichen Zustand war. »Man kann sie durchhören, sie hakt nicht, aber im Grunde ist sie mit einem Nagel abgespielt worden, und deshalb ist sie so stark abgenutzt, dass man die Songtexte vor Störgeräuschen kaum noch versteht«, sagte er. Tefteller hatte sie schon Richard Nevins zum Remastern geschickt. Es gab nur eine Handvoll Menschen, die sie bisher ganz gehört hatten.

»Man hört es den Clips nicht an, aber das hier unterscheidet sich extrem von seinen üblichen Sachen«, fuhr Tefteller fort. »Damals war Paramount praktisch im Eimer. Sie wussten, dass sie demnächst dichtmachen würden. Sie klammerten sich an Strohhalme und wollten über Plattenverkäufe irgendwie Geld auftreiben, also sagten sie den paar Leuten, die noch für sie aufnahmen, sie sollten ein bisschen rumspielen und verkäufliches Material generieren. Die Clips, die man hören kann – und die, um das nochmal zu sagen, zu den klarsten Teilen der Aufnahme gehören – sind die üblichen Blind-Blake-Runs auf der Gitarre, und sie sind gut, aber wenn man das ganze Teil hört, gibt es ein paar Dinge, die herausstechen. ›Emma Liza‹ ist, glaube ich, die Bearbeitung einer Jazz-Aufnahme von Clarence Williams, aber was Blake in dem Song macht, ist: Er versucht wie Louis Armstrong zu klingen – er macht ganz auf Jazz. Auf der Platte gibt es einen Teil, da singt er Scat und versucht ein bisschen Falsett, und das ist schon etwas anderes. Was Sie auf den Clips hören, ist ziemlich normaler Blake. Aber die ganze Platte, das ist schon etwas anderes.«

Tefteller berichtete weiter. »Und die andere Seite, ›Dissatisfied Blues‹, ist mehr wie eine traditionelle Blind-Blake-Nummer, aber wieder variiert er die Stimme und klopft dabei ziemlich oft auf die Gitarre, was er sonst in keiner anderen Aufnahme getan hat ...« – aber ich hörte schon längst nicht mehr zu. Ich war mir sicher, dass die Platte in Hillsville aufgetaucht war. Dass King und ich ihr ganz nahegekommen waren.

Als wir schließlich auflegten, rief ich sofort bei Marshall Wyatt an, der meine Vermutung bestätigte. Die Platte war in Hillsville gekauft worden, bei Rodger Hicks, und der Sammler, der sie entdeckt hatte, wollte nicht genannt werden. »Er hat es mir so erklärt«, sagte Wyatt. »›Wenn die‹ – die – ›meinen Namen herausbekommen, brechen sie am Ende bei mir ein und klauen mir alle Platten.‹ Typische Sammler-Paranoia. Vielleicht gab es auch noch andere Gründe, aber so hat er es mir erklärt.«

Außerdem sagte Wyatt, der Mann sei aus Raleigh nach Hillsville gefahren, ein paar Tage vor der offiziellen Eröffnung des

Flohmarktes, und da habe er sie in Hicks' Kisten entdeckt. Als er damit zu Wyatt kam, habe er 10 000 Dollar verlangt. »Ich habe ihm ein wirklich seriöses Angebot für die Platte gemacht, aber er hatte schon bei Tefteller angerufen und wusste, dass Tefteller mehr Geld zur Verfügung hatte als alle anderen. Er lehnte mein Angebot sofort ab. Es war seriös. Aber als ich die Platte dann abgespielt hatte und wusste, was für Probleme ihr Zustand aufwarf, war ich auch erleichtert, dass er es ausgeschlagen hatte – für eine Platte, die wirklich wichtig und bedeutend und rar ist, die ich mir aber nicht einfach in meinem Musikzimmer anhören und genießen kann, wäre das wirklich viel Geld gewesen. Das Rauschen und Kratzen wäre so ärgerlich gewesen. Also ist die Sache aus meiner Perspektive gut ausgegangen, ich habe die Platte ja wenigstens zu hören bekommen, hatte sie in der Hand, habe sie abgespielt und angekündigt. Und dann wird Tefteller ein paar Tage später angereist sein und mit ihm verhandelt und sie gekauft haben.«

Für mich fühlte es sich wie eine Niederlage an. Ich wusste, wie schwer so eine 78er zu finden war. Ich hatte nie damit gerechnet, einer so nahe zu kommen. Aber es war trotzdem belebend, etwas so unbedingt haben zu wollen, obwohl man mir (wieder) einmal signalisierte, dass ich es nicht haben durfte. Was ich daraus lernte, war, dass mein Begriff für den Wert von Musik (auch zeitgenössischer Musik, auch der CDs, die mir den Briefkasten verstopften) sich verschob. Mir war wieder klar, wie kostbar ein Song sein konnte.

Später an jenem Abend sprach ich endlich mit King. Er hatte mir eine E-Mail geschickt und würde mich gegen neun Uhr anrufen, nachdem er seine Tochter zu Bett gebracht hatte. »Perfekt ... bei dieser Wendung stimmt jeder Ton, wenn Sie mich fragen«, hatte er geschrieben. »Sie haben etwas, das für Ihr Buch perfekt gewesen wäre, um ein paar Tage verpasst, man hat es Ihnen weggenommen. So als wenn man die Landung der Hindenburg miterleben wollte und nur aus der Ferne die Rauchwolke sieht ... *Diese verflixten Paramounts!*«

158

Am Telefon lachte King mich einfach aus. Er war schrecklich vernünftig. Wir hätten niemals rechtzeitig dort sein können, erklärte er. »Ich sage ja nur, dass man diese Art von System nicht austricksen kann. Einfach herrlich«, sagte er immer wieder. »Fast wäre sie Ihnen in den Schoß gefallen. Wie toll das gewesen wäre. Aber es hat nicht sollen sein. Das ist doch herrlich.«

Ich atmete tief durch. »Chris«, sagte ich. »Das reicht.«

NEUN

Now There's a Man on His Way Down

James McKune, das Jazz Record Center,
Big Joe Clauberg, Jack Whistance, die Blues-Mafia,
»List of American Folk Songs on Commercial Records«,
ein Koffer voller Pornografie

Die Vorstellung vom Außenseiter als allwissendem Einzelgänger hält sich hartnäckig: Er murmelt finster und zerstreut vor sich hin. Er ist ein Mann – liest zum Beispiel ein Taschenbuch, das er aus der hinteren Hosentasche seiner Jeans holt oder blickt einer Frau einen Tick zu lange in die Augen –, aber er begeht keine Feiertage und macht keine Toilette. Meistens lehnt er an der Wand. Das ist eine mögliche Betrachtungsweise.

Dann sind da die Männer – ebenfalls Außenseiter –, die regelmäßig im Jazz Record Center zusammenkamen, einem längst geschlossenen Musikgeschäft, das es einmal auf der Nordseite der W47th Street in Midtown Manhattan gegeben hatte – heute eher ein Touristenviertel, bekannt für seine Pizza-Imitate und hell erleuchteten Elektronikgeschäfte. In den Vierzigerjahren wurde das Jazz Record Center zum zentralen Treffpunkt eines Geheimklubs

161

sehr spezieller Herren: Exilanten, Einsiedler, Gestalten, auf so irrwitzige Weise exzentrisch, dass sie wie erfunden wirkten, nur dass man sie nicht hätte erfinden können. Bei diesen Menschen hatte man nicht – wie beim archetypischen Außenseiter – das Gefühl, dass sie sich freiwillig für ihr Außenseitertum entschieden hätten. Und hier fanden die allerersten Sammler von 78ern zusammen.

Das Jazz Record Center wurde von Big Joe Clauberg betrieben, einem Klotz mit tiefen Falten im Gesicht (seine Haut scheint sich nach außen aufzurollen, wie an der Unterseite eines schlecht bezogenen Sessels) und schwarzen Augen, die eine tiefe Abneigung für Unsinn aller Art verraten. Er war aus dem Südwesten der USA nach New York gekommen, hatte als Kraftmensch im Zirkus gearbeitet und war im Second-Hand-Plattengeschäft gelandet, als ein Jukebox-Großhändler ihm ein paar Lastwagenladungen billige Platten angeboten hatte.

»Das war ein Riese«, erzählte Pete Whelan mir. »Wirklich übergewichtig. Und ein Vollblut-Indianer, glaube ich, aus Arizona. Sehr freundlich. Er hat immer allen zugehört und kaum etwas gesagt. Sehr großzügig in der Preisgestaltung. Platten, die zehn oder fünfzehn Dollar wert waren, und die heute Hunderte oder Tausende wert wären, hat er für einen Dollar verkauft«, sagte Whelan.

1941 bezog Clauberg den Laden in der 47th Street und nahm neben der Jukebox-Ware noch neue Platten kleiner Jazz-Label der Ostküste ins Sortiment. (Platten der Majors, die unabhängigen Läden damals Verkauf auf Kredit nicht gestatteten, konnte er sich nicht leisten.) Erst hieß der Laden Joe's Juke Box, dann Jazz Record Corner, dann Jazz Record Center. Das Sortiment war jazzbetont, aber eklektisch, es gab »alles von Bunk bis Monk«, wie es 1949 in einer Anzeige aus dem *Record Changer* hieß, einer der ersten Jazz-Sammlerzeitschriften. (Bei dem fraglichen »Bunk« handelte es sich mit großer Sicherheit um Bunk Johnson, den beliebten Jazzmusiker aus New Orleans, der 1931 bei einer Kneipenschlägerei in Louisiana Trompete und Schneidezähne eingebüßt hatte, aber

auch eine umgangssprachliche Deutung bietet sich an - schließlich ist, was dem einen Sammler *bunk* ist, also Nonsens, dem anderen der Hauptgewinn.)

Die Sammler kamen in Scharen zu Big Joe's - oder Indian Joe's, wie man den Laden manchmal nannte -, mit einer Art wilder Unterwürfigkeit. Obwohl er halb taub war (und einem Großteil seiner Ware gegenüber gemischte Gefühle hegte), half er gemeinsam mit seinem früheren Partner, dem Sammler und Händler Bob Weinstock, eine Szene zusammenzubringen, die gerade erst dabei war, sich zu bilden. »Sammler können raufkommen - Platten hören - fachsimpeln«, hieß es in einer anderen Anzeige. Außerdem erhielten sie zwanzig Prozent Rabatt auf Neuerscheinungen, schon das war ein Anziehungspunkt.

Wann genau dem Plattensammeln als Hobby Beine zu wachsen begannen, lässt sich schwer sagen - vermutlich an dem Tag, als der erste Edison-Zylinder verpackt und an eine Person in schlecht sitzenden Hosen verkauft wurde. Das Sammeln von 78ern blühte eindeutig in den Vierzigerjahren auf, zum Teil weil das Radio langsam begann, Home Audio Equipment als Liefermethode für Musik zu ersetzen (sodass Second-Hand-Läden plötzlich voller herrenloser 78er waren, billig en gros zu haben), und zum Teil, weil der Krieg die Räumung von Lagerfläche erforderlich machte (sodass es plötzlich überall rabattierte Altware zu kaufen gab).

Das Sammeln an sich ist ein uralter Brauch, und das nicht nur unter Menschen. Alles mögliche Getier - Eichhörnchen, Krähen, Ratten - jagen oft nach glitzernden Dingen und horten sie, ohne erkennbaren evolutionären Vorteil. In ihrer Einführung zur Anthologie »*The Cultures of Collecting*« stellen John Elsner und Roger Cardinal das Sammeln in einen biblischen Zusammenhang und erklären Noah zum ersten Sammler: Betraut mit der Aufgabe, Lebensformen zusammenzutreiben, zu klassifizieren und zu erhalten, ging Noah gezwungenermaßen breitgefächert vor. »Noah bekam, vielleicht als einziger Sammler, den kompletten

Satz zusammen, so will uns die Bibel zumindest glauben machen«, schrieben sie. Eine ganze Serie von McDonalds-Cartoon-Trinkgläsern oder wirklich alle Betty-Boop-Schlüsselanhänger des Jahres 1934 zu erwerben, ist von seinen Auswirkungen her vielleicht deutlich weniger existenziell als Noahs Mission, aber die beiden Wissenschaftler betrachten Noah trotzdem als Verkörperung des ganzen Unterfangens:»Im Mythos von Noah als Ur-Sammler klingen alle Themen des Sammelns selbst an: Begehren und Nostalgie, Rettung und Verlust, der Drang, der zerstörerischen Kraft der Zeit ein dauerhaftes und vollständiges System entgegenzusetzen ... [Moderne Sammler leben] am Rand des Abenteuers Menschsein, diesem Wendepunkt, an dem der Mensch in Konkurrenz zu Gott tritt, im Spannungsfeld zwischen Meisterschaft und Wahnsinn.«

Zumindest das mit dem Wahnsinn wurde von der Kundschaft im Big Joe's bestätigt: Clauberg hatte einen makellosen Harem aus Ausgestoßenen umworben (und verhätschelt). Viele der beliebtesten Besucher des Ladens waren nicht einmal Kunden, jedenfalls nicht im üblichen Sinn. Ein griechischer Hausmeister und Tellerwäscher namens Popeye half, den Laden sauber zu halten, und ölte bei Bedarf die Dielen. Dem Sammler (und ehemaligen Angestellten) Henry Rinard zufolge, der für das *78 Quarterly* seine Arbeitserfahrungen mit Big Joe aufgezeichnet hat, war Popeye ein muskulöser Mann ohne Zähne, Haare oder Augenbrauen, der stundenlang leise mit sich selbst sprach, »in einem Kauderwelsch, das nicht einmal ein Grieche verstand.« Popeye durfte bei Clauberg nachts auf dem Fußboden schlafen und erledigte dafür kleinere Arbeiten; er brachte Clauberg zum Beispiel aus der Klitsche, in der er Teller wusch, Essen mit, schnitt ihm die Haare und half ihm, mit einer Zange einen verfaulten Zahn zu ziehen (wofür man Freunde eben so hat). Ein anderer Stammgast, Abbie the Agent,»trug eine Brille mit dicken Gläsern, rauchte permanent und war selten nüchtern«. Abbie war von seiner wohlhabenden Familie in Connecticut verstoßen worden, holte Clauberg Wein und Zigaretten und betrank sich zeitweise so sehr, dass er auf die von Popeye geölten Dielen krachte. (Sein zweiter Spitzname – der bessere, wie ich finde – lautete Horizontal Abe.) Rinard schrieb auch über einen von Claubergs alten Landstreicherfreunden, der bei den meisten Sea Captain hieß und selbst im Juni Wollmütze, Öljacke und dicke Stiefel trug. Der Captain war irgendwie ein Rätsel, sogar für Rinard: »Er war entweder Schwede oder Norweger; er verstand Englisch, sagte aber nie ein Wort«, schrieb er.

Die Kundschaft war nicht weniger ungewöhnlich. »Das war sehr interessant«, erinnerte sich Whelan. »Wie ein Zwischenstopp. Da gab es immer diese Gestalten. Spezialisten. Einer, der nur europäischen Jazz sammelte, der hieß Hal Flaxer. Lebt wahrscheinlich noch. Hat, glaube ich, drei oder vier Ehefrauen durchgearbeitet, die sahen alle gleich aus. Ich konnte sie nicht voneinander unterscheiden. Wie Zwillinge.« In dem Buch *In Search of the Blues* der Kulturhistorikerin Marybeth Hamilton findet sich die vermutlich tollste Beschreibung früher Plattensammler in ihrem natürlichen Habitat: »Sonntagnachmittags trafen sie sich bei Indian Joe's und gingen die Plattenkisten durch, wobei sie immer wieder einen Schluck aus der Flasche Muskateller nahmen, den Pete Kaufman aus seinem Laden mitbrachte, und um drei unterbrachen sie kurz die Suche, denn dann kam immer ein Herr namens Bob mit einem Koffer voller pornografischer Bücher.«

Mein Lieblingsfoto des Ladens stammt aus der Zeitschrift *Jazzways* und wurde später im *78 Quarterly* nachgedruckt; es zeigt nicht einmal das Innere, nur die Treppe vor dem Eingang. Jede Stufe ist vorn mit einem Ansporn beschriftet (RECORDS, HOT JAZZ RECORDS, RECORDS 4 SALE, STEP UP SAVE A BUCK, POPULAR BANDS, HOT JAZZ RECORDS), und ich kann mir das halb wütende, halb keuchende Rumpeln nur ausmalen, das die eifrigen Sammler beim Aufwärtsstapfen machten, die Taschen voller Geld. Wie immer es im Laden auch ausgesehen haben mochte, ich stellte ihn mir gern voller seltsamer Vögel vor, die sich keifend zankten, und langsam und mit aufgeblähten Nasenlöchern Bob und seinen Koffer umringten. Auch mich selbst stelle ich mir gern dort vor, mit ein, zwei Platten unter dem Arm.

Samstagabends um sechs tauchte fast immer James McKune im Big Joe's auf, blieb, bis der Laden um neun Uhr schloss, und aß dann manchmal um die Ecke an der Sixth Avenue im »Automat« zu Abend, einem großen Automatenrestaurant. McKune war vermutlich um das Jahr 1910 an der Ostküste geboren, so genau weiß es niemand (je nachdem, wen man fragt, stammt er aus Baltimore, North Carolina oder dem nördlicheren Bundesstaat New York). Dass McKunes Herkunft im Unbestimmten bleibt – und auch sein Ende rätselhaft war – stärkt seinen Mythos im Sagengut des Sammlerwesens nur noch weiter. Mehr als andere Sammler vielleicht konnte man James McKune über seine Platten definieren.

McKune war nicht der erste 78er-Sammler, aber er war einer der ersten, die besonders Country-Blues-Platten erhaltenswert fanden, und er stellt auf diesem Feld wohl so etwas wie den Archetypus dar. Mindestens physiognomisch hat er die Norm gesetzt. Er war dünn wie eine Bohnenstange, ansonsten unauffällig (mittelgroß, schütteres Haar) und trug fast jeden Tag das gleiche Outfit (weißes Hemd mit aufgekrempelten Armen, schwarze Hose, schwarze Schuhe). Mit Festanstellungen hatte er es schwer, und während seiner Zeit in New York arbeitete er kurz in der Redaktion der *New York Times*, am Empfang des YMCA, als Aufseher bei einem Biergroßhandel in Süd-Brooklyn und sortierte in einem Postamt in Brooklyn die Briefe.

Schon die reine Notwendigkeit fester Arbeit schien ihm gegen den Strich zu gehen, und in einem Brief an den Sammler Jack Whistance aus dem Juni 1944 schrieb er: »Tagsüber bin ich (wenn es nicht regnet) weiter auf der Suche nach einer passenden Stelle in einem unentbehrlichen Wirtschaftszweig. Und zwar in N.Y.C. – nicht in Newark. Ich bin ein wenig wählerisch, aber ach. Die Stellen, die ich haben könnte, will ich nicht. Und die, die ich will, bekomme ich nicht.« (Paradoxerweise war die Arbeitslosenquote in den USA im Jahr 1944 so niedrig wie nie und lag nur noch bei 1,2 Prozent – so nah an der Vollbeschäftigung, wie die Volkswirtschaft es überhaupt für möglich hält.) Allen Berichten nach soff McKune wie ein Profi. In seinen Briefen an andere Sammler war er penibel, aber nicht unsympathisch; perfekte Interpunktion und grenzenlose Lesbarkeit zeichnen seine Nachrichten aus, die voller absonderlicher Anmerkungen und unerwarteter Scherze waren. Obwohl er von der Veranlagung her zurückhaltend war – ein Einzelgänger auf die unromantischste Weise, die man sich vorstellen kann –, und fast ausschließlich darüber schrieb, welche Platten er haben wollte oder eben erworben hatte, schien er seine Korrespondenz zu genießen. In einem Brief an Henry Rinard aus dem Jahr 1951 erwähnte er sogar seine Freude angesichts der Osterkarte eines Freundes zu Weihnachten. »Eine entzückende Abwechslung, die ich kopiert hätte, wäre es in diesem traurigen Dezember dafür nicht zu spät gewesen«, schrieb er säuberlich in winzigen Lettern. (Außerdem neigte er dazu, plötzlich den Ton zu wechseln, indem er mitten im Brief THEMAWECHSEL schrieb, ein zu wenig benutztes literarisches Mittel, dessen Verwendung ich mir für die Zukunft vorbehalte.)

»Nicht, dass es besonders wichtig wäre, aber er war schwul, was ich damals nicht wusste«, erklärte Whelan mir eines Abends. Er war McKune im Big Joe's begegnet. »Damals war ich auf der Suche nach Blues eines speziellen Labels namens Gennett. Bei Electrobeam Gennett gab es diesen Sam Collins, den ich sehr mochte – ein leidenschaftlicher Tenor. So bin ich diesem McKune begegnet«, fuhr er fort. »Ich war so um die dreiundzwanzig, vierundzwanzig, und er war fünfzig. Er sammelte wahrscheinlich schon seit Ende der Dreißigerjahre. Blues. Als einer der ganz wenigen. Er sah aus wie eine Vogelscheuche. Beim Reden gestikulierte er ganz aufgeregt. Da gingen diese Ellbogen auf einen los, und man schreckte zurück. Ich glaube, Ende der Dreißiger war er Reporter beim *Long*

Island Star, und dann wurde er, glaube ich, Lokalredakteur. Und dann gab er das auf und arbeitete bei der Post. Und danach wurde er Alkoholiker.«

Wenig überraschenderweise war McKune auch ein seltsamer Kauz. Selbst für einen Sammler war er extrem anspruchsvoll und besaß nur dreihundert Platten, und alle standen in Pappkartons unter seinem Einzelbett im YMCA an der Marcy Street in Williamsburg, Brooklyn. Seine Musikhörsessions bezeichnete er oft als »Séancen«, und er durfte die Platten nur leise abspielen, um ungeneigte Nachbar:innen nicht zu verärgern (die Wände waren dünn). Er machte sich permanent Sorgen um seinen Geschmack. McKunes Begehrlichkeiten waren ausgreifend, und er wollte nicht nur die Musik sammeln, die ihm gefiel, sondern auch deren klanglich beste Umsetzung, und zwar nach objektivem Urteil. In einem Brief an Whistance aus dem Oktober 1944 schrieb er über sein stetes Ringen um diese Objektivität im Urteil, dieses unmöglich erreichbare Ideal der Kritik:

»Welches aus dem Dutzend wirklich herausragt, hängt, so kommt es mir vor, von den individuellen Jazz-Vorlieben des Urteilenden ab. Hayes' Stompers beruhigen mich zum Beispiel ganz wunderbar. Trotzdem würde ich zögern, diese Band, selbst auf ihrer besten Platte, für besser zur erklären als andere tolle heiße Bands oder deren jeweils beste Aufnahmen. Die Band von Hayes ist mir geschmacklich näher als Armstrong, Moten oder Henderson (jedenfalls auf 9 von 10 der Platten von H), oder Oliver, Goldbetter oder der gute Goodman ... oder Ellington. Die DS-Platten von H sind mir geschmacklich ähnlich nah. Wie auch die der Austin's Serenaders und manches von J. R. Morton (zum Beispiel auf der Trio-Platte, die ich besitze) und McKinney und die C. P.s und die Washboard Rhythm Kings. Die Washboard Rhythm Kings rocken mich jedes Mal, ausnahmslos. Aber der Genuss, den ich daraus gewinne, sie die Welt niederbrüllen zu hören, unterscheidet sich wiederum von jenem, den mir die atemlose Melancholie von

Hayes' Jug Blowers und Washingtons Six Aces verschafft. Mehr kann ich nicht sagen. Mehr wage ich nicht zu sagen – aus Respekt vor der Wahrheit und Akkuratesse.«

Das war exakt die Art Plattenkritik, wie ich sie immer abgeben wollte – ich habe mich bloß nie getraut.

McKune hat angeblich nie mehr als zehn Dollar für eine 78er ausgegeben (und oft weniger als drei Dollar geboten), und dass Sammler bereit waren, hohe Summen hinzulegen, hat ihn tief beleidigt – gar erzürnt; so ein Verhalten fand er protzig und verantwortungslos, es stand allem entgegen, was er als moralisches Fundament des Geschäfts begriff. Die Vorstellung, aus Platten Profit zu schlagen, missfiel ihm. Im Herbst 1963 bezog er sich in einem weiteren Brief an Rinard auf seine Vorbehalte einem anderen Sammler gegenüber und schrieb: »Irgendwie traue ich ihm nicht. Er hat den Negroes in Charleston, S. C., Platten abgekauft. Dabei hat er neunzehn oder zwanzig Dollar ausgegeben und die Platten dann für über fünfhundert Dollar verkauft.« Für McKune war das Sammeln heiliges Streben – eine Art, zu Unrecht marginalisierte Künstlerinnen, Künstler und Musikstücke zu erhalten und zu weihen. Es ging darum, sich zum Türhüter zu bilden, zum Retter; in diesem Sinn ging es also auch unbedingt darum, besser zu sein (das bessere Gehör zu haben, das bessere Wissen) als alle anderen. Schon in den Vierziger- und Fünfzigerjahren positionierten 78er Sammler sich als Gegenspieler der Massenkultur, und McKune entwickelte eine spektakuläre Verachtung für Popstars, auch für die sogenannten Protestsänger dieser Ära. Woody Guthrie hielt er zum Beispiel für Bullshit, obwohl er sich dann in den Fünfzigern wieder dem Folk annäherte, eine Verschiebung, die er dem Alter zuschrieb. (Die Laufbahn Glenn Millers dagegen blieb ein Daueranlass für Spott.)

Worauf McKune genau aus war, ist mir nicht klar. Vielleicht auf das, wonach wir in der Musik alle suchen: einer klar artikulierten Wahrheit. Aber wann er es gefunden hat, weiß ich genau.

In den Vierzigerjahren bedeutete 78er Sammeln das Sammeln von Jazz, vor allem Dixieland oder Hot Jazz, der sich in New Orleans um die Wende zum zwanzigsten Jahrhundert entwickelt hatte und sich durch seine warmen, hoch verspielten Polyfonien definierte (üblicherweise übernahmen die Bläser – Trompete, Posaune oder Klarinette – die Melodie, während die Rhythmusgruppe – Banjo, Gitarre, Schlagzeug, Kontrabass, Klavier, dazu vielleicht noch eine Tuba – sie unterstützte oder damit improvisierte).

Seiner Ursprünge wegen war das Sammeln seltener Dixieland-Platten im Jahr 1942 nicht groß etwas anderes als im Jahr 1968, im Grunde auch nicht anders als heute das Sammeln von Robert-Johnson-Platten: Die Heiligsprechung ärmlicher, ländlicher Musik war ein politischer Akt, passiver Widerstand gegen deren plötzliche Aneignung durch populäre weiße Künstler. Das hieß, wie Hamilton schrieb, dass man »eine ausdrücklich schwarze, eindeutig proletarische Kunstform in den Mittelpunkt rückte, und zwar in einer Ära, in der Jazz, so sah man es, gezähmt, überzuckert und zur Ware gemacht wurde und man weiße Künstler wie Benny Goodman und Paul Whiteman als dessen vollendete Vertreter pries.« Aber aus welchem Grund auch immer – für die ersten Sammler waren Blues-Platten nicht von besonderem Interesse. »Die ursprünglichen 78er-Sammler verachteten Country Blues. Sie mochten ausschließlich Jazz, mit nur wenigen Ausnahmen«, erklärte Whelan. »Das war eine scharfe Trennung. Der Blues war für sie künstlerisch weniger wertvoll. Das waren Intellektuelle.«

Hamilton zufolge stattete McKune dem Big Joe's im Januar 1944 einen Routinebesuch ab, wühlte eine mit »Verschiedenes« beschriftete Kiste durch und entdeckte eine Platte, deren Hülle »so zerfleddert war, dass er sie fast wieder weggelegt hätte«. Es handelte sich um ein kaum noch abspielbares Exemplar von Paramount 13110, Charley Pattons »Some These Days I'll Be Gone«. Patton hatte den Track fünfzehn Jahre, bevor McKune ihn in die Hand bekam, in Grafton aufgenommen, und sein Sterbedatum lag noch keine zehn Jahre zurück. Damaligen Hörer:innen war Patton fast komplett unbekannt; McKune hatte jedenfalls noch nie von ihm gehört. Er schob einem schnarchenden Clauberg einen Dollar hin und karrte die Platte zurück nach Brooklyn. Hamilton schrieb:»Noch bevor er den Tonarm ein zweites Mal abgesenkt hatte und die Lautstärke aufdrehte, worauf der Nachbar an die Wand hämmerte, wusste er, dass er sie gefunden hatte, die Stimme, nach der er schon immer gesucht hatte.«

»Some These Days I'll Be Gone« ist eine der gesetzteren Aufnahmen von Charley Patton, sowohl vom Rhythmus als auch vom Narrativ her. Dem Buch *King of the Delta Blues: The Life and Music of Charley Patton* von Gayle Dean Wardlow und Stephen Calt nach war »Some These Days I'll Be Gone«»vermutlich für ein weißes Publikum gedacht: Es wurden diatonische Intervalle verwendet, und der Grundton war der tiefste Ton der Gesangsstimme, eine Technik, die Patton beim Singen von Blues- und Gospel-Material sonst vermied.« Wardlow und Calt vermuteten, dass Stück sei für »weiße Square Dances und andere Geselligkeiten« komponiert worden, bei denen Patton vermutlich von einer Fiedel begleitet wurde, die neben seinem Klimpern die erste Stimme übernahm. Der Text ist eine liebliche Beschwörung: Haltet mich nicht für selbstverständlich, warnt Patton. »Some these days, I'm going to be leaving / Some these days, I'll be going away«, verschleift er die Worte, und spielt dazu eine leise, stramme Gitarrenstimme. Ausnahmsweise klingt er eher verträumt als zornig. Ihr werdet schon sehen, scheint er zu grinsen. Wartet nur, bald bin ich fort.

Als McKune »Some These Days I'll Be Gone« mit nach Hause nahm, war er mit dem Blues nicht völlig unvertraut. Hamilton erzählt es so: McKune hatte im Sommer nach seinem Highschool-Abschluss in einem schwarzen Viertel in einem Plattenladen gearbeitet, haufenweise beliebte Schellackplatten von Ma Rainey und Bessie Smith verkauft und »aus dem Bauch heraus eine tiefe Abneigung« gegen *race records* entwickelt, die er billig und geschmacklos fand. Jahrelang mied er alles, was »Blues« im Titel hatte, bis er später seine Haltung änderte. (Im Mai 1944 schrieb er in einem weiteren Brief an Whistance: »Hören Sie sich bitte ›Downhearted Blues‹ an, zuerst von Bessie Smith, dann von Eva Taylor, dann von Alberta Hunter. Aber lassen Sie sich nicht von den Unterschieden in der Aufnahmegenauigkeit in die Irre führen; Bessie Smith hat viel mehr Melancholie in der Stimme als all ihre Zeitgenossinnen. Die haben auch Melancholie, aber in geringerem Maße.«) Hamilton zufolge wurde McKune 1942 vom Besitzer des Central General Store auf Long Island kontaktiert, der ihm zwei ungeöffnete Kisten mit neuwertigen Paramount-Blues-78ern anbot, die er hinten im Laden entdeckt hatte und für einen Dollar das Stück loswerden wollte. McKune, so geht die Legende, lehnte damals noch ohne zu Überlegen ab.

Es war Charley Patton, der bei McKune alles veränderte. Ich könnte eine ganze Sammlung von Szenarien durchspielen – um das ganze Feuerwerk lebendig werden zu lassen, von dem ich mir vorstelle, dass es bei ihm im Kopf abging, als er zum ersten Mal eine Nadel auf »Some These Days I'll Be Gone« senkte – aber diese speziellen kathartischen Momente sind zu seltsam und zu privat, um sie nachempfinden zu können. Das Wichtige ist, dass McKunes Entdeckung von Patton eine Lawine kultureller Ereignisse auslöste, eine Umwälzung, die noch immer im Gange ist: Sammler begannen den Blues zu schätzen und kämpften für dessen Erhalt und Verbreitung. Im Begleittext zu *The Return of the Stuff That Dreams Are Made Of*, einer 2012 bei Yazoo veröffentlichten Sammlung von 78er-Raritäten, beschrieb Richard Nevins McKune als »den einen, der das alles ins Rollen brachte, der Blues-Sammler von ihren Abwegen führte ... ein unglaublicher, brillanter junger Mann ... [seine] Ansichten hatten tiefen Einfluss und wirken bis heute nach.« An der gleichen Stelle spricht Dick Spottswood – im Gespräch mit Nevins und Whelan – darüber, wie McKune für alle den Einsatz erhöht und wie sich alles verändert habe: »Ich will damit nur sagen, die Platten selbst als Sammlerstücke waren [vorher] nicht das, was man um sein Leben haben musste. Sie waren begehrenswert, aber es ging nicht um Leben und Tod. Wissen Sie, so wie das heute geworden ist.« Auf den Spuren von McKune nahmen Sammler sich des Country Blues ernsthaft an. Sie suchten mit Verve nach diesen Platten, die Musik wurde bewahrt und neu herausgegeben, und der gesamte Entwicklungsverlauf der populären Musik verschob sich hin zu einer Anerkennung des Einflusses dieses Genres.

Natürlich bleibt die Vorstellung, es würde sonst nie jemand einer Platte von Patton (oder, sagen wir, von Son House) eine Chance gegeben haben, ungeheuerlich, und es wäre absurd, den Künstlern den Glauben an sich selbst (der fest und wild war) abzusprechen. Trotzdem war McKune der erste Sammler, der erkannte, wie stark diese Künstler jenseits ihres ursprünglichen Kontexts sein konnten, und ganz aus Versehen gab er damit den Anstoß für das Entstehen dessen, was später als die Blues-Mafia bekannt werden würde – eines Zirkels besessener wetteifernder Blues-Sammler (McKune, Whelan, Spottswood, Wardlow, Nevins, Bernie Klatzko, Pete Kaufman, Nick Perls, Stephen Calt, Max Vreede und andere), die, wie Hamilton erklärte, »Plattenlabel gründeten, LP-Anthologien herausbrachten und zur Bluesgeschichte Begleittexte, Artikel und Bücher verfassten, die den Blues so abbildeten, wie wir ihn heute kennen, als eine Musik des Schmerzes und der Entfremdung, als Aufschrei afroamerikanischer Verzweiflung.«

Hamilton begreift dieses besondere Blues-Narrativ als ein gemeinschaftlich heraufbeschworenes Fantasiegebilde, das zu wenig beachtete Außenseiter zu Helden erklärt, und beschreibt es kühn als eine Schöpfung der Blues-Mafia – was den 78er-Sammlern natürlich gefallen musste. (Sie beschuldigt sich auch selbst, sich an einer »leicht kolonialistischen Verliebtheit in schwarzes Leid« zu berauschen.) Ich glaube, dass diese Männer den Vorkriegs-Blues aus einer ganzen Reihe von Gründen schätzten – wegen der

Seltenheit der Aufnahmen, des künstlerischen Werts –, aber die Vorstellung, dass Sammler Mitgefühl für dessen Schöpfer empfinden oder ein selbstherrliches Eigeninteresse daran haben könnten, sie als Stars neu zu konfigurieren, klingt überzeugend. Hamilton ging sogar so weit, McKunes Leben mit dem von Robert Johnson zu vergleichen, und merkte an, dass beide Männer Streuner ohne Freunde oder festen Wohnsitz gewesen seien.

Auch wenn ich glaube, dass der durchschnittliche 78er-Sammler ein Leben lebt, das – still, belesen, beständig – einem Country-Blues-Sänger etwa aus dem Jahr 1929 völlig fremd wäre, kann man unschwer bei der Parallele verweilen. Die Künstler, die von den frühen Sammlern am meisten verehrt wurden, waren eher die unbeliebten, ausgestoßenen Sonderlinge mit einer Vorliebe für billigen Fusel; Männer wie McKune rissen sich um die Außenseiter-Platten, nicht nach den auflagenstarken Scheiben, mit denen leichter konsumierbare Künstler wie Lonnie Johnson hausieren gingen und die von frühen Fans des schwarzen Blues begierig gekauft wurden. Es ist eindeutig seltsam, dass ein idiosynkratischer Paria wie Skip James jemals den Vorkriegs-Blues repräsentieren sollte, denn im Jahr 1931 wollte kein Mensch Skip-James-Platten haben; es ist, als würde man sich bei einem Indie-Label eine obskure Psych-Folk-Band der späten Sechzigerjahre herausfischen und sie zum Inbegriff des Rock'n'Roll erklären. Das geht nicht ohne eine heftige und beunruhigende Entkopplung von Zeit und Ort. Aber was mich beunruhigte, war Hamiltons versteckte Behauptung, Sammler würden ihre eigenen Nöte auf frühen Blues projizieren. Sammler haben auf diesen Kummer vielleicht reagiert, aber erfunden haben sie ihn nicht.

Nach 1944 ist es Sammlern gelungen, eine komplette Diskografie von Patton zusammenzustellen, und es ist keine Plattenseite bekannt, die nicht wieder ausgegraben wurde – was nicht bedeutet, dass es nicht noch weitere geben könnte. Die Blues-Mafia wandte sich schließlich anderen marginalisierten Musikern zu. Mitte der

Vierzigerjahre waren Sammler auf eine neunzehnseitige Monografie der Library of Congress gestoßen, zuerst veröffentlicht im *Report of the Committee of the Conference on Inter-American Relations in the Field of Music*, betitelt »List of American Folk Songs on Commercial Records«. Das Dokument wurde schließlich zu einer Art Einkaufsführer für 78er-Fanatiker und ein Schritt auf dem Weg zum Folk- und Blues-Kanon, wie wir ihn heute kennen.

Die kommentierte Liste war im September 1944 vom Musikwissenschaftler Alan Lomax zusammengestellt worden, mit Hilfe seiner Schwester Bess und des Musikers Pete Seeger, der damals erst neunzehn Jahre alt war und für fünfzehn Dollar die Woche als Lomax' Assistent arbeitete. In der Einführung zu dem Dokument erläutert Lomax, wie er sich »etwas über dreitausend kommerzielle Aufnahmen der Songs von Weißen und Negroes aus dem Süden angehört« und eine Liste von 350 repräsentativen Titeln angefertigt habe, »auf dass der interessierte Musiker oder Student der amerikanischen Gesellschaft diesen unbekannten Korpus von Americana bereitwillig studieren möge. Die Auswahl war persönlich und erfolgte aus aller Art Gründen.« Die Liste umfasste ein Dutzend Labels (auffälligerweise fehlte Gennett) und war über eine schriftliche Bestellung bei der Library of Congress erhältlich. Ein seltsamer und fesselnder Lesestoff, zum Teil weil Lomax mit der süßlichen Mythologisierung von Blues noch nichts zu tun hatte; im Jahr 1940 war dies alles noch unerforschtes Terrain. Die Anmerkungen strotzen vor Abkürzungen (für die ein Schlüssel angefügt ist, mit dem Titel »Zur Verdichtung verwendeter Code«: NB für *Negro Ballad*, WPS für *White Prison Song*, Pa für Paramount Records, f für *fine*, vf für *very fine*, imp für *important*, r für *remarkable* et cetera), und Lomax' Lieblingsadjektive lauteten »authentisch« und »typisch«, Begriffe, deren Unschärfe einen heute frustrieren kann. Aber nachdem Lomax Robert Johnsons »Hell Hound on My Trail« (»*unusual m[elody], traces of voodoo, beautiful g[uitar]*«) gehört hat, oder Blind Boy Fullers »Careless

Love« (»*brilliant folk g[uitar], v[ery] f[ine] ver[sion], one of the earliest blues*«), ist er sich sicher, dass die US-amerikanische Folkmusik »in gesünderem Zustand« sei, als die »Folklore-Experten, die deren Niedergang beklagten«.

Was immer James McKune zu diesem Song-Typus hinzog und ihn fesselte, ich halte ihn noch immer für eine in der Geschichte der populären amerikanischen Musik zu wenig gerühmte Figur. Das mag ja naiv klingen, geradezu dümmlich; ein McKune in Bronze vor dem Eingang der Rock and Roll Hall of Fame lässt sich ja auch schwer vorstellen – gebückt, in der Hand eine 78er und eine Flasche mit brauner Flüssigkeit, wie er nervös die Passanten anschielt. Aber obwohl das Sammeln eine von Natur aus passive Tätigkeit darstellt – McKune produzierte nichts selbst, die Songs gehörten ihm nicht, er tat nichts außer gut zuhören und außerdem hatten die ersten Fans (auch wenn sie keine Sammler waren) schon in den Dreißigerjahren zumindest ein paar dieser Bluesplatten gekauft und abgespielt –, kann ich mir den amerikanischen Pop-Kanon doch ohne die Musik, die er so zielbewusst ausgewählt und vergöttert hat, nicht vorstellen. Ein Mann, der aus dem Nichts kam und die Musik davor rettete, ins Nichts zu verschwinden.

Die nackte Leiche von James McKune, gefesselt und mit Würgemalen am Hals, wurde im September 1971 in einer schäbigen Absteige – dem Broadway Central – auf der Lower East Side von Manhattan aufgefunden. Die Ermittler gingen davon aus, dass er von einem Mann erwürgt worden war, den er zum Sex mit aufs Zimmer genommen hatte; Whelan nannte den Täter später einen »homosexuellen Serienmörder«, dem er fünf oder sechs weitere Morde zurechnete. Zu dieser Zeit war McKune aus dem YMCA ausgezogen und lebte zumeist unter Prostituierten und Dieben auf den Straßen der Bowery. All jenen, die nach solchen Parallelen suchten, schien McKunes Ende tatsächlich dem von

Robert Johnson zu gleichen – der, wie Hamilton betonte, ebenfalls unter »gewalttätigen, geheimnisvollen und sexuell aufgeladenen« Umständen ums Leben kam. (Dem umherstreunenden Johnson gab angeblich vergifteter Whiskey den Rest, verabreicht von einem Mann, dessen Frau er schöne Augen oder Schlimmeres gemacht hatte.) Was aus McKunes Plattensammlung wurde, weiß niemand so genau, auch wenn immer wieder Gerüchte aufflammen. Vermutlich wurde sie verkauft oder gestohlen, vielleicht auch Stück für Stück verschenkt.

Seit dem Ende der Sechzigerjahre hatte es für McKune nicht mehr besonders rosig ausgesehen. Arbeit war schwer zu finden, Alkohol dafür umso leichter – die uralte hässliche Verbindung. »Ich kann mich noch an [den Sammler] Bernie [Klatzko] erinnern, der war Buchhalter und arbeitete für einen Geschäftsmann, ein New Yorker Original der alten Schule mit diesem altmodischen New Yorker Akzent, und der sagte zu Bernie: ›Da ist aber wirklich einer auf dem absteigenden Ast‹«, sagte Whelan.

Den größten Teil dessen, was ich über McKunes Leben weiß – und viel ist es nicht –, fand ich in seinen Briefen an den Jazz- und Blues-Sammler Jack Whistance, der 2007 starb. Im Jahr 2011 stellte Pete Whelan für mich die Verbindung zur Schwiegertochter von Whistance her, Gail; an dem Vormittag, als ich anrief, ging sie noch immer seine Papiere durch. Sie sagte mir, Whistance und McKune hätten sich wahrscheinlich im Big Joe's kennengelernt. »Er sprach viel von McKune«, sagte sie. »Er hatte einen Stapel Postkarten und Briefe von ihm, und hatte sie immer bedeutend genug gefunden, um sie aufzubewahren«, fuhr sie fort. »[McKune] schrieb oft Postkarten, weil das billiger war. Er hatte eine ganz winzige Handschrift und schrieb alle Ränder voll, alle möglichen Winkel, auch vorn drauf, wenn ihm der Platz ausging.«

So freundschaftlich McKunes Beziehungen zu Whistance auch waren – McKune war von Whistances beträchtlichem Wissen zum Thema Hot Jazz manchmal eingeschüchtert, und seine

Schlussformeln wurden erst mit den Jahren lockerer, von »Hochachtungsvoll, James P. McKune« zu »Wie immer, Ihr Jim« bis hin zu meinem Favoriten, »Hasta la Vista« -, ist doch auch klar, dass die beiden nicht gleichermaßen das Verlangen hatten, einander von Angesicht zu Angesicht zu sehen. Oft hinterließ McKune Platten, damit Whistance sie sich mit einem seiner Nachbarn anhören konnte, und vermied den direkten Kontakt ganz. Im Dezember 1944 schrieb McKune: »Habe es die ganze Woche über nicht mit den Platten bis zu Ihnen geschafft. War mir Samstagnachm. klar, und so eilte ich, das Risiko eingehend, flugs nach Jamaica. Aber MaryEllen und Sie waren aus oder schliefen und so ging ich wieder. Ganz bewusst hatte ich nur ein einziges Mal geklingelt, um Sie, falls Sie schliefen, nicht grundlos zu wecken. Nach der großen Samstagssause dachte ich so bei mir, würde Schlaf am Sonntag das einzige Desideratum sein. Nun, am Freitag kommender Woche will ich es erneut versuchen. Ich will ja nicht mehr, als Ihnen die Platten (von den N. O. Five und den N. O. Blue Nine) zur Prüfung dazulassen. Wenn also einer von Ihnen zu Hause ist (oder ein vertrauenswürdiger Nachbar zu Hause ist), dann wird meine Reise nicht vergebens gewesen sein. Es ist kein Besuch, den ich im Sinn habe, wirklich nicht ... nur eine Plattenlieferung.« Dann, ein paar Monate darauf, im Februar: »Sie müssen bitte MaryEllen versichern, dass es nicht ein Mangel an Freundlichkeit ist, der mich von Ihnen fernhält ... es ist nur meine mittelprächtige Gesundheit (wann immer ich im Winter nicht genug Schlaf bekomme, siehe da! gleich falle ich wieder einer Erkältung zum Opfer). Und Ihre langen Arbeitsstunden ... und die mir eigenen Bedenken, wo die besten Interessen meiner Freunde ins Spiel kommen.«

Gail berichtete, MaryEllen – Whistances Ehefrau, inzwischen zweiundneunzig – könne sich nicht erinnern, McKune je begegnet zu sein. »An Besuche in Plattenläden erinnert sie sich - [sie war] eine der wenigen Frauen, die je einen Fuß in solche Orte gesetzt hat. So etwas hat sie gern mitgemacht«, sagte sie.

Ein paar Tage darauf mailte Gail mir den Scan eines grobkörnigen Schwarz-Weiß-Fotos von Big Joe am Tresen des Jazz Record Centers, einen Seitenblick in die Kamera gerichtet. Als wollte er »Immer mit der Ruhe« sagen. Mit zwei Wurstfingern hält er eine angezündete Zigarre, und er trägt ein gestreiftes Hemd mit Button-Down-Kragen. Die Haare sind eingeölt und zurückgekämmt; hart und gerillt sieht das Foto aus, wie die Oberfläche einer Schellackplatte. MaryEllen steht ganz in der Nähe und lächelt tapfer, die Handtasche fest unter den Arm geklemmt. Im Hintergrund gestikulieren zwei Männer in Trenchcoats, Fedoras auf dem Kopf – vermutlich Sammler. An der Rückwand stapeln sich die Plattenkisten. Ich biss mir auf die Unterlippe. Alles sah fast genauso aus, wie ich erhofft hatte.

ZEHN

Ich sah Musik Amerika verwandeln

Harry Smith, The Anthology of American Folk Music,
Tinkturen, das himmlische Monochord,
»alles in Hamburgerform«, Allen Ginsberg,
die New York Public Library, 50 Meilen ellenbogenfrei

Im Jahr 1952, acht Jahre nachdem James McKune »Some These Days I'll Be Gone« nach Brooklyn in den YMCA befördert hatte, schlich ein neunundzwanzigjähriger Sammler namens Harry Everett Smith sich in sein Versteck, ein Zwei-Zimmer-Büro in der 111 West 47th Street, mampfte Peyote-Köpfe und stellte für Folkways Records ein Kompendium aus sechs LPs zusammen. Die *Anthology of American Folk Music,* von Folkways im Jahr 1952 veröffentlicht und vom Smithsonian im Jahr 1997 auf CD neu herausgegeben, speiste sich einzig und allein aus Smiths 78er-Sammlung und enthält ausschließlich zwischen 1927 und 1932 produzierte Songs, jener fruchtbaren Zeitspanne zwischen dem Aufkommen der elektrischen Aufnahmetechnik und dem Höhepunkt der Weltwirtschaftskrise. Trotz gewisser selbstauferlegter Beschränkungen fasst Smiths Anthologie die Grenzen der Folkmusik sehr weit. Sie

181

umfasst: Kinderlieder, Spirituals, Musiker aus Alabama an der hawaiianischen Steel Guitar, Fiedler, Charley Patton als Masked Marvel, Bergleute aus den Appalachen, Cajun-Akkordeonisten, die Carter Family, Jug Stomper, Streichergruppen, Kirchenchöre und Uncle Dave Macon – der mit aufgerissenem Mund, das Banjo hinters Knie geklemmt, »Kill yourself!« brüllt. Als Ganzes genommen (und darum geht es ja) ist die *Anthology* das wilde und lehrreiche Porträt einer jungen Nation, die versucht, über Songs sich selbst zu begreifen.

Dazu ist sie tief verwirrend. Manchmal habe ich mich an ihr als letzte Hoffnung festgeklammert und sie für ein Ding gehalten, das mir andere Dinge entschlüsselt; dann wiederum fand ich sie solipsistisch, unsinnig und schon vom Konzept her vergurkt. Was die *Anthology* wirklich zu bieten hat, erschließt sich nicht auf den ersten Blick.

Wie die meisten ernsthaften Sammler hat Harry Smith früh angefangen. Der Verlauf seines Lebens ist sowohl berechenbar – als hätte er, wie ein Fluss, von vornherein nur an einem Punkt münden können – als auch verschlungen. Geboren wurde er am 29. Mai 1923 als Sohn eines Fischers und einer Lehrerin – Theosophen, die sein aufkeimendes Interesse an Ethnografie förderten. Ein Gutteil seiner Highschooljahre brachte er mit dem Studium der Zeremonien des indigenen Stammes der Lummi in seiner Heimatstadt Bellingham, Washington, zu, und begann um dieselbe Zeit, 78er anzuhäufen. Sein erster Kauf war von Tommy McClennan, einem Bluessänger mit heiserer Stimme, der Anfang der Vierziger in Chicago aufnahm. (»Das klang seltsam, und ich wollte mehr davon«, sagte Smith später darüber.)

Mit Anfang zwanzig war Smith gerade ausreichend zu kurz geraten, um in einen Flugzeugrumpf kriechen zu können, und nach sechs Monaten als Triebwerksreiniger bei Boeing machte er sich nach San Francisco auf, dann nach Berkeley, schließlich nach New York, wo er dringend Geld für Dinge wie Nahrung und

Obdach brauchte und versuchte, seine gesamte Sammlung an Folkways Records zu verkaufen. Stattdessen überredete der Mitgründer Moe Asch ihn, für das Label eine Compilation auf mehreren Platten zu produzieren. Aschs Biograf Peter Goldsmith deutet an, Smiths »Erscheinung und Auftreten« könnten jenen an seinen Kumpel und Partner Woody Guthrie erinnert haben, ebenfalls ein auf charmante Weise arroganter Universalgelehrter, der in den Vierzigerjahren für Folkways aufgenommen hatte. (Übrigens sollte Guthrie – der einen Gutteil des Jahres 1952 in der staatlichen Psychiatrie verbrachte – die *Anthology* später schwer bewundern; in einem Brief an Asch gab er zu, sie »ein paar hundertmal« gehört zu haben.) In einem Interview mit Ethel Raim und Bob Norman von 1972 für die Zeitschrift *Sing Out!* bekräftigte Asch seine Bewunderung für die Breite von Smiths Einfluss und sagte, dieser »habe den Inhalt der Platten verstanden. Ihm war dessen Bezug zum Folk bewusst, dessen Bezug zur englischsprachigen Literatur und dessen Bezug zur Welt.« Smith erhielt für seine Arbeit an der *Anthology* zweihundert Dollar und das Versprechen auf eine Tantieme von zwanzig Cent für jedes verkaufte Exemplar.

Auch wenn er heute für seine Experimentalfilme, seine Gemälde und Animationen ebenso heiß geliebt wird, ist Smith unter den 78er-Sammlern derjenige, der einer Kultfigur noch am nächsten kommt. (Heute eignet sich für diese Rolle auch Robert Crumb, dessen Sammlertätigkeit aber im Verhältnis zu seinem Gesamtwerk eine viel kleinere Rolle spielt.) Smith, der 1991 in Zimmer 328 des Chelsea Hotel in New York starb, einem für seinen hohen Ausstoß an Leichensäcken schon berühmten Etablissement, war die Sorte Mensch, die sich ihre eigenen Tarotkarten bastelt. Er war ein passionierter Mystiker, ein geweihter Bischof der *Ecclesia Gnostica Catholica* (einer Bruderschaft nach dem Vorbild von Aleister Crowleys *Buch des Gesetzes*), und angeblich auch ein initiierter Lummi-Schamane. Er trieb sich mit Leuten wie Dizzy Gillespie, Charlie Parker, Allen Ginsberg und Gregory Corso herum und wurde schließlich vom Naropa Institute in Boulder, Colorado, einer vom Buddhismus inspirierten, von einem tibetischen *tulku* im Exil gegründeten Universität, zum »Shaman in Residence« berufen. Neben Platten und Büchern, die er auf seinen Regalen nach Größe sortierte, sammelte er Textilien der Seminolen, handverzierte ukrainische Ostereier und alles in Hamburgerform. Gemeinsam mit einem Goldfisch bewohnte er eine Reihe winziger Wohnungen voller Ephemera (Quilts, Webteppiche, Tonfiguren, Drahtskulpturen, Damenkleider). Im Jahr 1984 vermachte er dem National Air and Space Museum in Washington, D. C., »die größte bekannte Papierflugzeugsammlung der Welt« - gefertigt ausschließlich aus auf den Straßen von New York gefundenem Papier. Außerdem war er ein besessener Sammler von *found sound*, seien es die Peyote-Songs der Kiowa oder das Keuchen der Obdachlosen der Lower East Side; an einem Unabhängigkeitstag nahm er ausnahmslos alle Geräusche auf, die ihm begegneten.

Auf beinahe sämtlichen Fotos, die mir von Harry Smith untergekommen sind, trägt er eine Brille mit dicken Gläsern und Plastikfassung und einen dichten Rauschebart. Seine Haut sieht papieren aus, aber die Augen leuchten schmal und lebendig unter schweren Augenlidern. Auf meiner Lieblingsaufnahme, geschossen 1985 von Ginsberg, gießt er Vollmilch aus einem Pappkarton in einen Glaskrug (»Milch in Milch verwandelnd«, merkte Ginsberg an). Sein Gesicht besteht zu ungefähr achtzig Prozent aus Brille. Auf dem Kopf neigen sich kleine, spinnwebartige weiße Haarbüschel nach links. Er wirkt ungefähr zehntausend Jahre alt.

Zänkisch und haarspalterisch wie die meisten Sammler, hatte Smith mit seinen Zeitgenossen oft Streit um Geld oder Sachen. Er forderte gern, dass man ihm Bücher lieh, und weigerte sich dann, sie zurückzugeben. Wie seine Archivarin und Freundin Rani Singh mir sagte, erklärte er den Menschen regelmäßig, ihr Besitz sei in seiner Sammlung besser aufgehoben. (Sie erinnerte sich an seine Worte: »Das sollte ich in meiner Sammlung haben, nicht du in deiner.«) Seine Getriebenheit hatte ihren Grund in einer irren internen Logik; Smith war penibel bemüht, die Dinge korrekt anzuordnen, und zwar auch dann, wenn er dazu die Lieblingsstücke anderer Menschen an sich bringen musste. Dinge, so glaubte er, gehörten neben andere ganz bestimmte andere Dinge – wie die Sätze einer Geschichte, die Bücher im Regal, die Songs auf einer LP.»Er hielt nach Unterströmungen Ausschau. Er hielt nach Ideen Ausschau, nach Nuancen, die am Verschwinden waren. Er versuchte, nicht nur Verbindungen zwischen 78ern aus Georgia oder South Carolina zu ziehen, im Vergleich mit dem Norden des Staates New York oder Kanada, sondern auch Verbindungen zwischen den Drahtskulpturen, die ihn interessierten und die ihm in Kulturen auf der ganzen Welt begegneten«, sagte Singh. »Er verglich alles miteinander, Drahtskulpturen und Tarotkarten und Schellackplatten und Schöpfungsmythen und all diese anderen Sachen und entdeckte die Dinge, die uns Menschen alle miteinander verbinden.«

Der kulturelle Einfluss der *Anthology* lässt sich noch immer schwer abschätzen. Im Begleittext zur Neuauflage für das Smithsonian schrieb John Fahey:»Auch wenn er in seinem Leben nichts anderes mehr gemacht hätte als die *Anthology*, wäre Harry Smith noch immer ›Genie‹ auf die Stirn geschrieben gewesen. Ich würde die *Anthology* gegen jedes einzelne jemals zusammengestellte Kompendium wichtiger Informationen ins Rennen schicken. Die Qumran-Rollen? Ach was. Ich nehme lieber die *Anthology*. Es gibt keinen Zweifel: Vor Smith gab es keinen Folk-Kanon. Dass er ein so maßgebliches Dokument zusammengestellt hatte, erwies sich natürlich erst später. Wir Sammlergestalten, die wir durch viel mehr Plattenkisten gehen als er, kamen irgendwann zum selben Schluss: Dies waren die wahren Schätze.«

Außerdem gibt es keine richtige Bezeichnung für das, was Smith getan hat.»Kompilator« oder »Kurator« klingen als Begriffe beide zu distanziert, zu unpersönlich. Smith hat nicht einfach einen

Haufen Einzelteile zusammengefügt, er hat ein Ganzes erträumt. Einen Hang zu einer gewissen Gefühligkeit will ich dabei gern einräumen – und auch Smiths zielgerichtetes Handeln und seine Autorschaft will ich nicht unterschätzen – aber ich halte es trotzdem nicht für absurd zu glauben, dass Smith diese Platten zu genau diesem Zweck in den Weg gestellt wurden und dass er sie sich so anbefohlen hat, wie ein Poet sich Worte auf eine Seite anbefiehlt, um aus Nichts Bedeutung zu schaffen oder weiterzugeben und ein Leiter für eine spirituelle Wahrheit zu werden. Smiths Wissen, wie man diese Platten in einen wertvollen Dialog miteinander bringt, ist ein Produkt seiner Expertise und Erfahrung, aber trotzdem kommt hier dazu, dass es eine Geschichte gab, die erzählt werden musste. Das ist für die meisten 78er-Sammler kein unvertrautes Gefühl.

In seinem Buch *The Old Weird America* nennt Greil Marcus die *Anthology* »ein okkultes Zeugnis, verkleidet als akademische Abhandlung über internen Stilwandel in einer archaischen Musikwissenschaft.« Verkleidung halte ich für die Prämisse der *Anthology* für von entscheidender Bedeutung. Das mag nicht eingängig klingen, aber die Illusion von Autorität erlaubt der *Anthology* sowohl ihre Einzigartigkeit als auch ihre Begrenzungen. Wer auch immer versucht, sie wie ein objektives Lehrbuch zu lesen – als das definitive allwissende Dokument, das der Titel impliziert –, wird an ihren Defiziten verzweifeln. Als Porträt Amerikas ist sie fast in allen Phasen ihres Entstehens schief und krumm. Sie enthält keine Feldaufnahmen aus der Library of Congress oder anderswo, und schließt ganze Bevölkerungsgruppen aus, die der indigenen Völker zum Beispiel, der Einwanderer und (mit wenigen Ausnahmen) der Bevölkerung der nördlichen Hälfte der Vereinigten Staaten). Gelenkt von Smiths Vision, wurde jeder Track der *Anthology* nach professionellen Maßstäben tontechnisch auf LP übertragen und veröffentlicht, ein seltsam normativer und antiakademischer Zugang zu etwas so sehr im Innersten Unkommerziellem wie

Folk. Die Platten, die tatsächlich von anderen Menschen aufgespürt, gekauft und genossen worden waren, wollte Smith ganz offensichtlich noch schöner machen, und so geschah es.

Die *Anthology* mag umfassend sein, aber sie bleibt ein selbstgebasteltes Universum mit ganz eigener Logik und ihren eigenen Offenbarungen. Sie stiftet ihre Hörer:innen dazu an – fordert es vielleicht sogar von ihnen –, ihre eigenen (persönlichen, unvollkommenen) Erklärungen dafür zu ersinnen, wie und warum Menschen singen. Das ist alles hier drin, sagt Smith, und wenn der Glaube an die *Anthology* euch beseelt, als heilige Schrift, als die er sie sich bestimmt gedacht hat, dann könnte sich deren Welt euch öffnen und zu eurer eigenen werden.

Smith unterteilte seine vierundachtzig Tracks in drei Kategorien, eine Art heiliger Dreieinigkeit: *Social Music*, *Ballads* und *Songs*. Alle sechs Platten (für jede Abteilung zwei) waren unter der Cover-Abbildung eines himmlischen Monochords versammelt, eines antiken Instruments mit einer einzigen Saite, das vage an ein *mountain dulcimer* erinnert, eine in den USA verbreitete Art der Bordunzither. Auf dem Cover wird das Monochord von der Hand Gottes gestimmt, die sich aus einer illuminierten Wolke streckt. Es handelt sich um ein Bild des belgischen Kupferstechers Theodor de Bry, zuerst veröffentlicht in einem der Traktate des britischen Mediziners Robert Fludd, *The History of the Macrocosm and the Microcosm*, etwa zwischen 1617 und 1619. Richtig gespielt, soll das Monochord die Grundelemente Luft, Wasser, Feuer und Erde einen. Die Zeichnung ist mit Sicherheit eine Anspielung auf den von Smith und Fludd geteilten Glauben an die Serialisierung – an das Verbinden von allem mit allem.

Im grundlegendsten Sinn wird das, was Smith mit der *Anthology* gelungen ist, allen vertraut sein, die jemals ein mit großem Tamtam angefertigtes Mixtape verschenkt oder von einem Lover oder Kumpel erhalten haben. Wie der Rockkritiker Rob Sheffield in seinen Memoiren aus dem Jahr 2007, *Love is a Mix Tape*, schrieb: »Es ist ein grundlegendes menschliches Bedürfnis, Musik zu verbreiten.« Und über das Mixtape im Besonderen: »Es gibt immer einen Grund, eins aufzunehmen.« Die Idee dahinter ist natürlich, dass man vorhandene Musik so anordnen kann, dass sie etwas Neues, Entscheidendes vermittelt – etwas, das sich auf andere Weise unmöglich ausdrücken lässt.

»Das Ziel ist immer, bei einer Art Serie von Dingen zu landen«, erklärte Smith selbst 1969 in einem *Sing Out!*-Interview mit John Cohen, und tatsächlich wurde ein großer Teil der bleibenden Wirkung der *Anthology* Smiths Fähigkeit zugeschrieben, eine Abfolge herzustellen. Vorher war jeder Song eine Insel gewesen, ein isolierter, autonomer Klecks aus Schellack: Schon eine 78er umzudrehen, war eine klare Störung. Das Medium von der Ein-Song-pro-Seite-78er auf die Langspielplatte aus Vinyl zu verlagern, ermöglichte es endlich, die Songs einander bewusst gegenüberzustellen. Inzwischen können wir natürlich alle vierundachtzig Tracks in eine Playlist setzen und die ganze *Anthology* unterbrechungsfrei genießen, aber ich ziehe es trotzdem noch immer vor, die Demarkationslinien zwischen den drei Abteilungen zur Kenntnis zu nehmen – sie so abzuspielen, wie Smith es getan hat.

Das Bewertungsschema der *Anthology* war ganz und gar Smiths eigenes. Außermusikalische Kriterien (Hautfarbe, Stil, Chronologie) erachtete er für irrelevant, und selten lässt sich die Platzierung eines Songs über dessen Inhalt erklären. Manchmal werden mehrere Tracks eines Künstlers zusammengeworfen; manchmal auch nicht. Der Bauplan hat kein offensichtliches System, man bekommt ihn nicht leicht zu fassen, und das Narrativ der Sammlung, wenn es denn eines gibt, wird willentlich verschleiert. Als solche mag man die *Anthology* als das musikalische Äquivalent der Euphonie in der Lautkunde betrachten – erbaulicher Wohlklang ohne Beachtung eines eventuellen Wortsinns. Das kann auch sehr frustrierend sein. Wie bei einem guten Gedicht: Nichts ergibt Sinn, bevor nicht das Ganze einen Sinn ergibt.

»Was mir sofort ins Auge sticht, ist, dass die *Anthology* dazu anregt, nach einem verborgenen Gestaltungsprinzip zu suchen«, lautet das Angebot von Kurt Gegenhuber, dem Autor meiner Lieblingswebsite zur *Anthology*, »The Celestial Monochord«. »Manchen Menschen erscheint es natürlich, über Narrative eine Ordnung herzustellen. Aber die hauptsächliche Wirkung der *Anthology* ist, dass sie uns allgemein zu harter, sinnstiftender Arbeit verführt. Wichtig erscheint mir, dass die Tracks jede logische Reihenfolge verweigern. Diskontinuität und Mangel an Kontext scheinen für die *Anthology* wesentlich zu sein. Der Modus Operandi ist durchgehend für jeden Track, im dunklen Wald aus dem Nichts aufzutauchen und vor einem zu schweben wie ein körperloses Gesicht, ein paar Minuten in der Luft zu hängen und dann wieder im Dunkel zu verschwinden. Und die Erinnerung daran wird vom nächsten Track verdrängt, der dich wieder neu in Bann schlägt. Die Reihenfolge verleiht jedem Track einen Zusammenhang aus Zusammenhanglosigkeit.«

Dass so viel des Materials so merkwürdig ist (versuchen Sie mal, den Sinn von, sagen wir, Bascom Lamar Lunsfords »I Wish I Was a Mole in the Ground« zu erschließen), im Vortrag so wild, und dass seine Verknüpfung verborgenen pädagogischen Absichten folgt, bedeutet, dass man in der *Anthology* für lange Zeit die Orientierung verliert, bevor man erleuchtet wird. Wie sie vor sechzig Jahren geklungen hat, bleibt meiner Fantasie überlassen. Vor allem Gegenhuber ist überzeugt, dass Smith die Art und Weise, wie Menschen heute Langspielplatten hören, ungewollt vorhersah – oder sie sogar schuf. Man verschlingt sie als kompletten Text, nicht einfach als willkürlich aneinandergereihte Songs. »Man könnte sagen, *Anthology* wäre der erste Entwurf zu *Sgt. Pepper's Lonely Hearts Club Band* (oder *Highway 61 Revisited*), weil Alben ›hören‹ [heute] eher eine sehr gründliche Art der Lektüre ist«, meint er.

Die *Anthology* enthält tatsächlich ein paar konkrete Erzählbögen, die den Hörer:innen Halt geben. Im Verlauf der sechs LPs erzählt Smith zum Beispiel eine nicht völlig überraschende Geschichte über die Härte und Vergeblichkeit von Arbeit angesichts von Dingen wie Liebe und Heimat. Sie findet für mich ihren Höhepunkt im generösen, hypnotischen Vortrag des »Spike Driver Blues« durch Mississippi John Hurt auf der letzten Seite der letzten LP. Noch heute versetzt das ganze Ding (von »Gonna Die with a Hammer in My Hand« von den Williamson Brothers and Curry über »Got the Farm Land Blues« von den Carolina Tar Heels bis zu »Buddy Won't You Roll Down the Line« von Uncle Dave Macon) mich in Angst, ich und alle erwerbstätigen Menschen, die ich kenne, könnten sich tatsächlich irgendeinem unhaltbaren Landstreichermythos verschreiben. *»Take this hammer and carry it to the captain, tell him I'm gone, tell him I'm gone«*, singt Hurt mit auf schaurige, verräterische Weise sanfter Stimme – *bring dem Vorarbeiter meinen Hammer und sag ihm, dass ich weg bin, dass ich weg bin.* Eine Unabhängigkeitserklärung, die mit einer völligen Neuordnung elementarer Prioritäten einhergehen muss. Ganz angstfrei – mir fällt kein anderer Augenblick der Musikgeschichte ein, der mich noch stärker getrieben hätte, den Laptop aus dem Fenster werfen zu wollen. Als ich von einer Freundin hörte, die ihren Bürojob mittels eines zickigen Post-its gekündigt hatte – »Ich bin dann mal weg«, hatte sie gekritzelt und den Zettel an ihren Computer geklebt, markig, aber auch milde –, war mein erster Gedanke, wie stolz Harry Smith auf sie wäre.

Anderenorts finden sich eindeutige Lektionen zum Thema Liebe, Treue und Rache. Es gibt unglaublich viel schlechtes Benehmen. Es zeigt sich, dass die Menschen einander schon immer dieselben hässlichen und wunderschönen Dinge angetan haben. Fast jedes nur vorstellbare Gefühl – Lüsternheit, Verachtung, Zorn, Befriedigung, Eifersucht, Liebe, Schuld, unerträgliche Traurigkeit – wird artikuliert und in Smiths Kontinuum einsortiert.

Ich kann mir nicht vorstellen, dass Smith, der sich gern für einen kleinen Alchemisten hielt, die Sache nicht exakt auf solche Reaktionen hin eingerichtet hat. Letztlich geht es bei der *Anthology* um die Verknüpfung selbstgeschaffener Welten – um ein Supernarrativ der *conditio humana*. Mir ist klar, dass das absurd klingen mag. Ein exzentrischer, möglicherweise halluzinierender Neunundzwanzigjähriger, der einen Stapel Platten durchwühlt und entscheidet, welche Tracks in welcher Reihenfolge gespielt werden sollen, das lässt sich nicht unbedingt mit, sagen wir, Albert Einstein vergleichen, der die Relativität definiert. Aber Smith setzte bei der Erstellung der *Anthology* in die Rolle des Architekten eines Kanons, des Vermittlers, des Storytellers den Sammler ein, nicht den Kritiker oder Wissenschaftler. Er erkannte ein in unzusammenhängenden Teilen verborgenes Narrativ und präsentierte es als Erbauungsgeschichte. In seiner Vorgehensweise liegt eine Parallele zu den enthaltenen Songs, die ebenfalls oft zumindest teilweise auf älterem Material basieren – Neues aus Altem, ein Wandteppich, geknüpft aus einzelnen Schnüren.

Verständlicherweise sind heftige Reaktionen auf die *Anthology* nicht selten. »Mir sind Dutzende Menschen begegnet, die die *Anthology* gehört haben und dann abgehauen und zum Zirkus gegangen sind«, sagte Gegenhuber. »[Volkskundler und Musiker wie] Mike Seeger, John Cohen und viele andere fingen als Reaktion an, selbst spielen zu lernen, die Songs und Stile, und auf die Suche nach Boggs, Ashley, Hurt und so weiter zu gehen. Für wieder andere löste die *Anthology* einen Sammlerimpuls aus, der mit Sinnfindung zusammenzuhängen scheint.«

Entsprechend knallten selbst sonst vernünftige Autoren ein wenig durch, wenn es um die unerklärliche Anziehungskraft der *Anthology* ging. Robert Cantwell beschreibt die Sammlung in dem Buch *When We Were Good*, seinem Traktat über das Folk-Revival, als »seltsam, geradezu sinister: eine Art Geheimkammer, aus der die Welt ausgeschlossen bleibt, mit okkulten Zeichen geschmückt, deren Bedeutung uns noch verborgen ist, gestaltet nach einem obskuren Prinzip oder hin auf ein obskures Ziel, mit einer darin liegenden unbestimmten Bedrohung, wie im Zigeunerzelt oder Gruselkabinett, die uns mittels unbekannter Kräfte einer Prüfung unterwerfen, über die wir keine Kontrolle haben und die uns fürs Leben zeichnen wird.« (Gute Güte!) Marcus dagegen beschwört einen Ort namens Smithville herauf und schreibt in Bezug auf die erste Plattenseite:»Die Straßen von Smithville wurden zusammengerollt, und der Ort bietet nun die ultimative amerikanische Erfahrung, die letzte, Dauerprüfung des unvollendeten Amerikaners, Puritaners oder Pioniers, losgelassen in einem Land voller Fallstricke und Überraschungen: Kommen Sie näher, Damen und Herren! Hereinspaziert in das Neue Sensorium der Old-Time-Music, erleben Sie, wie Ihnen der Boden direkt unter den Füßen weggezogen wird!«

Der Impuls zur Übertreibung ist mir – tief – vertraut, der Wunsch, von der *Anthology* als abgeschlossener spiritueller Erfahrung zu sprechen, die bestimmte Epiphanien zeitigt. Man kann sie schließlich auch bewohnen, wenn man möchte: Da gibt es Bierstuben, wo man trinken kann, Stetsonhüte, über die man aneinandergeraten kann, Mais, den man hacken kann, und Menschen, die man heiraten und lieben und betrügen und vielleicht auch umbringen kann.

Und dann gibt es da Smith, einen freundlichen kleinen Vergil, der in Großbuchstaben seine überschriftartigen Zusammenfassungen tippt (stilistisch erinnern sie gelegentlich an die Beschreibungen in Lomax' »List of American Folk Songs on Commercial Records«), die mich meistens zum Kichern, manchmal aber auch zum Schlucken bringen. Wie zum Beispiel die Synopsis, die er in Versalien für»Fifty Miles of Elbow Room« zusammenklöppelte, einen textlich unentzifferbaren Gospelsong voller Krampfanfälle von Rev. F. W. McGee, von dem ich glaube, dass er vom Himmel handelt oder zumindest irgendeinem Äquivalent dafür (er scheint sich auf das Neue Jerusalem zu beziehen, Offenbarung des Johannes 21,9): »WENN TORE WEIT OFFEN IM RAUM AUF ANDERER SEITE, FÜR DICH UND MICH. VIERECKIGE STADT, MAUERN AUS JASPIS, 1200 MEILEN LANG. RECHTER HAND, LINKER HAND 50 MEILEN ELLENBOGENFREI.« Hier reduziert Smith einen Song auf seine bizarre Essenz – auf die klarste, universellste darin enthaltene Wahrheit.

Die *Anthology* hat das Folk Revival der Fünfziger- und Sechzigerjahre mit Kontext versorgt – wenn sie es nicht sogar beschleunigt hat – und die neuen Fans gelehrt, was es an alten Aufnahmen des Genres gab. Die Songs, die Smith einbezogen hat, mögen nur fünfundzwanzig Jahre alt gewesen sein, aber im Jahr 1952 waren sie Nicht-Sammlern schwer zugänglich oder völlig unbekannt. Heute, in der zweiten Dekade des 21. Jahrhunderts, erscheint es völlig absurd, dass kulturelle Artefakte so schnell ausgelöscht werden konnten (zum Beispiel musste ich 2011 ungefähr achttausend Mal ungewollt das dreißig Jahre alte »Don't Stop Believin'« von Journey hören), aber das Gros dieser Tracks war, als Smith sie für die Neuerscheinung aufpolierte, entweder halb vergessen oder nie gehört. In einem Interview mit dem Musikproduzenten Hal Willner aus dem Jahr 1993 nannte Ginsberg die *Anthology* »in der amerikanischen« Folk Music eine historische Bombe«, und behauptete, sie habe »Peter Paul and Mary scharf gemacht, damals die ganze Folk-Welt scharf gemacht, auch Ramblin' Jack Elliott und alle anderen, weil das die große Schatztruhe der amerikanischen Blues- und Bergmusiken war. Happy Traum und alle, auch Dylan, hat das berührt, bis hin zu Jerry Garcia, der den Blues aus den Platten von Harry Smith gelernt hat.«

Mitte der Achtzigerjahre wohnte Smith in einer Absteige in der Bowery und soff sich in regelmäßigen Abständen ins Koma. Die Zähne waren ihm ausgefallen, abgesehen von ein paar von Abszessen befallenen Backenzähnen, und nach einer Verletzung, die er sich beim Herausreißen einer Magensonde aus dem Mund zugezogen hatte (nach einer besonders harten Sauftour war er im Krankenhaus St. Vincent gelandet, angeschlossen an eine Batterie von Apparaten), konnte er nur noch Erbsensuppe und Bananenmus herunterwürgen. Vor dem Umzug in die Bowery hatte er in einem winzigen, mit Büchern vollgepackten Zimmer im Hotel Breslin an der Ecke 29th Street und Broadway gehaust. (Heute steht dort das stylische Ace Hotel. In dessen beliebtem Restaurant – ich wollte sagen Gastropub – bekommt man zur Zeit einen Hamburger für einundzwanzig Dollar; die Lobby ist oft mit Model-Gestalten und ihren teuren Laptops drapiert.) Ginsberg zufolge sah die Szene dort so aus: »Und im Bad hatte er ein kleines Vögelchen, das er fütterte und mit dem er redete und das er dauernd aus dem Käfig ließ. Und wenn sein kleines Vögelchen starb, legte er es zu den anderen ins Tiefkühlfach. Er sammelte sie zu verschiedenen alchemistischen Zwecken, neben einer Flasche, die angeblich sein Sperma mehrerer Jahre enthielt, das er auch für irgendwelche magischen Strukturen brauchte.«

Im Jahr 1988 half Ginsberg, Smith ins Naropa Institute zu bringen, wo Smith dann studierte, Vorlesungen hielt und ein bisschen cleaner wurde: Er gab das Trinken auf (blieb in der Selbstmedikation aber großzügig, rauchte Gras und nahm, wie Rani Singh in ihrem Aufsatz »Harry Smith, an Ethnographic Modernist in America« beschrieb, »in beliebiger Mischung, was er an Sinequan und Valium in der Jackentasche fand«) und sammelte mit Verve Alltagsgeräusche (Kirchenglocken, seilspringende Kinder, Kühe). Mittels eines ehrgeizigen Speiseplans aus Bienenpollen, rohen Hamburgern, Eiskrem, Pulverkaffee und Seniorenbrei nahm er fünfzehn belebende Kilo zu. Er wohnte und arbeitete in einer Hütte, an deren Tür fast immer eine Karteikarte hing: BITTE NICHT STÖREN, ICH SCHLAFE ODER ARBEITE. Singh, die Smith beim gemeinsamen Studium mit Ginsberg am Naropa begegnet war, nannte dessen Jahre in Colorado »relativ beschaulich«.

Für jemanden, der sich für wechselseitige Abhängigkeiten interessierte, gibt es wenige Hinweise darauf, dass Smith in seinem Leben jemals eine wichtigere Liebesbeziehung unterhalten hätte. Singh beschrieb ihn als asexuell. »Ich glaube einfach, bei ihm ging es mehr um den Intellekt. Er lebte mehr im Kopf als in seinem Körper«, sagte sie. Außerdem war er ein gnadenloser Abzocker, der zu furchterregenden Wutanfällen neigte und, was seine Gewohnheiten und Überzeugungen anging, kleinlich war. Im Aufsatz »The Alchemical Image« (der zuerst im Katalog zu einer Ausstellung mit dem Titel »The Heavenly Tree Grows Downward« im Jahr 2002 erschien, die Smith als Maler präsentierte), schrieb der Kurator Raymond Foye: »Wenn man mit Smith Platten hörte, lautete die wichtigste Grundregel: KEIN WORT. Wirklich kein einziges, bis die Platte abgespielt war. Beim Abhängen mit Harry empfand man immer eine Mischung aus Genuss und Angst. Manche seiner Besucher waren labil, bewaffnet und gefährlich, und Harry konnte mit seiner Raserei ein Zimmer leerfegen. Eine Gouache, an der er drei Wochen penibel gearbeitet hatte, konnte er in einer Sekunde zerreißen. Immer gab es seine plötzlichen Stimmungsschwankungen, und natürlich den Alkohol.«

Als Smith 1990 wieder im Chelsea landete, lebte er von der Stütze und einer jährlichen Spende von Jerry Garcia, der die *Anthology* öffentlich zur wichtigsten Quelle für sein Verständnis des Blues erklärt hatte (die Grateful Dead spielten regelmäßig Stücke aus der Sammlung). Eines Tages sagte Smith, Ginsberg zufolge, »Ich sterbe«, erbrach Blut und kippte um. Man brachte seine Leiche ins St. Vincent, wo Ginsberg sie später »in dieser riesigen Schublade aus der Wand zog. Sein Gesicht war leicht verzerrt, er hatte ein bisschen Blut im weißlichen Bart. Also setzte ich mich hin und vollzog die traditionelle tibetische Liturgie, die Zufluchtszeremonie, und verbrachte dann eine Stunde in Meditation.«

Genau wie bei den unglückseligen 78ern von James McKune weiß auch bei der Sammlung von Harry Smith niemand genau, wo sie gelandet ist. Einen Gutteil davon hat Smith zu einem bestimmten Zeitpunkt der New York Public Library gespendet, wo die Platten irgendwann in den allgemeinen Bestand eingegliedert wurden. Vorher wurden sie von den Musikern und Volkskundlern Ralph Rinzler und Mike Seeger katalogisiert und heimlich aufgenommen. In seiner Seeger-Biografie *Music from the True Vine* beschreibt Bill Malone, wie Rinzler und Seeger 1956 »Hunderte von 78ern aus der undokumentierten Sammlung von Harry Smith« manuell überspielten: »In ehrenamtlicher Arbeit katalogisierte Ralph über 1000 Platten auf Karteikarten, während Mike mit seinem Spulentonbandgerät seine Lieblingsstücke aufnahm. Als man ihm weitere Aufnahmen verbot, schmuggelte Mike massenweise Platten in einem Koffer aus der Bücherei – darunter viele erlesene Exemplare aus den Katalogen von Columbia und RCA –, die er dann zu Hause bei Ralph in Passaic [New Jersey] aufnahm.« In einem Interview mit Ray Allen erinnerte Seeger sich 2007 an ihren Coup: »An dem Abend sind wir mit meinem Tonbandgerät und dem Koffer [voller Platten] raus. Da sagt der Mann an der Tür, er will in den Koffer schauen. Da führt Ralph ein irres Tänzchen auf und sucht nach einer Visitenkarte oder sowas, die er ihm zeigen will. Da hat er den Wachmann geholt, das war so ein 60-jähriger, wie ein pensionierter Cop oder so, völlig von der Rolle, und ich bin einfach mit der Kiste raus.« Die stibitzten Platten wurden tags darauf pflichtschuldig zurückgebracht, und die Bootleg-Tapes wurden in der Folk-Szene jahrelang herumgereicht wie ein geheimer Talisman.

Was Smith nicht der Library geschenkt hatte, wurde irgendwann von Moe Asch aufgekauft oder anderweitig in Besitz genommen. Das Material wurde auf ähnliche Weise vom Folkways-Archiv assimiliert und 1986 dem Smithsonian übereignet; Asch war gestorben, und seine Familie koordinierte den Ankauf des Labels (das Smithsonian verpflichtete sich, alle 2168 Folkways-Titel, darunter die *Anthology*, auf unbegrenzte Zeit verfügbar zu halten). Dem Folkways-Archivar Jeff Place zufolge haben sie noch immer »ein paar Tausend« der Platten von Smith, »vermischt mit dem Rest des 78er-Bestands«, aber im Lauf der Arbeit an der Neu- auflage der *Anthology* fand sich nur noch eine einzige der 78er – »Old Lady and the Devil« von Bill and Belle Reed –, die Smith als Quelle benutzt hatte. »Den Rest mussten wir uns zusammen- suchen«, sagte Smith, was bedeutete, dass man bei Sammlern anklopfen musste (man erhielt Leihgaben von Joe Bussard, Dick Spottswood, Don Kent und Dave Freeman). In einigen Fällen wur- den auch die Original-Master genutzt, die Asch und Smith für die *Anthology* angefertigt hatten.

Auch wenn das schon ganz gut klingt – natürlich, Smiths Samm- lung wurde aus ihrer Ordnung gerissen, aber immerhin an zwei relativ sicheren Orten untergebracht –, raunen Sammler sich bis heute die Geschichte vom wahren Schicksal seiner 78er wirklich als abschreckendes Beispiel vor. Chris King erklärte es mir als Erster: »Als [Smith] mit seinen geistigen Fähigkeiten oder seinen Möglichkeiten, die eigene Sammlung zu managen, am Ende war, hatte er über dreizehntausend 78er angehäuft, dabei war dann viel Hillbilly, viel Blues und viel Weltmusik.« Irgendwann, lange nachdem Smith das Gros seiner Platten bei der Library in Obhut gegeben hatte, waren ein paar Platten von Fiddlin' John Carson direkt aus der Sammlung von Smith Richard Nevins angeboten worden. Aber wie waren sie vom Rest getrennt worden? King hatte gehört, die Library habe den größten Teil von Smiths Spende geschrottet. »Entsorgt. In einen Müllcontainer geworfen und ver- nichtet.« Er zuckte die Achseln. »Im Grunde also: dreizehntausend 78er und das Leben eines Menschen – einfach weg, einfach so, in den Müll.«

Als ich Nevins mailte, um zu hören, was er wusste, war er, was das Schicksal der Sammlung anging, optimistischer: »Soweit ich weiß, hat die Sammlung die NY Library nie verlassen und sollte noch dort sein – aber in der Musikabteilung im Lincoln Center. Ich habe ungefähr vier oder fünf Zwölf-Zoll-78er aus Harrys Sammlung, die ich von [dem Sammler] Eugene Earle bekommen habe – weiß auch nicht, warum sie einzeln erhältlich waren. Aber unter dem Strich ist es doch so: Völlig egal, wo die Sammlung ist – sie enthält wenig oder nichts, was sich nicht auch in vielen anderen Sammlungen findet. Das Besondere war Harrys Hellsichtigkeit und sein Geschmack als Kurator der LPs, nicht seine eigentliche Sammlung.«

Natürlich hatte Nevins Recht, aber meine Neugier war noch nicht befriedigt. Ich ging davon aus, dass unmöglich jemand wissen konnte, welche Platten genau Smith über so lange Zeit in seine Sammlung aufgenommen hatte, vor allem bei den aus vielen Quellen bestätigten monströsen Ausmaßen und der Vielschichtigkeit dieser Sammlung. Bei Smiths Expertise als Hörer könnte seine Sammlung eine beliebige Anzahl unbesungener Meisterwerke enthalten haben. Meine Neugierde schlug sich in einer Flut von Mails nieder: Zuerst schrieb ich dem Volkskundler und Filmemacher John Cohen und fragte ihn, ob er eine Liste der Platten besitze, die von Seeger und Rinzler katalogisiert worden waren (ich wusste, dass er noch immer Kopien ihrer Tonbänder besaß), damit ich wenigstens abfragen konnte, ob die Library Exemplare der betreffenden Platten besaß. Eine ähnliche Mail schickte ich Steve Weiss von der Southern Folklife Collection, die im Jahr 1991 Mike Seegers Unterlagen erworben hatte (Seeger war 2009 in Lexington, Virginia, im Alter von sechsundsiebzig Jahren verstorben), und eine weitere an Jeff Place im Büro von Folkways, wo Rinzlers Nachlass liegt (Rinzler war 1994 in Washington, D. C., gestorben, kurz vor seinem sechzigsten Geburtstag). Obwohl die beiden Konvolute noch nicht für die Forschung katalogisiert worden waren, luden sowohl Weiss als auch Place mich ein, sie persönlich durchzugehen – nach einer Liste zu suchen, einem Stapel gelber Karteikarten, nach Protokollen –, falls ich mir davon etwas verspräche. Das tat ich: Ich wollte unbedingt wissen, was Seeger und Rinzler wussten, wollte hören, was sie gehört hatten. Seegers Witwe Alexia Smith erzählte mir, die beiden hätten damals sogar eine Ergänzung zur *Anthology* geplant, basierend auf dem Rest von Smiths Sammlung. »Gegen Ende von Ralphs Leben trafen Mike und er unter den Tracks auf den Tonbändern eine Auswahl – Songs und Tunes, die in Smiths *Anthology* nicht auftauchten – für eine CD, die nie produziert wurde«, schrieb sie. »Den Gedanken, dass die Plattensammlung von Harry Smith ›integriert‹ oder verkauft wurde, finde ich erschütternd.«

Auch meine Quelle bei der New York Public Library kontaktierte ich, einen Pressesprecher namens Jonathan Pace, mit dem ich an ein paar Storys mit Library-Bezug gearbeitet hatte. Pace verwies mich an Jonathan Hiam, den Kurator der American Music Collection an der Library of the Performing Arts im Lincoln Center, der mir eine Privatführung durch das Aufnahme-Archiv anbot. Sofort nachdem ich seine Mail erhalten hatte, stellte ich mir die Gewissensnöte vor, in die ich geraten würde, wenn ich, allein in einer staubigen Ecke – nach einem Abstieg über eine verborgene, wackelige Treppe in vergessenen Katakomben tief unter der 65th Street, abgeschirmt von den Tagesausflüglern, die durch den Damrosch Park marschierten, und erleuchtet vom dunkelgelben Schein einer einzelnen antiken Birne – in einem halb zerfallenen Pappkarton einen Stapel völlig unbekannter 78er aus dem Besitz von Smith entdeckte. Würde ich sie in meinem Rucksack verstauen und aus dem Toilettenfenster kriechen? Eine edelmütige Wiederinbesitznahme wäre das! Geradezu heroisch.

Auch John Mhiripiri schickte ich eine Nachricht, dem Leiter der Anthology Film Archives; ich wusste, dass dort als Irrläufer ein Karton mit Papierflugzeugen von Smith gelandet war, und folgerte, dass dort noch mehr sein könnte. »Anthology lagert nach deren Verpackung, Beschriftung etc. den Großteil der Sammlungen von Harry Smith, seit dessen Tod 1991. Darunter befindet sich auch ein Karton aus seiner Papierflugzeug-Sammlung (zusätzlich zu den zahlreichen Büchern, Platten, ukrainischen Ostereiern, Drahtskulpturen etc.)«, antwortete Mhiripiri. »Die Sammlungen wurden größtenteils ausgelagert, und ich bin gern bereit, Ihnen die Papierflugzeuge zur Ansicht zugänglich zu machen, das Einverständnis von [Rani] Singh vorausgesetzt, und dass es nicht besonders dringlich ist und sich innerhalb einer gewissen Zeit durchführen lässt, idealerweise in weniger als einer Stunde.« Ich akzeptierte die Bedingungen und leitete Singhs Einverständnis weiter. Mhiripiri bat mich, in zwei Wochen wieder anzuklopfen.

Ich hatte ein Forscherinnen-Interesse daran, den materiellen Nachlass von Smith aufzudröseln, aber langsam entwickelte ich auch ein gefährlich heftiges Bedürfnis, ein paar seiner Sachen wirklich in die Hand zu bekommen, weil dies mir inzwischen wie der einfachste Weg erschien, nützliche Informationen über sein Leben und Werk herauszufiltern. Außerdem ärgerte es mich, wie Smiths Platten in alle Welt verstreut worden waren, in zufälligen privaten Ecken steckten, einander entfremdet. Ich spürte, wie ich versuchte, einen klassischen Sammlerdrang zu unterdrücken: das Verlangen, zusammenzutragen und einzuordnen. Alles in Beziehung zu allem anderen zu setzen. Gleiches zu Gleichem zu gesellen. Eine Geschichte zu schreiben.

An einem besonders strahlenden Montagvormittag traf ich Jonathan Hiam am Einlass der Library of the Performing Arts. Er ging voran, treppab ins Archiv. Die Plattensammlung der New York Public Library befindet sich offenbar nicht in einem feuchten unterirdischen Verlies, sondern ordentlich nach Labeln sortiert auf hohen weißen Rollregalen in einem neonhellen und gut gelüfteten Keller. Als wir die Sammlung durchschritten, konnte ich mich gerade noch davon abhalten, die Jacke auf den Boden zu pfeffern, 78er aus den Regalen zu reißen und ihre Papierhüllen durch die Luft segeln zu lassen wie ein Schimpanse, der einen Haufen reifer Bananen verschlingt. Alles wollte ich mir anhören, sofort!

Hiam erklärte mir, er habe den Ankauf der Sammlung Smith erwogen, aber die früheren Schenkungen der Library seien zu inkonsistent verwahrt worden. Heute gebe es rationalisierte und gut dokumentierte Abläufe, aber das sei nicht immer so gewesen: Es seien Platten reingekommen und ins Regal gewandert. Vielleicht habe man irgendwo den Durchschlag einer Empfangsbestätigung abgelegt, vielleicht auch nicht. Aus irgendeinem Grund, so Hiam, existierten zu musikalischen Schenkungen zwischen 1958 und 1968 rein gar keine Aufzeichnungen. Vielleicht seien Smiths Platten mit seinen Initialen markiert worden, vielleicht auch nicht. Wahrscheinlich habe die Bibliothek Smith eine schriftliche Empfangsbestätigung geschickt, und wahrscheinlich habe auch jemand irgendwo einen Durchschlag davon abgelegt (der zumindest Datum und Umfang der Schenkung verraten würde; dass die Platten einzeln aufgelistet waren, hielt Hiam für unwahrscheinlich), aber diesen zu finden würde dauern. Er versprach mir, dass er es versuchen würde.

Die mehreren hunderttausend 78er der Bibliothek sind nicht im Umlauf – man kann sie nicht ausleihen und mit nach Hause nehmen –, aber als Mäzen:in darf man sich vorspielen lassen, was man möchte, solange man sich im Gebäude aufhält. Der Prozess der Besorgung ist wunderbar kompliziert, und nachdem ich zusammen mit Hiam das Verzeichnis des Archivs durchstöbert hatte, wollte ich ihn unbedingt erleben. Hiams Anweisungen folgend, suchte ich das verlorene Mikrofiche-Lesegerät im ersten Stock, das hinter dem Tresen der Auskunftsbibliothekarin steht und erst zugänglich ist, nachdem man wagemutig ein Absperrseil aufgehakt hat. Dort blätterte ich ein Rolodex aus lila Mikrofiche-Negativen mit den von der Bibliothek archivierten Platten durch, zusammengestellt anno 1985 (»Sie sind wahrscheinlich erst die dritte Frau auf diesem Stuhl«, spottete Hiam, als er sah, wie ich es mir bequem machte). Ich suchte mir den erstbesten Track aus der *Anthology* aus – »King Kong Kitchie Kitchie Ki-Me-O« von

Chubby Parker, einen Novelty Song aus dem Jahr 1928, in dem viel gepfiffen wird –, fand die zugehörige Folie (sie sind alphabetisch nach Musikern geordnet) und führte sie in das Micron 780A ein (ein klobiges graues Gerät, das kurze proustsche Flashbacks ins Jahr 1989 auslöst). Nach ein bisschen Geruckel am Lesegerät entdeckte ich einen Eintrag für die Platte, komplett mit Matritzen- und Seriennummer. Sofort fragte ich mich, ob dies Smiths Exemplar sei – das Ur-Exemplar sozusagen, vielleicht sogar mit einem winzigen, ins Label geritzten »H.E.S.«! –, und füllte eifrig einen Zettel aus, wobei ich fest genug aufdrückte, dass der Durchschlag lesbar war. Mit dem Fahrstuhl fuhr ich wieder in den zweiten Stock und reichte ihn zaghaft dem Bibliothekar am Schalter für audiovisuelle Medien. Er bat mich, Platz zu nehmen. »Das könnte etwas dauern«, warnte er mich.

»Zehn Minuten oder so?«, wagte ich zu fragen.

»Vielleicht auch länger.«

Wenn man den Zettel abgegeben hat, wird der Bibliothekar oder die Bibliothekarin im Keller angerufen, der oder die sich von ihrem Platz erhebt und die Regale durchstreift. Weil der Mikrofiche seit 1985 nicht mehr aktualisiert wurde und auf die Platten so selten zugegriffen wird (manche sind vermutlich seit dem Ankauf noch unberührt), ist die Suche manchmal verzwickt. Die Platten stehen nicht immer dort, wo sie sein sollten. Wenn die bestellte 78er schließlich geortet wurde, bringt man sie in einen dunklen, studioartigen Raum. Dort legt ein Tonmann sie auf den Plattenteller, nimmt alle nötigen Einstellungen vor (Umdrehungszahl, Gewicht des Tonarms, Playback entzerren) und leitet den Sound dem wartenden Kunden zu, der auf einem ergonomischen Bürostuhl sitzt und durch einen gepolsterten Kopfhörer lauscht.

Ich wartete eine Weile und spielte mit meinen Mantelknöpfen. Ich beobachtete einen knochenlosen alten Mann in einem übergroßen Blazer, der immer wieder einschlief und dann aufschreckte: Er kippte nach rechts, schoss wieder hoch, hing links über, richtete sich wieder auf. Alle paar Minuten kam der Audio-Video-Bibliothekar vorbei und versicherte mir, man arbeite daran. Hiam erschien, lächelte und entschuldigte sich. Nach einer Dreiviertelstunde wuchsen in mir die Schuldgefühle. Ich hatte ein gut abspielbares Exemplar von »King Kong Kitchie Kitchie Ki-Me-O« zu Hause. Ich hatte sogar ein MP3 des Songs auf meinem iPhone hinten in der Jeans. Ich besaß zwei analoge Exemplare der *Anthology*. Außerdem war diese spezielle 78er vielleicht gar nicht aus dem Besitz von Smith, und wenn doch, würde ich sie nicht in die Hand nehmen dürfen, und überhaupt, was erwartete ich mir davon, sie mir auf diesem Weg anzuhören? Ich teilte dem Bibliothekar mit, es sei okay, ich würde ein andermal wiederkommen.

»Suchen müssen wir sie trotzdem«, sagte er.

»Ich weiß«, sagte ich.

Ich fuhr mit dem Fahrstuhl wieder hinunter ins Lincoln Center. Auf dem Weg hinaus durchsuchte ein Wachmann meine Tasche. Er brachte nur einen angebissenen Müsliriegel zutage.

Mir wurde ziemlich schnell klar, dass es vergebliche Liebesmüh wäre, in den Süden zu fliegen und nach den Karteikarten von Ralph Rinzler und den Bootleg-Tapes von Mike Seeger zu graben. Ich erzählte vielen Menschen, sie müssten sich keine Sorgen machen, und fast alle wirkten erleichtert. Ich wusste nicht mehr, warum ich so davon besessen gewesen war, die 78er von Harry Smith zusammenzubekommen oder sie auf irgendeine andere Weise zu quantifizieren – was hatte ich geglaubt, daraus über Musik oder Kunst oder die Menschheit zu erfahren, wie hätten sie meine eigene Erkundung des Sammelns erweitern oder leiten können?

Eine interessante Fußnote brachte ich mit meiner Beharrlichkeit zutage: Die New York Public Library besitzt zur Zeit ein unkatalogisiertes Exemplar des »Newport Blues« von der Cincinnati Jug Band, eine Instrumental-Aufnahme für die Paramount aus dem Jahr 1929, die auf der zweiten Platte der *Anthology* enthalten ist. Von dessen Existenz erfuhr ich erst, als ich es während einer Veranstaltung der NYPL in einer Vitrine erspähte und nach Luft schnappte. Hiam half mir dabei, die Platte für Chris King archivarisch zu überspielen – er hatte zuvor erklärt, er könne einer Überspielung in guter Qualität lauschen, sie mit seinen LPs der *Anthology* aus erster Pressung vergleichen und mir sagen, ob das Exemplar der NYPL tatsächlich die Originalquelle war – ob »Smiths DNS an ihr klebt«, wie er es ausdrückte. Ein paar Tage nach Erhalt der CD von der Bibliothek schickte King mir eine Nachricht. »Ich bin mir sehr sicher, dass das Exemplar von »Newport Blues« (PMT-12743/21100-2), das aus Smiths Sammlung benutzt wurde (für die Originalpressung des LP-Sets, Vol. 2 Social Music, Dances No. 2, Band 40) mit dem Exemplar im Besitz der NYPL identisch ist«, schrieb er. »Das wichtigste Indiz dafür ist ein prognostizierbares nichtmusikalisches Artefakt, das sich bei fünfunddreißig Sekunden, einundvierzig Sekunden, zweiundvierzig Sekunden und dreiundvierzig Sekunden findet und identisch ist mit einem dumpferen nichtmusikalischen Artefakt in derselben Zeitspanne auf dem Track von Smith. Dieses nichtmusikalische Artefakt liegt außerhalb der Frequenzspanne normaler Eigengeräusche, die eine N-Paramount aus dieser Zeit aufweist. Es dürfte sich um eine Pressblase oder einen anderen Fehler in der Schellack-Pressung handeln, verursacht durch Verwendung von gemahlenen Stühlen, Rinderknochen oder beidem.«

Ein paar Wochen darauf machte ich auf einem Trip durch Virginia einen Zwischenstopp in Kings Studio, um mir den Vergleich selbst anzuhören. Es gab geschmorte Schweineschulter in Rahmsoße, und nach dem Abendessen nahmen wir unsere Rotweingläser mit ins Musikzimmer. Er spielte mir die CD mit der Kopie vor; ich hörte deren spezielles Knistern. Er spielte mir die LP vor; auch ihr spezielles Knistern hörte ich. Ich sah auf und nickte. Soweit ich es beurteilen konnte, war Kings Einschätzung solide. Zumindest von einer der Platten von Smith wusste ich nun, wo sie war.

Was ich noch immer nicht wirklich erklären kann, ist, warum die *Anthology* so lange von Bedeutung blieb, warum sie noch immer so vielen Menschen so viel bedeutet, warum sie mir so viel bedeutet. Junge Musiker:innen finden auch heute ganz natürlich zu ihr. In den vergangenen zehn Jahren habe ich haufenweise aufkommende Bands interviewt, die sie, ob *folksy* oder nicht, entschieden als Einfluss nennen, bis ich an deren Aufrichtigkeit zu zweifeln beginne und das plötzliche Gewicht der *Anthology* mich beunruhigt – ihre Fähigkeit, für eine bestimmte Form der Coolness zu stehen. Von 1999 bis 2001 organisierte Hal Willner zusammen mit dem finsteren australischen Rockmusiker Nick Cave in London, New York und Los Angeles eine Reihe von Konzerten zu Ehren von Harry Smith und der *Anthology*. Eine ganze Reihe von Gegenwartskünstlern war dabei – Steve Earle, Wilco, Beck, Sonic Youth, Lou Reed, Van Dyke Parks, Elvis Costello, Philip Glass und viele mehr – und erwiesen der Arbeit von Smith ihre Reverenz. Die Ergebnisse wurden als *The Harry Smith Project: The Anthology of American Folk Music Revisited* gesammelt, eine Box mit zwei CDs und zwei DVDs, ein wirklich passabler Tribut, wenn auch überraschungsarm.

Als ich Singh nach der anhaltenden Wirkmächtigkeit der *Anthology* fragte, erklärte sie kategorisch, sie halte sie für verzaubert. »Er war ein Zauberer, er interessierte sich für Magie«, sagte sie. »Wie Sie schon gesagt haben, es ist die Gegenüberstellung der Songs – einer neben dem anderen, sie reiben sich aneinander und erzeugen eine Spannung, die beinahe ein eigenständiges Drittes wird. Wenn wirklich noch etwas anderes im Raum schwebt, weiß man, dass man es mit wirklich wahrer, guter Kunst zu tun hat. Dieser Funken, an den man sich später erinnert und den man sich irgendwie nicht erklären kann. Und das ist die *Anthology* für mich und so viele andere. Sie enthält so viele unentdeckte Welten«, fuhr sie fort. »Und es ist wirklich komisch, immer wenn man sie sich anhört – und ich habe sie mir viele hundert Male angehört –, denkt man, Moment mal, war dieser Song früher schon da? Warum stehen diese beiden nebeneinander? Wie kann das sein?«

Singh glaubt, dass Smiths Vision – seine Philosophie, sein Narrativ, seine Fingerabdrücke – für das Überleben der Sammlung entscheidend war. »Herrgott, ein Mixtape kann jeder machen«, schnaubte sie. »Alle machen das. Jeder dahergelaufene Lover macht ein Mixtape und hält es für den perfekten Ausdruck seiner Liebe.«

Jahrelang hielten sich Gerüchte, nach seiner Einäscherung hätte eine Handvoll von Smiths Gefolgsleuten seine Asche mit Wein vermischt und ihn runtergekippt. Auch wenn es nicht stimmt – und seine langjährige Gefährtin und sogenannte spirituelle Ehefrau Rosebud Feliu Pettet hat es mir gegenüber als Unsinn bezeichnet –, verstehe ich trotzdem das Bedürfnis, einen Typen, der so tief an Internalisierung glaubte, selbst zu internalisieren. Die *Anthology* funktioniert am besten am Stück. Marcus nannte sie eine *lingua franca* – ein Passwort, das einem Zugang zu einer mystischen Folk-Bruderschaft verschafft, ein Shibboleth –, aber ich denke sie persönlicher, als Tool zur Selbstverwirklichung, wie der Iss-mich-Kuchen in *Alice im Wunderland*.

Im Jahr 1991 wurde Smith bei den Grammys ein *Chairman's Merit Award* verliehen, nur neun Monate vor seinem Tod. Er wurde für seine Arbeit an der *Anthology* geehrt und für seine »fortdauernde Einsicht in die Beziehung zwischen künstlerischem Handeln und Gesellschaft, seine tiefe Hingabe an die Präsentation von Folk Music als Mittel des gesellschaftlichen Wandels.« Zwei erwachsene Männer mussten Smith auf die Bühne helfen, damit er die Urkunde in Empfang nehmen konnte. Einmal holte er mit dem Bein auf der Suche nach einer Stufe aus und traf daneben, wie ein Hundebein, das zuckend nach einem unbestimmten und unerreichbaren Jucken ausschlägt.

»Ich habe Arthritis, deshalb musste dieser junge Mann mir raufhelfen«, sagte er, als er auf der Bühne stand. Er lächelte, fröhlich und gelassen in einem winzigen Tuxedo, ohne Fliege. Die langen weißen Haare trug er zum Pferdeschwanz gebunden. »Ich bin froh, dass ich sagen kann: Meine Träume sind in Erfüllung gegangen«, erklärte er.

»Ich sah Musik Amerika verwandeln.«

ELF

Eine Trauerfeier findet nicht statt

Nathan Salsburg, Don Wahle, Gene Autry, der Cowboy mit dem Kehlgesang, eine palimpsesströse Erfahrung, »You'd Holler Too Like That if You Was to Get Left«

Im März 2010 fischte Nathan Salsburg, Gitarrist und Kurator des Alan Lomax Archive, aus einem überquellenden Müllcontainer in Louisville, Kentucky, ein Häuflein weggeworfener Folk- und Country-78er. Salsburg war einem Hinweis gefolgt – er ist die Sorte Mensch, die Anrufe dieser Art bekommt, diesmal von einem Freund, der bei einer Entrümplungsfirma jobbte und gerade das Terrassenhaus eines verstorbenen Sammlers namens Don Wahle leergeräumt hatte. Dessen gesamte Habe war in den Müll gewandert. Die – vermutlich mit ihm zerstrittene – Familie hatte ohne Hinsehen eine bedingungslose Säuberungsaktion angeordnet, die auch die Exhumierung und Entsorgung unter anderem von kistenweise Heinz-Ketchup und zahlreichen XXL-Kondomen einschloss. Bevor sie sich aus dem Staub machten, schnappten Salsburgs Kumpel sich acht Pappkartons voller 78er und brachten sie in einer Garage einigermaßen in Sicherheit. Am Abend fuhr Salsburg dann hin und fing an, den Inhalt durchzugehen. »Carter Family, Jimmie Rodgers. Cool, aber keine Raritäten. Dann machte ich weiter«, erinnerte er sich. »Ich weiß noch, dass ich eine Platte von den Carolina Tar Heels sah, und dann eine von John Hurt. Ich rastete aus. Ich war ganz aufgeregt und geschockt, und mein Freund Glen sagt: Er sah mich Blut schwitzen. Ich hatte definitiv im Leben noch keine Platte von John Hurt in der Hand gehabt.«

Ein gemeinsamer Bekannter hatte uns miteinander bekannt gemacht, Mike McGonigal, ein Musikautor, der obskure Gospel-45er sammelt und die erstklassige Literaturzeitschrift *Yeti* leitet. McGonigal nannte Salsburg einen »lieben und schlauen Kerl«, und das ist natürlich eine treffende Beschreibung. Was sie aber nicht umfasst, ist die geradezu beunruhigende Zielstrebigkeit von Salsburgs Lebensführung: Sollten einmal all meine Sachen in einem Müllcontainer landen, bevor mein letzter Seufzer verklungen ist, möge es Nathan Salsburg sein, der sie findet. Das ist ein Mensch, der weiß, was man aus Dingen machen kann.

Als wir uns zum Lunch verabredeten, war Salsburg in Brooklyn, um unbekanntes Material aus *American Patchwork* zu zeigen, einer Dokumentarserie, die den Reisen von Alan Lomax durch den US-amerikanischen Südosten folgte. Es war zum Ersticken heiß – New York wurde gerade von der Art heftiger, überweltlicher Bruthitze verschlungen, die einen fast schon wieder frösteln lässt –, aber ich fand es trotzdem passend, uns ein paar Straßen von meiner Wohnung in einem Restaurant ohne Klimaanlage ein Hühnersandwich zu teilen und ein paar Biere zu trinken. Salsburg nahm es mir nicht übel, und obwohl ich ständig zwanghaft den Verdacht äußerte, das gesamte Universum werde demnächst in Schweiß aufgelöst in einer Ritze versickern, war er willens, ein Gespräch über Schallplatten mit mir zu führen. Ich wollte mehr über seine Funde in Kentucky hören. Dabei verlieh die Hitze unserer Konversation etwas Fiebriges.

Die 78er von John Hurt, die Salsburgs Freunde an jenem Tag unwissentlich aus Wahles Haus geschleppt hatten – »Stack O'Lee Blues« / »Candy Man Blues« – war am 28. Dezember 1928 in New York für Okeh Records aufgenommen worden. Es handelte sich um eine von nur sechs 78ern, die Hurt bespielt hat (und deren Erscheinen er durchsetzen konnte – insgesamt wurden zwanzig Plattenseiten aufgenommen), bevor er sich in seinen Heimatort Avalon, Mississippi, zurückzog und wieder als *sharecropper* arbeitete, als Pächter in der Landwirtschaft. Im Jahr 1963, nach dem Erfolg von Harry Smiths *Anthology* (die zwei dieser zwanzig Songs enthielt), war er von dem Sammler Dick Spottswood und dem Musikwissenschaftler Tom Hoskins wiederentdeckt worden und hatte schließlich für Piedmont, Vanguard und andere kleine Label weiteres Material aufgenommen. Der »Stack O'Lee Blues« handelt von einem ekelhaften Typen – »*That bad man, that cruel Stack O'Lee*« –, der eines Stetsons wegen nonchalant einen Mann abschlachtet. Hurts Vortrag ist zart und mitleidsvoll, aber es ist schon immer die B-Seite gewesen, die ich elektrisierend fand. Der »Candy Man Blues« ist ein herrlich verdorbener Song über einen Kerl mit einem »*stick of candy just nine inch long*« – mit einer dreiundzwanzig Zentimeter langen Zuckerstange. Davon können die Girls natürlich nicht genug bekommen: »*If you try his candy, good friend of mine / You sure will want it for a long, long time / His stick candy don't melt away / It just gets better, so the ladies say*«, singt Hurt: Wer von dieser Zuckerstange probiert, will lange daran lutschen; und sie schmilzt auch nicht einfach weg, sie wird immer besser, finden jedenfalls die Damen. Hurts süße, geradezu züchtige Stimme verleiht dem versauten Text eine Boshaftigkeit, die sich schwer wiederherstellen oder abschütteln lässt. Unter den seltenen 78ern ist »Stack O'Lee Blues« / »Candy Man Blues« nicht aberwitzig wertvoll (im Jahr 2008 wurde auf eBay ein Exemplar in weniger gutem Zustand für 375 Dollar verkauft), aber kostbar ist die Platte trotzdem. Ich konnte verstehen, dass Salsburg kopfscheu wurde, als er sie auf einem Haufen Müll entdeckte.

Nachdem er sich einen schnellen Überblick über die Kisten in der Garage verschafft hatte, fuhr Salsburg, damals einunddreißig Jahre alt, mit dem Auto und seinen Freunden im Schlepptau zurück zum Müllcontainer. Es war mitten in der Nacht, bei Vollmond. »Ich zitterte die ganze Zeit. Das gehört eindeutig zu den aufregendsten Momenten meines Lebens«, sagte er. »Wir hüpften in den Container und fanden eine Kiste nach der anderen. Mein Freund Joe kletterte rein, wir hielten ihn am Gürtel fest, und er tauchte mit einer Platte von Blind Boy Fuller wieder auf. Wir holten eine große Kiste mit LPs raus, darunter alle sechs Platten der *Anthology*.« Sie packten alles, was sie finden konnten, in Salsburgs Auto. Am nächsten Morgen rief Salsburg brav bei der Entrümpelungsfirma an und bekam die Erlaubnis, sich anzusehen, was noch im Haus war. »Ich schlief vielleicht drei Stunden, dann rief ich diesen Typen an, und er sagte ›Mit allem, was ihr aus dem Haus rausholt, tut ihr uns einen Gefallen‹.«

Wahles Wohnsituation war, wie Salsburg bald merkte, finster. Es gab eine Toilette »voller versteinerter Scheiße« und einen Berg schmutziger Zeitungen auf einer »wachsartigen Feldmatratze vom Militär, nackte Federn auf dem Bettgestell«, die Wahle als Bett gedient haben mochte oder auch nicht. (Soweit Salsburg sagen konnte, hatte Wahle wahrscheinlich neben seinen Platten geschlafen.) Salsburg stopfte seinen Tacoma mit 78ern, LPs und anderen vielversprechenden Ephemera voll: Wahles Korrespondenz, seine Liederbücher, Quittungen aus vielen Jahrzehnten, Kataloge, Kontoauszüge und einen zusammengeflickten Smith & Wesson-Revolver, den Salsburg schließlich verschrotten lassen musste, weil er nicht mehr sicher war. (Als er ihn fand, lag er in zwei Papierhandtücher gewickelt in einem Schuhkarton, geladen mit Gummigeschossen.) »Ich nahm an Unterlagen mit, was ich bekommen konnte, außer den untersten beiden Kisten hinten rechts in der Ecke, die völlig verschimmelt waren. Sie zerfielen schon, als ich versuchte, sie anzuheben. In den Kisten waren vielleicht ein paar Platten, aber mein Laster war so voll und ich war so panisch, dass ich einfach gesagt habe, scheiß drauf.« Er schwieg ein paar Sekunden lang und setzte dann unweigerlich und schicksalsergeben hinzu: »Der Gedanke an das, was ich dagelassen habe, macht mich ganz verrückt.«

Man sollte vielleicht anmerken, dass Wahle nur eine Woche zuvor gestorben war und inmitten all der Fäulnis gelebt hatte, mehr oder weniger glücklich.

Wahles 78er-Sammlung umfasste ungefähr dreitausendfünfhundert Platten, die meisten mit Hillbilly, viele in neuwertigem Zustand. »Ich glaube nicht, dass er sie sich überhaupt angehört hat«, sagte Salsburg. »Viele LPs waren noch versiegelt, aber er hatte sie mit Anmerkungen versehen, mit welcher Nadel sie abgespielt werden mussten. Eine Jimmie-Rodgers-Platte gab es in vierfacher Ausfertigung, Uncle-Dave-Macon-Platten gab es oft dreifach. Er *hatte* sie einfach«, fuhr er fort. »Es gab Kartons und Versandtaschen, die nicht einmal geöffnet worden waren.«

Salsburg, in Wilkes-Barre, Pennsylvania, geboren und in Kentucky aufgewachsen, hatte Zeit seines Lebens viele LPs gekauft und in Ehren gehalten, dem Reiz der Schellackplatten war er aber noch nicht erlegen – zum Teil weil er wusste, wie teuer die besseren Stücke geworden waren und wie leicht man von diesem Hobby verschlungen werden konnte. Trotzdem musste er zugeben, dass selbst für ihn das Erlebnis, zum ersten Mal eine 78er abzuspielen, schon rein taktil einzigartig gewesen sei. »Das hatte eine Innigkeit, die anders war als andere innige Momente, die ich mit dem Zeug aus dieser Ära erlebt habe«, sagte er. »Es war nämlich erstens eine palimpsestöse Erfahrung. Ich hörte keine auf LP oder CD übertragene 78er oder eine erst auf LP und dann von der LP auf CD übertragene 78er. Es war die 78er selbst. Beim Zuhören wusste ich nicht, wie es weitergehen würde, und dann war es vorbei, und ich musste die Platte umdrehen«, erklärte er. »Das ist die 78er-Erfahrung, von der alle immer reden.«

Bei unserem ersten Gespräch war Salsburg immer noch dabei, seine Beute zu reinigen und zu katalogisieren. »Da gibt es Platten von Leuten, von denen ich noch nie gehört habe, keine Ahnung, was das für Musik ist«, sagte er. »Das sind totale Offenbarungen, wirklich aufregend. Aber es wird einem auch klar, wie viel von dem Zeug einfach medioker ist. Ich habe das Gefühl, zum Fetisch lässt es sich schon rein wegen des Alters und der Seltenheit machen. Die größte Rarität, die ich bisher entdeckt habe, ist von Earl Johnson, Spätphase, mit den Clodhoppers oder wer immer das war, das ist ein Stück, das damals viele gemacht haben, mit dem Titel ›When the Roses Bloom for the Bootlegger‹, eine Parodie auf ›When the Roses Bloom Again‹ – ein Popsong. Wirklich nicht sehr gut. Aber ich habe mir sagen lassen, dies sei vielleicht das zweite oder dritte bekannte Exemplar, und wahrscheinlich das sauberste. Glitzert überall, wenn man es in die Sonne hält, und könnte zwei bis drei Tausender wert sein. Aber nicht toll. Es gibt tolle Earl-Johnson-Platten, aber ich habe gespürt, dass ich diese mehr in Ehren halte als die anderen. Und das Gefühl gefällt mir nicht.«

Zum Glück fand sich in Wahles Pappkartons auch Schöneres: Platten, die ungewöhnlich *und* toll waren. »Ich habe ein Exemplar von dieser Arthur-Miles-Platte gefunden. Diesem Cowboy mit dem Kehlgesang. Die war dabei«, sagte Salsburg.

Ich verzog das Gesicht. Von Arthur Miles oder einem Cowboy mit Kehlgesang hatte ich noch nie gehört.

»O mein Gott, das müssen Sie sich anhören.« Salsburg grinste. Über Musik, die er toll fand, sprach er auf unwiderstehliche, ansteckende Weise. »Das war dieser Typ, der 1929 in Dallas aufgenommen hat. Zwei Plattenseiten, ›The Lonely Cowboy‹ Teil eins und zwei. Er singt einfach davon, wie einsam er auf der Prärie ist, und mittendrin kommt der Kehlgesang. In den Aufzeichnungen steht ›*vocal effects*‹, aber es ist Kehlgesang. Oder etwas in der Art.

Obertongesang. Vielleicht Summen und Pfeifen zugleich. Aber das hat er einfach erfunden, anstelle des üblichen, gerade modernen Jodelns. Einfach genial!«

Als ich schließlich hörte, wie Miles loslegte (ein paar Tage darauf hatte Salsburg mir einen Clip gemailt), war ich halb perplex und halb entzückt: In den Zwanzigerjahren war bei Country & Western-Sängern gelegentliches Jodeln verbreitet, und manchmal imitierten sie auch das pochende Näseln einer Maultrommel, aber was Miles tut, klingt mehr nach *sygyt*, einem Kehlgesang aus der Republik Tuwa im südlichen Sibirien – eine Art Obertongesang, der an den wallenden Ruf des Seetauchers erinnert, gefiltert durch ein Dutzend Daunenkissen und, nun ja, kehliger. Es war, um eine der Einstufungen von Lomax zu verwenden, bemerkenswert. In einem Interview aus dem Jahr 2008 mit Eli Smith, dem Produzenten und Moderator von *The Down Home Radio Show* sagte der Sammler Pat Conte, was die Technik von Miles angehe, gebe es für ihn keinen Zweifel: »Das ist ein Kehlsänger, eindeutig.«

»Umgehauen hat mich, dass ich viele dieser Kehlsänger aus Zentralasien gehört hatte – aus Sibirien, der Mongolei und so weiter –, und hier war jetzt ein weiteres Beispiel dieser Musik, aber direkt bei uns zu Hause Und Miles, das ist ja das Verrückte, ist wirklich einer der allerbesten«, erklärte Conte. »Wie auch immer sich das erklären lässt. Es gibt gewisse Gesangsstile der amerikanischen indigenen Völker, die Elemente davon haben – harmonischer Gesang mit kehlig gedrosselten Teilen. Arthur Miles, der hat sich in dieser Kunst wirklich ganz nach oben gearbeitet. Er ist einfach ein absoluter Meister dieses Stils.« Conte merkte an, dass es noch einen anderen Fall eines Sängers aus dem ländlichen Amerika gebe, der die Technik verwende. Der Sammler Eugene Earle hatte Ende der Fünfzigerjahre Dick Burnett einen Besuch abgestattet, vom einstmals populären Banjo-und-Fiedel-Duo Burnett and Rutherford. Burnett war nach einem gescheiterten Raubüberfall auf einem Auge blind und an die achtzig Jahre alt, arbeitete aber wunderbarerweise immer noch, irgendwie, als Mechaniker für kleine Elektrogeräte in seinem Heimatstaat Kentucky. Earle nahm Burnett mit einem Tonbandgerät bei sich zu Hause auf, und Conte zufolge sagte Burnett gegen Ende der Session: »Mit dem hier habe ich viel Schabernack getrieben! Ich sing dir was, aber der Song steckt mir in der Kehle!« Und dann, so Conte, »singt er ›My Old Kentucky Home‹, in vollendeter Wiedergabe dieses alten harmonischen Gesangsstils.« Conte schwieg kurz. »Und dann ist das Band alle.«

Nathan Salsburg fing gerade erst an, sich mit der Idee zu befassen Wahles Sammlung in mehrere CDs oder LPs im Schuber zu verwandeln. Er hatte einen übergreifenden Slogan gefunden (drei Discs, mit dem Titel *Work Hard, Play Hard, Pray Hard*) und war mit einem interessierten Label im Gespräch, Tompkins Square in San Francisco. Er hatte schon ein paar Lieblingsplatten – Songs, die sich andernorts so leicht nicht finden ließen, wie den zweiteiligen »Flat Wheel Train Blues« von Red Gay und Jack Wellman, ein Stück, das Zuggeräusche imitiert und 1939 in Atlanta für Brunswick aufgenommen wurde. Es handelt sich um den einzigen Track, den Gay und Wellman je zusammen aufgenommen haben, und mehr ist darüber im Grunde nicht bekannt; vom Original sind weniger als ein Dutzend Exemplare erhalten. Salsburg hatte beide Plattenseiten, die bisher nicht digitalisiert gewesen waren, auf YouTube hochgeladen. Ich hörte mir den Song – im Grunde die Nacherzählung einer Routine-Zugreise, komplett mit Kohleschaufeln und fröhlichem Pep-Talk – ungefähr 175 Mal an, bevor ich es schaffte, vom Computer aufzustehen. Gay kommt mit seiner Fiedel, schroff und laut, einer Dampfpfeife wirklich nahe; Wellman klampft fröhlich auf der Gitarre dahin. Beim Singen wechseln sie sich ab; es handelt sich fast eher um Sprechgesang, affektarm auf diese tonlose Appalachen-Weise, die für heutige Ohren fast leblos klingen kann.

Salsburg hatte mich vor einem besonders niederschmetternden Abschnitt gegen Ende des zweiten Teils gewarnt, nach circa zwei

Minuten und vierzig Sekunden. Als der klapperige Zug eine Kreuzung erreicht, kommt ein Maultier daher und versucht, ihn einzuholen. Der Zug fährt vorbei, das Maultier schreit, und jemand, vermutlich Wellman, unterbricht sich und murmelt »*You'd holler too like that if you was to get left*«. – So würdest du auch brüllen, wenn sie dich zurücklassen. Wirklich einer der skurrilsten, liebsten Augenblicke in der gesamten US-amerikanischen Musikgeschichte, von außergewöhnlicher Empathie, und mir bricht jedes Mal das Herz, wenn ich ihn höre. Beim Lunch nannte Salsburg den Song »saukomisch und wunderschön und traurig« – das Maultier, sagte er, würde ihn an *Au Hasard Balthazar* erinnern, den Film von Robert Bresson aus dem Jahr 1966, der parallel die Geschichte eines Bauernmädchens und die ihres Maultiers erzählt –, und so war er dann auch, im Ganzen.

Als ich an jenem Abend in Salsburgs Vortrag mit Filmvorführung saß (eine Veranstaltung des Brooklyn Folk Festivals in einer überfüllten Galerie in Red Hook, in Ufernähe), musste ich dauernd an Wahles Platten denken, planlos in einen Müllcontainer geworfen, mit Ketchup und Abfall bedeckt. Als Sammler war er eher mittelmäßig gewesen (»Wahle darf man nicht überbewerten«, warnte mich Sherwin Dunner, als ich mich nach seinem Ansehen erkundigte), mit einer merkwürdigen Vorliebe für schmalzige Country-Songs von Blödmännern mit samtiger Stimme wie Gene Autry oder Roy Rogers (Autrys Version von »Rudolph the Red-Nosed Reindeer« von 1949 besaß Wahle in fünffacher Ausfertigung). Er konnte aber auch für jeden angehenden Sammler als nützliches Anschauungsobjekt dienen: Platten werden deine Liebe nicht erwidern. Sie werden dir nicht das Haus ausmisten und dir auch nicht die Beerdigung zahlen. Selbst so hoch angesehene und gefeierte Sammler wie Harry Smith – oder so einflussreiche wie James McKune – verlieren nach dem Hinscheiden die Kontrolle über ihr Zeug. »Der hatte einfach keinen Notfallplan«, sagte Salsburg. »Nichts. Er hat einfach nur mit ihnen gehaust. Wie T. S. Eliot

217

schrieb: ›Diese Scherben hab ich, gestrandet, meine Trümmer zu stützen‹ oder wie immer das Zitat geht.« (Genau so.)

Die vier Sätze Nachruf, die das *Louisville Courier-Journal* ihm in jenem Frühling widmete, waren entsprechend trostlos: »WAHLE, DONALD PICKETT, 75, verstorben am 23. März 2010. Er hinterlässt einen Bruder, Robert J. Wahle; zwei Neffen, Robin und Charles Banks; und eine Nichte, Shannon Miller. Es wurde die Feuerbestattung gewählt. Eine Trauerfeier findet nicht statt.«

Kaum hatte ich neben Salsburgs bescheidenem gelben Haus gehalten, ungefähr eine Meile östlich des Ohio River in einem Viertel von Louisville, das Clifton hieß, machte er sich auch schon über meinen Mietwagen lustig, den ich nur als »Dodge Irgendwas« identifizieren konnte, eine Bezeichnung, die er zum Totlachen fand. Das Wichtige war offenbar, dass der Wagen einen Spoiler und vielleicht auch einen Rennstreifen hatte und weiß war. Ich muss zugeben, dass es schon etwas demütigend war, auch nur daneben zu stehen. Das Auto verlieh meiner Ankunft etwas Würdeloses.

Salsburg hatte eingewilligt, mich Don Wahles Unterlagen durchsehen zu lassen, die damals in zerfledderten Pappkartons neben der Waschmaschine gestanden hatten. Ich spürte, dass Salsburgs Beziehung zu dem Material noch immer kompliziert war, und einmal nannte er es halb im Scherz einen »zwei Tonnen schweren Albatros«. Es war sicher seltsam, der Nachlassverwalter eines Menschen zu werden, dem man selbst nie begegnet war und über den einem nie jemand etwas sagen konnte (obwohl Salsburg gern Familienmitglieder empfangen hätte, sind nie welche aufgetaucht; auch meine Briefe wurden nicht beantwortet). Salsburg war außerdem durch seine Arbeit im Lomax Archive und selbstangeeignetes Wissen wie kein Zweiter in der Lage, die Kostbarkeit von Teilen des Materials abzuschätzen. Irgendwann war dann (ein wenig) Geld im Spiel, und (ein wenig) Ruhm, aber auch ohne bin ich mir nicht sicher, ob er die Verantwortung jemals guten Gewissens hätte abgeben können.

Inzwischen steckte Salsburg tief in den Vorbereitungen zu *Work Hard, Play Hard, Pray Hard*, dem aus Don Wahles Sammlung entstehenden Schuber. Der Titel bezog sich auf das System der Sammlung des American Folklife Center der Library of Congress, das seit 1976 »unzählige Dokumente des kulturellen Lebens in Bild, Ton und schriftlichen Aufzeichnungen« versammelt hatte, »zur Unterstützung volkskundlicher Projekte und Studien«. Das AFC übernahm schließlich auch das Archive of Folk Culture, das von der Library of Congress 1928 eingerichtet worden war und sich als eine der größten Sammlungen ethnografischen Materials aus den Vereinigten Staaten und der ganzen Welt bezeichnete. Noch vor seiner Entdeckung von Wahles Platten hatte Salsburg also über ein Organisationsprinzip und Zugang zu Rohmaterial verfügt. Aber es ergab sich, dass Wahles Sammlung sich besser dafür eignete.

»Das Konzept war, Lieder über das Arbeitsleben zu versammeln – über Berufe, schwere Zeiten, Pleite, was auch immer –, dann Novelty Songs und Tanzmusik, und danach Material mit religiösem Bezug«, sagte Salsburg. »Ursprünglich hat mich dieses System interessiert, weil die Sachen vom American Folklife Center vor Ort aufgenommen worden waren – die Musik, die das Leben der Leute begleitete, die Lieder zu religiösen Anlässen, die Kirchenlieder; dann Lieder, die bei der Arbeit gesungen wurden oder die unmittelbar mit dem Lebensunterhalt der Menschen oder dessen Ermangelung zu tun hatten; und dann Lieder, mit denen die Menschen sich Unterhaltung verschafften«, erklärte er. »Die Unterscheidung ist ein wenig fadenscheinig – es existieren jede Menge kommerzieller Aufnahmen von bodenständigem Zufallsmaterial –, aber ich fand, es könnte interessant sein, ein wenig konkreter zu werden: Lebenszeichen mitten aus dem Leben.«

Die meisten 78er-Sammler befassen sich ausschließlich mit kommerziellen Aufnahmen: mit von einem Label produzierten

78ern, die dann an Menschen verkauft wurden, die sie sich leisten konnten. Bei Feldaufnahmen existiert oft kein Artefakt – Sammler können zum Beispiel nicht versuchen, aller Tonband-Master von Alan Lomax habhaft zu werden. Aber manche Sammler halten auch einen ästhetischen Unterschied zwischen den beiden Formen aufrecht – sie behaupten, im Feld aufgenommene Künstler seien oft zu ihrem Auftritt gezwungen oder mit Tricks dazu gebracht worden, oder sie weisen darauf hin, dass die Ausrüstung von Feldforschern von vornherein schrottiger gewesen sei als das, was ein Label zur Verfügung gehabt habe. Und dann war da noch die Frage der Kuratierung – einer zufälligen Form wird ein Narrativ von außen übergestülpt, was natürlich auf gewisse Weise das hauptsächliche Vorrecht der Volkskunde und des Sammlerwesens ist.

Als ich Chris King nach der metatextuellen Unterscheidung zwischen einer Feldaufnahme und einer kommerziellen Schallplatte fragte, erklärte er sie mir so: »Der Unterschied liegt darin, dass ein kommerzielles Studio in einen Künstler, der sein mitgebrachtes Material verlässlich vortragen konnte, einen oder zwei Master investierte, während der Volkskundler bei der Feldforschung dem eigenen Interesse folgte und nach Belegen für sein Narrativ, seine Vision suchte, bis an den Rand der Zumutung, und das leitete ihn geschmacklich bei der Auswahl des Gegenstands und der Ausdrucksform, die er vermitteln wollte.« Er fuhr fort. »Der Sammler als Aufnehmender, vor Ort, war ein Vermittler, der eine geschmacksbestimmte Auswahl traf, während der Tonmeister oder der Label-Manager im Studio bloß Künstler ablehnten, die keine dreieinhalb Minuten geradesitzen konnten. Der Filter war Geschmack und Neugier des einen versus nackte Anforderung des anderen. (Kriegt er überhaupt die scheiß Gitarre gestimmt?)«

Für Salsburg ging es eher um den Einsatz. Als er auf die Platten von Wahle stieß, hatte er schon die Kategorien für den Bestand des AFC im Kopf, nach denen er das Material digitalisieren und vertreiben konnte. Und im Unterschied zu diesen Feldaufnahmen waren einige der kommerziellen Aufnahmen, die Wahle Zeit seines Lebens angehäuft hatte, in Gefahr, verloren zu gehen. »Die Erfahrung, diese Platten zu entdecken, zu sehen, wo sie herkamen – das Ganze ist ein Lehrbeispiel dafür, wie rar, wie zerbrechlich, wie vergessen, wie unterschätzt ...« Er hielt inne. »Ich will 78er nicht noch mehr zum Fetisch erheben, aber man denke nur, wie viele Platten einfach weggeworfen wurden, weil jemand gesagt hat: ›Scheiße, was ist das für ein altes Teil? Zu schwer, kann ich nicht abspielen, weg damit.‹ Ich glaube, dieses Projekt wäre nicht halb so schön und befriedigend und wichtig, wenn diese Platten nicht dort herkämen, wo sie herkommen.«

Gerade die Grenzen der Sammlung Wahle waren es, die sie so verwendbar machten; sie hatte etwas Kleines, das zu Salsburgs ganzem Konzept zu passen schien. Sie war geerdet: »Meiner Vorstellung nach sollte die Edition eine Art Gegengewicht zu der von Harry Smith werden, weil ihr der ganze mystische Scheiß fehlte«, sagte er. »Ich wollte etwas nach Kategorien ordnen, die im Alltag Bestand hatten: Arbeit, Freizeit, religiöse Erfahrung. Klar, bei Harry Smith ergeben Songs und Ballads und Social Music als eigenständige Kategorien Sinn. Aber sie werden alle von dieser okkulten Ontologie zusammengehalten, die ich für eine überflüssige Verkomplizierung halte. Das zieht einen Haufen Leute an, die sich sonst nicht dafür interessieren würden, die Präsentation als so eine Art mystisches Zeugnis.« Salsburgs Konzept war dagegen entschieden proletarisch, vom Inhalt wie von der Präsentation her, und so sehr ich die *Anthology* auch schätzte, seine Argumentation kam mir stichhaltig vor – Salsburgs Kategorien waren zugänglich, beinahe intrinsisch. Das war ein Lebenszyklus, den alle Amerikaner:innen verstehen würden.

Salsburg hatte versprochen, mir das Haus von Wahle zu zeigen, und bis dahin wollte ich ein wenig in dessen Sachen herumstöbern. Ich malte mir aus, wie ich all meine zweifelhaften Fertigkeiten als

Investigativreporterin spielen ließ, um ein vollendetes Bild seines Lebens heraufzubeschwören – seiner Liebe, seiner Verzweiflung und was nicht alles.

Oh, ich bin gescheitert! Wenn Wahles Korrespondenz eine Mahlzeit wäre, dann wären es gekochte Kartoffeln. Er bewahrte alles auf (Quittungen, Kontoauszüge, Prospekte, Kataloge, Einkaufslisten), es war aber auch alles so radikal banal, dass die Durchsicht zu einer zähen Angelegenheit wurde. Als würde man ewig eine Low-Budget-Reality-Show mit dem Titel *Papierkram* bingewatchen. Hier meine Erkenntnisse: Er hob Papierfetzen mit komischen Kritzeleien in verschiedenen Farben auf, als hätte er ständig seine Kugelschreibersammlung ausprobiert. Seine Handschrift war fett und schief; die Worte sahen aus wie von einer unsichtbaren Windbö nach rechts geweht. Seine beste und unterhaltsamste Eigenschaft war seine Streitsucht. Don Wahle liebte es, böse Briefe zu schreiben. Er hatte oft etwas zu beanstanden und machte sich mit Freuden Luft. Einem seiner Kontoauszüge lag ein Entschuldigungsschreiben des Bankdirektors, eines gewissen E. R. Spelger bei: »Lieber Mr. Wahle, vielen Dank, dass Sie uns zur Kenntnis gebracht haben, dass Sie für ihre Einzahlung vom 16. November über unseren Nachtbriefkasten keine Quittung erhielten.«

Aus seinen geborgenen Unterlagen allein war es nicht leicht, genau zu bestimmen, wie Wahle sein Geld verdiente. Einem Kontoauszug vom 14. November 1958 zufolge – Schreibmaschine auf festem gelbem Papier, ausgestellt von der Citizens Fidelity Bank and Trust Company of Louisville – hatte er respektable $135,15 auf dem Konto. Aber spätestens 1970 schien er ganz arbeitslos zu sein: Er erhielt ein Schreiben der Arbeitslosenversicherung bezüglich einer offenen Stelle bei etwas namens »Protective Services, 141 East Woodlawn, Louisville, Kentucky«, mit der Aufforderung, sich unverzüglich bei diesem Arbeitgeber zu melden.

Seine Sammlertätigkeit setzte er trotzdem ungebremst fort. 1958 erhielt Wahle das Angebot, in *Burke's Register of Record Collectors* aufgenommen zu werden, eine Art *Who's Who*, organisiert von einem gewissen Vincent Burke, 172 Thompson Street, Greenwich Village. Im Anschreiben wurde um weitere Nominierungen gebeten. »Das Weiterleiten der Listen aktiver Sammler ist der wichtigste Baustein unserer Anstrengungen, das Plattensammeln zum schönsten Hobby der Welt zu machen«, schrieb Burke.

Wahle führte endlose Bedarfslisten und korrespondierte regelmäßig mit anderen Sammlern, auch wenn der Austausch strikt – geradezu aggressiv – auf die Sache beschränkt blieb und persönliche Anmerkungen karg oder gar nicht existent waren. Mein liebster Briefwechsel begann im April 1959. Auf Wahles Anfrage nach Gene-Autry-Platten zum Ankauf oder Tausch hat sich offenbar ein Plattenhändler namens Victor Dozewiecki aus Saginaw, Michigan gemeldet. Dozewiecki war selbst auf der Suche nach Material von Autry, wobei er sich mehr für den äußeren Anschein zu interessieren schien als für den Inhalt. Er machte daraus keinen Hehl und schrieb am 23. Mai 1959: »Der Zustand der Autry-Platten, die Sie zum Tausch anbieten können, ist mir egal, Hauptsache ich habe sie noch nicht.«

Meistens ärgerte Dozewiecki sich über Wahle, weil dieser seine Briefe und Bitten um Information nicht sofort beantwortete. Am 12. September 1959 schrieb er, in grüner Tinte: »Lieber Don, vor einer Weile habe ich Dich um eine Liste der Gene-Autry-Platten gebeten, die Du gern von mir besorgt hättest. Deine Mitteilung lautete, dass Du diese Listen schicken würdest. Ich warte jetzt schon lange, und noch immer habe ich keine Listen von Dir. Länger kann ich auf Deine Listen nicht mehr warten. Alle, mit denen ich arbeite, werden mir böse sein, wenn ich ihnen nicht bald ein paar der von ihnen gewünschten Platten besorge. Ich kann die Plattensuche nicht länger aufschieben, weil ich noch auf Deine ›Bedarfslisten‹ warte. Es tut mir leid, aber wenn sie weiter auf Hilfe von mir hoffen, werden die Plattensammler schon ihren Teil dazu tun müssen. Was mich betrifft, wird es keine weiteren Geschäfte mit Dir geben. Die Annahme weiterer Briefe werde ich verweigern. Wenn jemand meine Hilfe in Bezug auf seinen Plattenbedarf wünscht, bin ich auf Zusammenarbeit angewiesen.«

Aber Anfang November – vermutlich nachdem Wahle seine Bedarfsliste endlich abgeschickt hatte – hatten sie sich offenbar versöhnt. Dozewiecki sagte seine Hilfe zu, mahnte aber auch: »Aber wenn ich Dir schreibe, würde ich mich doch freuen, wenn sich die Antwort nicht zu lange hinzieht. Wenn es Dir unmöglich sein sollte, meinen Brief ohne Aufschub zu beantworten, bitte ich Dich als Empfangsbestätigung um eine Postkarte.« Man sieht ihn geradezu vor Zorn und Entrüstung rot anlaufen. Im folgenden Dutzend Briefe fand Dozewiecki immer wieder fesselnde neue Wege, sich über Wahles Schneckentempo zu beklagen. Dann, im Dezember, erklärte er Wahle plötzlich, er gebe die Suche ganz auf und verkaufe seine gesamte Sammlung. Sie enthalte »fast jeden einzelnen Song, den Gene Autry von 1929 bis 1944 aufgenommen hat.«

»In meiner Wohnung geht mir der Platz aus, deshalb müssen die Platten raus«, schrieb er. »Ein Umzug ist für mich im Augenblick zu schwierig, bei der Lage heutzutage, was die Arbeitslosigkeit angeht, außerdem habe ich zu viel persönliche Habe.« Als Wahle nicht schnell genug reagierte, regte er sich wieder auf. »Ich möchte in einen anderen Landesteil ziehen, und die Sache mit den Platten, die Du mir abkaufen möchtest, hält mich davon ab.« Dann wurde er hinterfotzig: »Ich finde meinen Preis für die Autry-Platten, an denen Du interessiert bist, wirklich nicht zu hoch. Ich kenne Menschen, die 1000 Dollar für eine einzige Platte bezahlt haben, und selbige haben für den Preis, den ich verlange, ziemlich viele Platten erworben. Viele haben Hunderte Dollar für eine einzige Platte bezahlt. Preise konnten mich noch nie abschrecken, wenn ich bestimmte Platten wirklich wollte.« Schließlich wurden sie sich einig, es schien jedenfalls so, aber Wahle ließ mit seiner Antwort – natürlich – zu lange auf sich warten. Im März 1960 schrieb Dozewiecki: »Hast Du einen bestimmten Grund, mir nicht zu antworten??????? Ich kann Dir nicht ständig schreiben, nur um dann keine Antwort zu erhalten. Ich habe schon zu viele Sorgen, zu viel im Kopf, zu viel, um das ich mich kümmern muss.« Diesmal schließt er mit »Bitte tu es jetzt, bitte, bitte.« In einem anderen Brief aus dem gleichen Monat wirft er Wahle vor, sein ganzes Leben aus der Bahn geworfen zu haben: »Viel länger kann ich nicht warten, ich wollte schon vor Monaten umziehen, habe aber beschlossen, die Reise noch kurz aufzuschieben, damit Du Dir die Autry-Platten sichern kannst, die Dich interessieren.«

Im Monat darauf hatte Dozewiecki von Wahle dann ganz die Schnauze voll – behauptete er jedenfalls. »Nach besagtem Tag [16. April] werde ich auf Antwort von Dir nicht mehr warten, so wahr mir Gott helfe. Ich habe mit diesen Plattengeschäften schon zu viel Zeit verloren.«

An jenem Abend besuchten Salsburg und ich zum Abendessen ein vietnamesisches Restaurant, und als die dampfende Pho vor uns stand, berichtete ich ihm, wie schwer es gewesen war, Whale festzunageln, den Menschen von seinem Besitz zu trennen. Salsburgs Lächeln war mitleidig: Er hatte es auch schon versucht. Ich fragte, ob er das Gefühl habe, Wahle auch nur ansatzweise zu kennen, ob er ein Bild vor Augen habe, ein Narrativ im Kopf. »Offenbar war er religiös, zumindest gegen Ende seines Lebens. Es gab etwas Bibelzeugs, Material von Billy Graham, ein paar 45er von banalen weißen Predigern aus Texas. Nichts Gutes.« Er zuckte die Achseln. »Er besaß allen möglichen Weihnachtsscheiß. Ich glaube, Weihnachten war für ihn ein großes Ding.«

Schon ließ Don Wahle mich an meinem Glaubenssatz zweifeln, an den ich mich störrisch wie ein Maultier klammerte – dass eine Sammlung immer etwas über den Sammler erzählte – dass sie wie ein allsehender Spiegel war. Wahles Platten erzählten Salsburg eine verwirrende, geradezu empörende Geschichte. »Der beste Teil der Sammlung scheint sich Don Wahle zum Trotz angehäuft zu haben«, sagte er. »Ein Teil von mir sagt immer: ›Don, du bist wirklich ein alter Idiot‹. Es gibt nämlich Zeiten, da hatte er die Chance, irrsinnig tolle Platten zu bekommen, und hat sie vertan, weil er zu sehr damit beschäftigt war, etwas von Gene Autry aufzutreiben. Also gab es Momente, da habe ich ihn still verflucht, nur meines eigenen Geschmacks wegen«, sagte er. »Aber ich glaube, dass auch die Platten Erwähnung verdienen, die in ihrem Kontext wirklich merkwürdig waren. Viele davon sind wirklich schräg. Das tief provinzielle Streichkapellen-Zeug vom Ende der Zwanziger-, Anfang der Dreißigerjahre – da kam dieser Stil gerade völlig außer Mode. Da haben wir dieses Genre jetzt in seiner einzig wirklich kommerziellen Ausprägung – zumindest für ein paar Jahrzehnte, bis zum Folk-Revival, als es neu aufgenommen wurde oder in kleiner Auflage als LP wieder rauskam –, da werden diese lokal stark begrenzten Traditionen, Vortragsstile, Repertoires eingefangen. Vor dem Großangriff des industriellen Nashville-Sounds, der allem so viele Ecken und Kanten abgeschliffen hat. Diese Platten sind oft selten, weil es jenseits einer eingeschworenen Gemeinde kaum Nachfrage gab; auf dem Markt jedenfalls nicht. Und das sind die aufregendsten Stücke dieser Sammlung.« Es handelt sich um eben jene, von denen Salsburg glaubt, Wahle habe sie aus Versehen erworben, als Teil einer unsortierten großen Ladung oder auf anderen zufälligen Wegen.

Wir sprachen weiter über die verschiedenen Risiken des Sammelns: Was es mit einem macht, dass ein Mensch so enden kann wie Wahle. Wie die Gier sich, wenn man falsch mit ihr umgeht, als Form der Egomanie äußern kann, als besitzergreifender Machismo. »Na ja, es geht immer um das Territorium, oder? Als Sammler hat man die Kontrolle über den ganzen Werkkorpus«, sagte er. »Das kommt mir sehr männlich vor.«

Seltsamerweise hatte ich über das Sammeln als expliziten Ausdruck eines Kontrollbedürfnisses noch nicht nachgedacht. Dabei stimmte es: Generell mochten Sammler großzügig sein, was die

Ausleihe oder Digitalisierung ihres Bestandes anging, aber über das Wann, Wie und Warum und Überhaupt entschieden sie selbst. Alle außer ihnen waren auf Vermittler oder Zwischenhändler angewiesen, auf ein Label, ein Archiv. Sammler verfügten nicht nur über das Privileg des Direktzugangs, sie konnten sich auch die schwindelerregende Erfahrung skrupelloser Entdeckerfreude gönnen, wenn sie ihr privates Fähnchen in ein exklusives Stück Schellack rammten. »Das ist ein bestimmter Persönlichkeitstyp, der auf die Vermittlung verzichten möchte«, sagte Salsburg. »Sie wollen diejenigen sein, die die Entdeckung machen. Sehen Sie sich die Leute an – die Dudes –, die nach der Nordwestpassage gesucht haben, oder Kolumbus oder sonstwen.«

Nach dem Abendessen gingen wir mit Salsburgs Hund Ruby, einem Redbone Coonhound, auf einen langen Spaziergang durch sein Viertel. Salsburg war wirklich überzeugt, dass Wahles Platten auf irgendeine Weise unter die Leute gebracht gehörten – sei es durch die Herausgabe von *Work Hard, Play Hard, Pray Hard* oder durch Verkauf oder Verleih an Interessierte. Ich warf tadelnd ein, ein echter Sammler würde so etwas nicht vertreten: einen so lässigen und durchlässigen Umgang mit dem Eigentumsbegriff. Er lachte. »Ich bin kein echter 78er-Sammler. Das ist es ja. Sammler sind, was den kuratorischen Aspekt ihrer Sammlung angeht, sehr speziell. Aber um das Kuratieren geht es hier nicht. Don war kein Kurator. Er hat diese Platten einfach gefunden und eingelagert. Mir persönlich kommt das Ganze wie Erbmasse vor.« Er zuckte mit den Achseln. »Ich bin da nicht besonders besitzergreifend.«

Aber einen Hauch befriedigend war es schon, Wahles Lebenswerk blitzkurz Anerkennung zu verleihen, vor allem da es so knapp vor der nackten Auslöschung gestanden hatte. Salsburg gab zu, dass es sich schön anfühlte. »Zu sagen: ›Na gut, du irrer alter Knacker. Pass auf. Du hast ein Vermächtnis. Du hast dein Vermächtnis.«

Am folgenden Tag traf ich mich mit Salsburg bei ihm zu Hause, zu einem späten Frühstück aus Rührei mit Kohl, und dann fuhr er mich zu einer der bekannten Wohnorte Wahles in Louisville, der sich aus den Umschlägen an ihn gerichteter Briefe erschlossen hatte. Es ging vorbei an ein paar Etablissements für Gentlemen mit verdunkelten Fenstern (ALLE STELLUNGEN FREI!) und ein paar Vorstadt-Einkaufszentren, an Fastfood-Läden und dem Magic Sparkle Car Wash. Das erste Haus an der Keller Avenue, nur ein paar Meter vom Interstate 65, war abgerissen worden, wahrscheinlich, um für eine Flughafenerweiterung Platz zu schaffen; als wir an dem mit Gras überwucherten Baugrundstück vorbeifuhren, erwartete ich fast, ein paar 78er aus dem Matsch ragen zu sehen wie kleine schwarze Krokusblüten aus dem Schnee. Die Fenster des zweiten Hauses – in dem Wahle gelebt hatte, als er starb – waren noch immer mit Sperrholz vernagelt; wir parkten und stiegen aus. Ein zweigeschossiges Rotklinkerhaus mit weißen Fensterläden. Auf einer Veranda aus Beton standen seltsam verloren ein paar spillerige Säulen. Salsburg war still.

Ich stocherte mit den Stiefelspitzen im Schlamm von Wahles Vorgarten herum – ich war verunsichert, nervös, als müsste ich aus Wahles Verandalampen-Geschmack (massenproduziertes Mittelmaß) etwas über ihn herauslesen. Mein Scheitern an der Aufgabe, erhellende neue Schlüsse zu ziehen, schien mir eine tiefere Krise meines Reporterinnenlebens anzukündigen. Ich wollte einen losen Ziegel der Grundmauer wegkicken und dahinter plötzlich ein verschollenes Tagebuch entdecken, einen Stapel Liebesbriefe, eine Absichtserklärung, ein Indiz, das ich im Triumphzug ins Labor bringen konnte. Was hatte es zu bedeuten, dass Wahles Platten einfach weggeworfen worden waren? Was hatten sie ihm bedeutet? Welchen Trost hatte er aus ihnen gezogen? Stattdessen schritten wir die Grenzen des Grundstücks ab. Ein Hund bellte. Es war kalt. Ich sagte Salsburg, ich hätte genug gesehen.

ZWÖLF

Aber ein anderer Teil von mir findet es irgendwie widerlich

Jonathan Ward und Excavated Shellac,
Victrola Favorites, Über das Kuratieren, Ian Nagoski,
Richard Weize und Bear Family Records, Elijah Wald,
The King of the Delta Blues Singers, »*Sie blicken auf die*
Welt und finden sie unerträglich«

Work Hard, Play Hard, Pray Hard erschien im Herbst 2012 und wurde von der Kritik gefeiert. Das National Public Radio nannte die Sammlung »beispielhaft«; die *New York Times* nannte sie eine der besten des Jahres. Salsburg hatte mich - neben Sarah Bryan und John Jeremiah Sullivan - gebeten, zum Begleittext einen kurzen Essay beizutragen, und ich hatte nur zu gern über die belebenden Arbeitslieder geschrieben, die er aus Wahles Sammlung gezogen und aufgenommen hatte. Salsburgs Begleittext wurde Ende 2013 für einen Grammy nominiert.

Seit der *Anthology* waren Sammlungen aus dem Bestand von 78er-Sammlern nicht gerade selten gewesen - der Ausstoß von Richard Nevins und dem inzwischen verstorbenen Nick Perls bei Yazoo war beträchtlich, genau wie der des Sammlers Chris Strachwitz, der Arhoolie Records leitete, Marshall Wyatt (Old

Hat Records) und anderen –, aber Ende 2012 erlebte Musik, die man gern »authentisch« nennt (oft als Synonym für »alt« oder »provinziell«) eine rätselhafte, aber heftige Renaissance. Eine jüngere Generation von Sammlern und Produzenten – Salsburg, Ian Nagoski, Jonathan Ward, Robert Mills und Frank Fairfield, um nur ein paar zu nennen – produzierte für neuere Wiederveröffentlichungs-Labels wie Tompkins Square und Dust-to-Digital-Compilations aus bisher unbekanntem Material, nach Themen sortiert. Diese Produzenten hielten sich nicht unbedingt an die alten Regeln für den Aufbau und den Bestand einer Sammlung. Harry Smith wurde als Vorbild mal anerkannt, mal verworfen, und auch die Erwartungen an die Rolle der Sammler und die Aufgaben des Kuratierens wurden neu definiert.

Ende der Neunzigerjahre hängten die Sammler Robert Mills und Jeffrey Taylor in Seattle ein Kondensatormikrofon vor einen Victrola VV-210 »Lowboy«-Phonographen und fingen an, 78er aus ihren Sammlungen direkt auf Kassette aufzunehmen. Das Paar produzierte zehn Dreißig-Minuten-Tapes für sein Label Fire Breathing Turtle (alle längst vergriffen), und diese Kassetten wurden 2008 schließlich zur Grundlage eines Zwei-CD-Sets von Dust-to-Digital mit dem Titel *Victrola Favorites*. Die *Village Voice* sprach dem Set »ein verblüffendes Spektrum an Exotika, religiösen Gesängen und Kneipenschlägereien aus einem ebenso verblüffenden Spektrum von Ländern« zu, das Bemerkenswerteste an der Sammlung ist aber nicht unbedingt das Material (die zahlreiche CDs zählende Sammlung *The Secret Museum of Mankind*, die schon 1995 erschien, deckt musikalisch ein ähnliches Spektrum ab), sondern das Begleitbuch, eine 144-seitige Sammlung von Bildmaterial (Label, Werbeanzeigen, Plattenhüllen, Victrolas, Nadeldosen und mehr). Die einzelnen Stücke werden jenseits von Titel, Künstler, Herkunftsland und Erscheinungsjahr ohne diskografische Informationen präsentiert, und im Ganzen ist *Victrola Favorites* mehr ein Ritual der Geisterbeschwörung – der Beschwörung durch

Musik hervorgerufener Gedanken und Gefühle – als ein auf traditionelle Weise lehrreicher Text. Man wollte dem, was sich den Zuhörer:innen selbst erschließt, offenbar bewusst kein eigenes Narrativ überstülpen. Selbst die Bilder – zum Beispiel das Foto einer dunkelhaarigen Frau in einem langen weißen Kleid, die mit schlaff herabhängenden Armen in ein Mikrofon singt, offenbar in einer Fünfzigerjahre-Tiki-Bar – sind eher suggestiv als explizit didaktisch.

»Wir wussten von vornherein, dass es bei unserer Sammlung um die Hörerfahrung gehen sollte, um das Entdecken dieser alten Platten. Der historische Kontext war uns nicht so wichtig«, erklärte Mills mir später. »Für uns waren sie noch immer lebendige Wesen voller Potenzial, zu denen man den gleichen Zugang haben konnte wie zu einem neuen Song im Radio oder auf einem Konzert.« Bilder und Musik nannte er »zwei getrennte, aber gleichwertige« Narrative, und war überzeugt, es gebe für Sammler und Forscher in der Gestaltung ihrer Sammlungen eine ganze Reihe erfolgversprechender Wege. »Ich glaube, historische Narrative, ob es nun um Musik, Platten, Politik oder sonst etwas geht, müssen immer wieder neu hinterfragt und kontextualisiert werden«, erklärte Mills. »Und persönliche Narrative können sehr interessant sein und ebenso viel über den Gegenstand der Erzählung verraten wie über die Erzählenden.«

Die Original-Kassettensammlung habe die Menschen »berauscht und inspiriert«, sagte Mills. Ich finde sie hinreißend. Sie machte mir klar, dass es für Sammler viele Wege gab, alte Lieder an neue Ohren zu bringen.

»Wenn das Material immer bekannter und immer mehr als öffentlich zugänglich betrachtet wird, wollen alle ein Stück davon, das macht mir Sorgen«, erklärte Nathan Salsburg. Ich war wieder in Brooklyn; wir telefonierten und ich hatte ihn nach dem Wiederauflage-Boom gefragt. »Die Leute wollen das kuratieren. Weil der

Vorgang völlig demokratisch wirkt, wenn nicht gar anarchistisch: Das gehört uns, es gibt dieses nicht völlig abwegige Gefühl, das als unser kollektives Erbe zu betrachten. Da ist jetzt also jeder ein Kurator. Ich habe damit an sich kein Problem, aber für mich persönlich entsteht daraus ein gewisser Druck, dem Material gerecht zu werden und es nicht einfach als Vehikel für meine eigene Ästhetik zu benutzen oder meine, na ja, eigenen ulkigen Vorstellungen von Blues.«

Als ich ihn mit der Bitte piesackte, das Gefühl genauer zu definieren, sagte er, unter einem Kurator verstehe er »den Mittler zwischen den Beobachtenden und dem beobachteten Objekt«, was mir wie eine sehr menschenfreundliche Sicht auf einen komplexen Vorgang erschien. »Nach meinem Rollenverständnis muss man enthüllen, nicht verschleiern. Ganz grundsätzlich geht es um die Preisgabe einer Wahrheit. Nicht auf didaktische Weise – man knallt den Leuten kein ›Das ist Folk, so und nicht anders!‹ ins Gesicht.« Er unterbrach sich. »Das Zeug wird zu wenig gehört, es stammt von Menschen, die entweder zu wenig oder gar keine Sichtbarkeit haben und handelt von Lebensweisen, die entweder verschwunden sind oder von Kultur und Gesellschaft vernachlässigt wurden. Sie verdienen unseren Respekt – keine Romantisierung.«

In einer Zeit, in der unser Zugriff auf das Greifbare und »Authentische« schwach wirkt, ist der Drang, vergangene Kulturen zu romantisieren, besonders stark. Ich sagte Salsburg, dass es mir schwer vorkomme zu vermeiden, vor Nostalgie feuchte Augen oder fantastische Visionen zu bekommen. Alte Platten können so speziell sein und so aufregend – es ist nicht einfach, ihre Analyse und Präsentation dagegen abzudichten. Salsburg versuchte, sorgfältig Romantizismus und Enthusiasmus voneinander zu trennen. »Enthusiasmus, selbst in romantischer Form, kommt mir wie ein respektvoller Zugang vor«, sagte er. »Aber meinem inneren Romantiker traue ich nicht«, fügte er hinzu. »Wenn es um die Darstellung geht, finde ich all die überschwänglichen Behauptungen, die Songs seien Emanationen von etwas oder Sphärenmusik, nur noch dumm. Das ist albern – das geht zu weit. Aber ich würde nie einen Song oder so etwas in eine Sammlung aufnehmen, weil ich glaube, dass er der Erbauung dient. Zuerst einmal muss er gut sein.«

Manchmal sorgte er sich um seine eigenen Vorurteile, die Voreingenommenheit, die man mitbringt, einfach weil man als Mensch in der Welt lebt. »Ich verstehe Platten, Songtexte und Kontexte und Genres permanent falsch«, sagte er, »weil mein erster Zugang subjektiv ist und ich sie nicht wie ein Anthropologe oder Musikwissenschaftler in einem größeren historischen oder musikwissenschaftlichen Zusammenhang sehe. Aber das ist ja gerade der Spaß.«

Ich nickte. Ich wusste nicht mehr genau, ob man eine Geschichte überhaupt auf ehrliche Weise erzählen konnte.

Der Sammler Jonathan Ward unterhält eine Website namens *Excavated Shellac* – »ausgegrabener Schellack« – gewidmet »folkloristischen und mundartlichen 78rpm-Aufnahmen aus der ganzen Welt«. Ende 2011 wurde Ward von Dust-to-Digital gebeten, *Opika Pende: Africa at 78 rpm* zusammenzustellen, eine Vier-Disc-Sammlung mit einhundert nie zuvor neu herausgegebenen Aufnahmen aus der Zeit zwischen 1909 und den Sechzigerjahren. Als ich erfuhr, dass Ward aus dem heimatlichen Los Angeles nach New York kommen wollte, lud ich ihn in Brooklyn zum Abendessen ein. Ich interessierte mich mehr und mehr für Konzepte subjektiven Kuratierens: Wie ging das, welche Ziele konnte oder sollte es erreichen, was hatte es vielleicht schon angerichtet?

Ward war klug und wortgewandt, trug eine eckige Brille und hatte Spuren von Grau an den Schläfen. Excavated Shellac wird ein paarmal im Monat aktualisiert, dann postet Ward eine überspielte »ethnische« Platte, die sonst normalerweise nirgends zu finden ist. »Weltmusik«, *Ethnic records*, nennen Sammler die meisten

Platten aus dem Ausland. Ward dagegen gefiel die Bezeichnung nicht. »*Ethnic records*‹ ist ein komplexer Begriff, der in den Müll gehört, meiner Meinung nach. ›*Ethnic records*‹ - also bitte! So ein Unsinn«, sagte er. Die MP3, die er postete, war meistens von einem kurzen Essay begleitet, in dem Ward ein wenig historischen oder musikalischen Kontext lieferte und dann kurz darüber schrieb, warum sie ihm gefiel. Der Aspekt des Teilens - Besucher:innen konnten die MP3 downloaden und damit ihrer Wege gehen - war für das ganze Unternehmen zentral. Wie Ward auf seiner »About«-Seite schrieb: »Plattensammler sind Exzentriker. Mir gefällt nicht einmal der Ausdruck ›Plattensammler‹. Sammler sind so oft parodiert worden. Zu Recht, wie ich anmerken sollte. Aber ich würde es als Sammler allein nicht mit mir aushalten, ohne wenigstens einen Menschen, mit dem ich Sounds teilen kann. Dieser Blog ist also meinen Freunden gewidmet, und Dir, Fremder.«

Was seine beschränkte Rolle bei der Verbreitung alter Klänge anging, war Ward unerbittlich. »Die Aufmerksamkeit sollte immer auf der Forschung und der Musik liegen und nicht auf dem Sammler und seiner Persönlichkeit«, sagte er. »Ich brauche das wirklich nicht. Die ganze Story steckt in den Rillen. Nicht in den Kellern. Ich glaube, mein Name taucht auf der ganzen Website nicht auf. Ich bin ›JW‹. Mein Name kommt nicht vor, weil ein Teil von mir glaubt, dass man sich immer weiter von der Musik entfernt, je mehr man den Sammler zum Gott erhebt«, fuhr er fort. »Und Sammler sind auf Aufmerksamkeit versessen. Das kann ich verstehen. Es ist großartig, wenn man jemanden findet, der sagt: ›Wow, du stehst auch auf diese Sache?‹ Das ist toll. Aber ein anderer Teil von mir findet es irgendwie widerlich.«

Wir aßen Spinatsalat und Tomatensuppe, während ich mich nach den Ursprüngen von Wards Sammlung erkundigte. Er war auf Martha's Vineyard aufgewachsen. »Ich war ein hyperaktives Kind, und meine Eltern fanden: ›Wir müssen den Jungen beschäftigen.‹ Und meine Mutter sagte: ›Du könntest doch etwas sammeln.‹ Ich war drei oder vier, höchstens fünf. Also sagte ich: ›Was denn?‹ Und sie sagte ›Kronkorken‹. Und ich sagte ›Gute Idee.‹ Ich sehe mich noch, wie ich als Kind in meiner kleinen Winterjacke Kronkorken aus dem Rinnstein klaube und mir in die kleine Jackentasche stecke. Anderthalb Jahre habe ich das gemacht – einfach jeden Kronkorken gesammelt, den ich finden konnte.« Schließlich war Ward über die alten Beatles-LPs seiner Mutter bei Schallplatten gelandet, dann kam Captain Beefheart, und dann, Anfang der Neunziger, fing er schließlich an, auf Flohmärkten 78er zu kaufen.

»Ich bin zu Records Revisited [dem heute geschlossenen New Yorker Plattenladen] und habe nach dem allerseltensten Blues gefragt. ›Also, haben Sie was von ...?‹ Ich muss vierundzwanzig gewesen sein oder so. Und der Typ sagt so: ›Heute nicht!‹ Und dann habe ich schnell gemerkt, wie aberwitzig meine Nachfrage war«, lachte er. »Aber der Typ war ganz nett, und so lernt man. Man lernt aus seinen Fehlern, ganz von allein, und ich bin froh, dass ich es so gemacht habe, anstatt die achtundneunzig anderen Sammler zu fragen, was man zu mögen habe und was nicht. Das ist einer der Gründe, dass ich auf meinem heutigen Gebiet sammle – weil mir niemand sagt, was gut ist und was nicht«, sagte er. Das Territorium der »Weltmusik« war noch nicht vermessen und bewertet wie das der seltenen Blues-78er. Es gab keine etablierte Hierarchie, keine Gewichtung.

In unserem Gespräch gestand Ward ganz offen, er sei überzeugt, gewisse visionäre Vorstellungen hätten gewisse Narrative über die US-amerikanische Musik bestimmt – besonders die Kodifizierung des Blues als rarstes, begehrenswertestes Genre, zum Teil über die Gruppe Menschen, die davon angezogen waren, und das, was sie darin hörten. »Ach, auf der ganzen Welt gibt es Musik, die genauso rar ist«, sagte Ward. »Ich will nicht ›noch rarer‹ sagen, weil diese [Blues-]Platten unglaublich sind, sehr rar, und ein hochinteressantes Stück amerikanischen Volksguts aus einer sehr begrenzten Zeit darstellen. Aber das gibt es auch in vielen anderen Regionen. Nur: Begeistert es auch weiße Dudes?«

Das war die Subjektivität, die Salsburg skeptisch gemacht hatte, und die Frage kam mir entscheidend vor. Wenn wir das Sammeln von 78ern als außergewöhnlich folgenreichen Akt der Parteinahme begreifen – die Musik der Schellack-Ära, die gesammelt wird, ist unweigerlich auch die, die erhalten bleibt –, dann vermengen wir möglicherweise ebenso unweigerlich private mit objektiven Narrativen. Die Musik, über die wir verfügen und die wir am besten kennen, könnte in der Auswahl das Ergebnis der manchmal auch aberrierenden Visionen einiger Weniger sein.

In seinem Buch *Vom Mississippi zum Mainstream: Robert Johnson und die Erfindung des Blues* nimmt der Musiker und Autor Elijah Wald sich den ganzen »romantischen Unsinn« vor, mit dem von Sammlern und Fans über den Blues geschrieben wurde: »Als die weißen Städter die *race records* der 1920er und 1930er Jahre für sich entdeckten, machten sie sich diese Musik nach ihrem Geschmack und ihren Wünschen zurecht und schufen dabei eine üppig wuchernde Mythologie, die oft kaum etwas mit den von ihnen bewunderten Musikern zu tun hatte«, schreibt Wald. Eine grandiose Wahnvorstellung, die von der Blues-Mafia vielleicht verfestigt wurde, deren Ursprünge aber weiter zurückreichen. Wald betont, es sei nicht unwahrscheinlich, dass sie »von Anfang an zur Legende des Blues dazu [gehörte], als bunt schillerndes Bild, mit dem ein neuer Musikstil vermarktet wurde«. Die Konzentration der Sammler auf das Außenseitertum zeitigte trotzdem seltsame Folgen. »Da sie Unbekanntheit zu einer Tugend an sich erhoben, stellten sie die ursprüngliche Hierarchie der Bluesstars praktisch auf den Kopf: Je mehr Platten ein Künstler 1928 verkauft hatte, desto weniger galt er im Jahr 1958«, erklärte Wald.

Im Sommer zuvor war ich besonders in eine neue Sammlung versunken gewesen, die bei Tompkins Square erschienen war, *To What Strange Place: The Music of the Ottoman-American*

Diaspora, 1916–1929 hieß und die Werke von Musikern aus Anatolien, dem östlichen Mittelmeerraum und der Levante versammelte, die in den USA gelebt und zwischen Erstem Weltkrieg und Weltwirtschaftskrise in New York 78er aufgenommen hatten. Herausgegeben hatte sie ein damals fünfunddreißigjähriger Sammler und Autor namens Ian Nagoski, der in Baltimore auf eine Kiste mit dem Material gestoßen war und sie für fünf Dollar gekauft hatte. Nagoski und ich hatten ein paar E-Mails gewechselt; er hatte gewichtige und überzeugende Ansichten dazu, warum Menschen seltene Platten sammelten und welche Folgen diese Impulse bargen.

Nagoski kannte Walds Theorien und stimmte der Grundthese des Buches zu. »Skip James ist nicht der typische Vertreter des Vorkriegs-Blues. Das ist Barbecue Bob. Barbecue Bob und Tampa Red haben sich verkauft wie blöd«, sagte Nagoski, als ich ihn endlich am Telefon hatte. »Skip James war ein Spinner. Ein Freak. Er passt nicht wirklich dazu, und dass er im Blues-Kanon eine so große Rolle spielt, hängt damit zusammen, dass der Blues-Kanon von weißen Männern stammt.«

Eine weitere Gefahr eines von Sammlern manipulierten Kanons – ob zufällig oder absichtlich – ist, dass massenweise Material unterschlagen wird, entweder weil es nicht dem persönlichen Geschmack eines Sammlers entsprach oder es keinen Platz und keine Zeit dafür gab, es ordentlich zu sichten. »Als ich ernsthaft mit dem Sammeln anfing, Kontakt mit anderen 78er-Sammlern aufnahm und sie besuchen ging, haben sie diesen Jungen reinkommen sehen, und ich habe gefragt: ›Haben Sie was zu verkaufen?‹ Und sie haben gesagt: ›Yeah, die da drüben alle. Das sind die Aussortierten aus dem großen Ankauf in New Jersey oder New York. Da kannst du gucken, ob du etwas haben willst‹«, erklärte er. »Also habe ich sie durchgesehen, und der Haufen war voller Gospelmusik. Unglaublich tolle Jubilee Quartets und Prediger und so weiter. [Ältere Sammler] waren null daran interessiert, weil das nicht in ihre Vision von dieser quasi demokratischen, erdigen, rohen Folk Music passte. Das war zu mittelschichtig, oder zu aufstrebend mittelschichtig.«

Auslassungen dieser Art waren unvermeidlich: Das Sammeln ist ein Hobby, keine Pflicht. »Jeder macht den Sechzehn-Sekunden-Test, wo man die Nadel auflegt, sich die erste Strophe anhört und sagt: Okay, ich verstehe, wo das hinwill. Das muss ich in meinem Leben nicht haben«, sagte Nagoski. »Jeder hat seinen gefestigten Geschmack. Und das Leben ist kurz, man kann sich nicht alles anhören.«

Ich beschloss, runter nach Frostburg, Maryland, zu fahren – ein kleiner Ort in den Bergen, ungefähr zweieinhalb Stunden westlich von Baltimore, in den kleinen Streifen Maryland zwischen West Virginia und Pennsylvania geklemmt – Ian Nagoski war vor Kurzem dort hingezogen. Ich hatte mir ein Zimmer in einem gewissen Failinger's Hotel Gunter gebucht, das Neujahr 1897 eröffnet worden war und eine komplexe und dazu noch verblüffende Geschichte hatte, die auf der Website in einem langen Absatz ausgebreitet wurde. (»Auch der Keller des Hotels hatte seinen ganz eigenen Nutzen, unter anderem als Gefängnis und als Kampfhahn-Arena.«) Ich fand Zimmerpreis (fünfundsiebzig Dollar die Nacht) und Werbeslogan (»Etwas Vergleichbares gibt es nirgends«) unwiderstehlich. Bei meiner Ankunft schien das Gebäude vor allem von Puppen und ausgestopften Tieren bevölkert zu sein. Im Keller gab es ein Schaufensterpuppen-Museum, neben einem maßstabgetreuen Modell eines Bergwerks und einem riesigen Diorama, das unter anderem einen Fuchs beherbergte, der gerade ein Eichhörnchen ganz verschlang. Auf dem Weg in mein Zimmer konnte ich mich nicht davon abhalten, zwei Teddybären zu fotografieren, die an einem gedeckten kleinen Teetisch saßen und die Tässchen an die Mäuler hoben. Diese Art Vibe ...

Am Nachmittag begrüßte Nagoski mich an der Tür, und nach einem Lunch aus Oliven und Käse an seinem Küchentisch gingen wir um die Ecke und holten uns in einem kleinen Laden ein paar Bier. Als wir unser Sixpack bezahlt hatten, sagte Nagoski, die Kassiererin würde später bestimmt nach mir fragen. »Die Stadt ist klein«, sagte er.

Nagoski hatte weiches braunes Haar, das ihm gerade bis über die Ohren fiel, einen fusseligen Bart und freundliche blaue Augen. Sein Schallplattenzimmer im Obergeschoss war auf schöne Weise rumpelig: Es gab volle und leere Pappkartons, gestapelte Pennys, rollenweise Paketklebeband, ein paar Zahnbürsten, Bücherstapel und überall 78er und LPs. Im Unterschied zu den Musikzimmern anderer Sammler, die ich besucht hatte, war das von Nagoski weniger anspruchsvoll. Es sah mehr wie das Büro eines zerstreuten Professors aus.

Eine der Fragen, die Nagoski und ich am Telefon besprochen hatten, war, warum Menschen im Allgemeinen sammelten und warum 78er im Besonderen. Er hatte schon gründlich darüber nachgedacht. »Es gibt Menschen, die einfach sehr gut im Plattenhören sind. Das ist eine echte Begabung.« Er zuckte die Achseln. »Wenn man einen bestimmten Wissensstand erreicht und davon etwas weitergeben kann, ist das sehr aufregend und wunderschön.« Für Nagoski waren Verständnis und Präsentation des Materials ebenso wichtig wie die Beschaffung. »Bei 78er-Sammlern sehe ich das immer wieder - sie wollen vor Menschen, die Neugier zeigen, unbedingt zum Ausdruck bringen, wie toll die ganze Sache ist. In der Generation ›Ghost World‹ von [Terry] Zwigoff und [Robert] Crumb und unzähligen anderen sind das eindeutig die Typen, die im Freudschen Sinne das Unbehagen an der Kultur verkörpern. Sie blicken auf die Welt und finden sie unerträglich. Die Welt ist krank. Aber es gibt da diese eine Sache, die bekräftigt, dass eine Schönheit in ihr liegt. Nur ist sie leider vergessen oder verloren oder von der Alltagswirklichkeit abgetrennt worden. Aber wenn man sie wieder zusammenbauen könnte, dann könnte man diese untergegangene Welt wieder errichten, dieses einstmals lebenswerte

Leben, und selbst so leben, und dann wäre es okay für einen, oder wenigstens erträglich.«

Aus dieser gemeinsam erlebten Schönheit ließ sich manchmal erstaunlich viel Kraft ziehen. In *Vom Mississippi zum Mainstream* legt Wald in einem Kapitel mit dem Titel »Der Blueskult« dar, für die meisten modernen Hörer:innen seien »die Geschichte, die Ästhetik und der Sound des Blues insgesamt von den [Rolling] Stones und einer Handvoll ihrer weißen, vorwiegend englischen Zeitgenossen kreiert.« Aber die Stones und ihresgleichen ließen sich von den Sammlungen wiederveröffentlichter Musik inspirieren, konzipiert, produziert und mit Material versorgt von 78er-Sammlern – den Vorgängern von Salsburg, Ward, Millis und Nagoski.

Anfang der Sechzigerjahre, als die Blues-Mafia sich durchgesetzt und man genug 78er geprüft und beiseitegeschafft hatte, begann man mit der Edition von Sammlungen auf Langspielplatten. Im Jahr 1960 brachte Pete Whelan mit seinem Label Origin Jazz Library als Erster Charley Patton neu heraus; die Platten stammten vor allem aus Whelans Sammlung, mit zusätzlichen Beiträgen von Bernie Klatzko. Ein Jahr zuvor hatte der Autor Samuel Charters für Folkways ein Album mit dem Titel *The Country Blues* zusammengestellt, als Begleitmaterial zu seinem Buch gleichen Titels. Es wurde eine Art Leitfaden für das Folk-Revival, wie die *Anthology*, nur dass hier auch Verkaufsschlager von Leroy Carr und Lonnie Johnson enthalten waren, und so war die Sammlung den meisten 78er-Sammlern zu kommerziell. Kurz nach Erscheinen reagierte Whelan mit einer LP mit dem Titel *Really! The Country Blues*, die abseitigere *bluesmen* wie Henry Thomas, Son House und Skip James vorstellte. (So wie auch Patton war James nie wieder herausgegeben worden, bevor Whelan auf die Idee kam.)

Dann, im Jahr 1961, erschien bei Columbia *King of the Delta Blues Singers*, eine Mono-Sammlung aus sechzehn Stücken von Robert Johnson. Damit gab es diese Songs zum ersten Mal jenseits der originalen Schellack-Ausgabe. Es war der Produzent dieser Sammlung, der die Columbia-Manager schließlich von der Bedeutung der Musik überzeugt hatte, der Sammler, Kritiker und Talentscout John Hammond, der eben Bob Dylan unter Vertrag genommen hatte und später auch Leonard Cohen und Bruce Springsteen an das Label binden würde. Wald zufolge besaß Hammond »die Gabe, mit seiner leidenschaftlichen Begeisterung für die Musik, die ihm gefiel, andere anzustecken.« Hammond hatte sich schon jahrzehntelang für Johnson interessiert. Er hatte ihn sogar zu einem Auftritt bei einem Ende 1938 von ihm veranstalteten Konzert in der Carnegie Hall überreden wollen, aber erfahren müssen, dass Johnson im August jenes Jahres verstorben war. (Es war ein von besonders präzisen Vorahnungen getriebener Schachzug von Hammond, stattdessen einen Phonographen auf die Bühne zu rollen und dem Publikum zwei 78er von Johnson vorzuspielen – schon damit war Johnson ephemer; seine Musik war erhaben, geheiligt, faszinierend und einzigartig.)

Weil niemand wusste, wie Robert Johnson aussah (was auch so bleiben sollte, bis man Anfang der Siebziger ein briefmarkengroßes Foto entdeckte), schmückte das Cover von *King of the Delta Blues Singers* ein namenloser Schwarzer in Farmkleidung, auf einem Stuhl über eine Gitarre gebeugt. Die meisten Tracks entstammten Hammonds eigener Sammlung oder kamen aus den Regalen des Sammlers Frank Driggs (eines Kollegen bei der Columbia), mit Ausnahme von »When You Got a Good Friend«, »If I Had Possession Over Judgment Day« und dem »Traveling Riverside Blues«, die noch nie veröffentlicht worden waren und von erhaltenen Metall-Mastern abgenommen wurden.

Vor allem die Johnson-Sammlung machte Wirbel. Eric Clapton verlor beim Anhören völlig die Fassung: »Dass es etwas mit so viel Power geben konnte, war wie ein Schock für mich ... Zuerst war es fast zu schmerzhaft, aber nach ungefähr sechs Monaten fing ich dann an, zuzuhören, und dann hörte ich nichts anderes mehr«, schrieb Clapton im Jahr 1990. Keith Richards drehte ähnlich heftig frei: »Was ich da zu Ohren bekam, haute mich völlig um. Er trieb das Gitarrespiel, das Songwriting und den Vortrag an sich auf vollkommen neue Höhen«, erklärte er 2010 in seiner Autobiografie *Life*. Im Jahr 1990 würde die Columbia eine weitere Sammlung herausbringen, diesmal unter dem Titel *Robert Johnson: The Complete Recordings* auf zwei Compact Discs. Sie enthielten alles, was von Johnson damals verfügbar war; über eine Million Exemplare wurden verkauft.

Die Steigbügelhalter-Rolle des Blues für die Entwicklung des Rock 'n' Roll war eine Zeit lang das zentrale Narrativ des Genres. Es muss die Sammler erzürnt haben, eine so vitale und in sich geschlossene Musik zum Vorläufer degradiert zu sehen. Rockfans begannen plötzlich, sich für Wiederveröffentlichungen zu interessieren, die früher ausschließlich für 78er-Sammler gedacht gewesen waren. »Bei Anbruch des Jahres 1970 klaute Led Zeppelin einfach ganze Songs, mit allem Drum und Dran, und spielte sie als Rock. Also mussten die Fans - und die hatten wirklich Hardcore-Fans - an das Urmaterial ran, und das gab es in diesen Wiederveröffentlichungen«, erläuterte Nagoski. »Und so wurden diese Wiederveröffentlichungen zum Urtext der Bibel: ›Woher kommt der Rock 'n' Roll? Woher beziehen unsere Rock 'n' Roll-Helden ihr Material?‹«, sagte er. »Dann kommen die Interviews mit Keith Richards, wo er über Robert Johnson spricht, den Mythos vom Scheideweg und das ganze Zeug. Und schon hat man Massen von Fans, die glauben, das ganze Zeug kommt aus dem Delta, wie aus dem leeren Raum. Davor gab es nichts, vor dieser ältesten, seltsamsten Musik, die man sich denken kann.«

Bei Sonnenuntergang spazierten wir ins Dante's, Nagoskis Stammkneipe, setzten uns ganz hinten an einen Tisch und bestellten Sandwiches und noch mehr Bier. Nagoski war noch jung - er war gerade siebenunddreißig geworden -, besaß aber ein feines Gefühl dafür, wie die Sammlerwelt funktionierte, für die ganze soziale Mechanik des Spiels. Ja, Sammler wollten die

Früchte ihres Schaffens mit der Welt teilen und sich selbst dabei Anerkennung und Einfluss sichern, aber sie wollten ihre Entdeckungen auch untereinander teilen.

»Das sind Treffen von Mackern, deren Beziehungen zueinander über Objekte laufen«, lachte er. »Eine ganz offensichtliche Erscheinungsform der Mackerkultur, wo die Typen zusammenkommen und nicht über ihr Leben reden, wenn sie es vermeiden können, sondern über den Motor ihres Autos oder was ihnen als Gesprächsthema auch immer zugänglich ist. Und über den ästhetischen Umweg dieser Themen können sie eine Beziehung zueinander aufnehmen und bekommen ein Gefühl dafür, wie vertrauenswürdig jemand ist und ob man sich ihm wirklich öffnen kann«, fuhr er fort. »Damit gleichen sie all die Fähigkeiten aus, die Männer in der Adoleszenz entwickelt haben sollten und vielleicht nicht entwickelt haben, und das kompensiert man dann anders – zum Beispiel mit überlegener Spezialisierung auf ein abseitiges Gebiet. Science-Fiction-Nerds, Baseballkarten-Sammler, Autoschrauber. Die von ihrer Stereoanlage erzählen und erst Monate später von ihrer Ehe. Aber wenn man gemeinsam eine ästhetische Erfahrung mit einer speziellen Art Lautsprecher teilt, kann das die Basis für eine lebenslängliche, sehr sehr tiefe Männerfreundschaft werden.«

Ich bin kein Mann, aber als ich wieder ins Hotel Gunter torkelte – nach dem Besuch im Dante's hatten wir noch eine Plattensession absolviert, gekrönt von ein paar Umdrehungen der berüchtigten Lachplatte von Okeh, einer 1922 aufgenommenen 78er, auf der ein Mann und eine Frau zu hören sind, die zu Beerdigungsmusik wie irre lachen –, war mir fast die ganze Welt zum Freund geworden. Ich nahm meinen Platz unter den Puppen und anderen Hinterlassenschaften in meinem Schlafzimmer ein, Artefakten, die in einer neuen Welt ausharrten.

Chris King hatte mich Richard Weize vorgestellt, dem Eigentümer des deutschen Wiederveröffentlichungslabels Bear Family

Records. King hatte die Abmischung diverser Bear Familiy-Veröffentlichungen verantwortet, darunter 2011 *The Bristol Sessions 1927-1928: The Big Bang of Country Music* mit allen Tracks der berühmten Aufnahmesessions von Victor Records in Bristol, Tennessee. (Diese Sessions schenkten der Welt Jimmie Rodgers und die Carter Family; King brachten sie eine weitere Grammy-Nominierung in der Kategorie Best Historical Album ein.) King hatte den Kontakt via E-Mail hergestellt. Bret und ich wollten von Berlin nach Amsterdam reisen und in Bremen Station machen, von wo aus es bis zum Hauptquartier der Bear Family nicht mehr weit war. »Ja, von Bremen sind es etwas über vierzig Kilometer«, schrieb Weize. »Am besten kommen Sie her und sehen sich alles selbst an.« Ich nahm seine Einladung, bei ihm auf dem Bauernhof zu übernachten, an.

Weize hatte Bear Family 1975 gegründet und es (zu Recht) »ein Label für Sammler« genannt. Die Firma hat zahlreiche Einzel-CDs herausgegeben, meistens einem spezifischen Künstler oder einer Künstlerin gewidmet, aber am bekanntesten ist sie für aufwändige Sets im Schuber, nicht billig, dafür aber furchterregend umfänglich: 2005 erschien ein Set aus sieben CDs mit 195 verschiedenen Versionen von »Lili Marleen« aus dem Jahr 1915 (die berühmteste Aufnahme stammt von Lale Andersen aus dem Jahr 1939). Weizes Ware ist nichts für Amateure, aber er bedient seinen speziellen Kundenkreis mit besonderem Aplomb.

Bei Bear Family erscheinen viel Rockabilly, Bluegrass, Folk, Weltmusik, Pop, Oldies und Blues, aber Weizes eigentlicher Fokus lag immer auf Country und Western. Obwohl er selbst Tausende von 78ern besitzt, arbeitet er ständig mit US-amerikanischen Sammlern zusammen, die ihm bei der Quellenforschung und den Begleittexten helfen. Ich wollte erfahren, wie die US-Vorkriegsmusik global gelesen wurde und wie ein deutsches Raritäten-Label so sehr zum Inbegriff für die Verbreitung ländlicher amerikanischer Musik hatte werden können.

In der Abenddämmerung hielten Bret und ich in unserem gemieteten BMW vor dem Bauernhof von Bear Family. Nach Bremen war es gar nicht so weit, trotzdem war die Landschaft ländlich, und Weizes ausladenden Hof umgaben imposante alte Bäume und weite Acker. Die Sonne versank hinter dem Horizont, aber die holzgeschnitzte Bärenmama mit ihren Jungen, die die Eingangstür bedrängte, war noch klar zu erkennen.

Weize öffnete in einer Jeans-Latzhose und einem Holzfällerhemd. Die zotteligen grauen Haare hatte er zu einem Pferdeschwanz gebunden, sein Bart war voll, die Brille klein und rund. Weize und seine Gattin Birgit baten uns höflich herein, und nach dem Abendessen aus Kartoffelauflauf und Würstchen bot Weize mir eine Führung durch seine 78er-Sammlung in einer an das Haupthaus angrenzenden Scheune an. Sich alles anzusehen, dauerte seine Zeit. Er verfügte über eine unglaubliche Masse an Tonträgern; LPs, CDs, Tonbänder und 78er, alle auf metallverstärkten Holzregalen. Wie viele Platten er genau besaß, konnte Weize nicht sagen, aber das schien ihn nicht besonders zu kümmern. Die Scheune wirkte gigantisch. Große Teile seiner Sammlung hatte Weize en gros gekauft oder ersteigert, und ein einziger Mensch könnte sich im Leben nicht einmal die Hälfte davon anhören. All diese Platten in einer stillen Ecke Deutschlands in einer Scheune zu sehen, die meisten Tausende von Meilen von dem Ort entfernt, an dem sie erdacht und aufgenommen worden waren, war seltsam und überwältigend.

Weize, Jahrgang 1945, hatte sich schon immer für US-amerikanische Musik interessiert. »In Deutschland interessierten sich alle für amerikanische Musik«, sagte er. »Meine erste Platte habe ich 1956 gekauft. Das war *Rock around the Clock* von Bill Haley, und da hatte es mich erwischt, richtig heftig. Damals waren Platten eine Kostbarkeit, nicht so wie heute, wo man Musik überall kriegen kann.« Weizes Englisch hat einen hochnotpeinlichen deutschen Akzent, aber die Stimme hat dabei etwas Barsches, Unbehauenes, das ihr einen seltsam melodischen Klang verleiht, selbst wenn er jemanden »*a stupid idiot*« nennt. (Und das tut er oft.)

Schließlich ließen wir uns in seinem Büro nieder, einem höhlenartigen Raum voller Bücher und Antiquitäten, viele davon mit Bezug zu Bären. Auf einem Aktenschrank lag eine Stetson-Hutschachtel. Ich nahm auf einem gelben Vinyl-Sessel mit dem Markenzeichen von RCA Victrola Platz. »Ich arbeite mit Sammlern, aber mehr auf professioneller Ebene – ich suche nicht aus eigenem Antrieb nach Dingen«, sagte Weize. Ich versuchte, den Blick vom Bärenfellteppich rechts neben dem Schreibtisch abzuwenden – der Kopf war noch intakt, mit gebleckten Zähnen aus Plastik, das Maul grimmig aufgerissen. »Wenn ich zu jemandem hingehe und sage ›Ich bin Richard Weize von Bear Family‹, sind sie sehr offen. Aber die Platten sind für sie sehr kostbar«, setzte er hinzu. »Ich will mal sagen: Sammler haben eine Macke, egal was sie sammeln. Und wenn ein Sammler die Sache zu ernst nimmt, nicht mehr darüber lachen kann, es nicht lustig findet, wenn er nicht mehr merkt, dass er eine Macke hat, ist vielleicht die Zeit gekommen, ihn hinter Gitter zu bringen.«

Weize tat sich mit Sammlern zusammen, um an sein Ausgangsmaterial zu kommen – es ging nicht anders –, aber gleichzeitig waren sie seine schlimmsten Feinde. »Ich habe Sammler, die kommen und sagen: ›Bei deinem letzten Release, warum hast du das vergeigt?‹ Und als Perfektionist sinkt mir das Herz in die Hose«, räumte er ein. »Und ich sage: ›Was hab ich denn getan?‹ – ›Bei diesem einen Track, den hast du zwei Sekunden zu früh ausgeblendet!‹ Und ich sage: ›Na schönen Dank auch.‹ Diese Art Blödheit kann ich nicht haben. In Afrika sterben die Kinder, und wir verschwenden unsere Zeit sowieso schon mit Dummheiten, und dann soll ich meine Zeit auch noch mit sowas verschwenden?« Weize versuchte, das große Ganze nicht aus den Augen zu verlieren. »Ich lebe für diese Sache, fünfundzwanzig Stunden am Tag«, sagte er. »Aber es gibt auch noch ein anderes Leben. Birgit, die mag die Sammelei nicht, versteht überhaupt nichts davon, die macht, was sie will. Ich mache, was ich will, und wir kommen gut miteinander klar. Aber man darf nicht vergessen, das ist nicht der Mittelpunkt der Welt.«

Die Nacht verbrachten Bret und ich ruhig und friedlich unter einem gerahmten Micky-Maus-Poster. Am nächsten Morgen nahm Weize mich mit ins Büro von Bear Family, das sich ebenfalls auf seinem Grundstück befand. Dort bereiteten ein paar Angestellte Sets für den Versand vor. Ein beeindruckender Anblick: große CD-Boxen, aufgereiht auf Regalen, in Plastik verpackt, bereit zur Verschickung an jedweden Besteller.

In diesem Augenblick war ich vom Gewicht der konservatorischen Mission des Sammlers ganz überwältigt. So viel Musik vor mir zu sehen – von der so viel in kleinen US-amerikanischen Nestern aufgenommen worden war, von Künstlern, die nicht die leiseste Ahnung hatten, wen sie einmal damit erreichen würden –, die zur weltweiten Verbreitung verpackt wurde, gab mir ein Gefühl der Demut. Ich musste an Salsburg und Ward und Nagoski denken, an alle 78er-Sammler, die mir begegnet waren. Mag sein, dass sie diese Story unvollkommen geschrieben haben – voller verzerrender Narrative und fehlerhafter Rahmenwerte –, aber das Ausmaß, in dem sie nacherzählt werden, hätten sie unmöglich vorhersehen können.

DREIZEHN

Jetzt habt ihr mich bloß für einen Haufen LPs hierher gelockt!

Der Keller von Joe Bussard, Alexis Zoumbas,
»Original Stack O'Lee Blues«, Black Patti, Rührei,
»Vernon Stalefart«

Der höchste Gipfel von Afton Mountain in Virginia leuchtete mir als Treffpunkt ein – geradezu poetisch. Ein paar Wochen zuvor hatte Chris King mich von Charlottesville aus nach Frederick, Maryland, gefahren, um mir Joe Bussard vorzustellen, einen der bedeutendsten lebenden Sammler von Vorkriegs-78ern und bereits Gegenstand dutzender Reportagen und sogar eines kurzen Dokumentarfilms aus dem Jahr 2003, *Desperate Man Blues*. King konnte ein guter Verbindungsmann sein. Bussard, inzwischen siebenundsiebzigjährig, eilte der Ruf voraus, zu gleichen Teilen kapriziös und charmant zu sein: Er war politisch konservativ, beim Essen heikel, neigte zu Gackeranfällen, stand auf Pupswitze, war von den vergangenen sechzig Jahren US-amerikanischer Kultur völlig unbeeindruckt und nahm die Sache mit den Platten scheißernst. Auf einen Blick in seinen Keller hatten es viele Menschen abgesehen. Seine Bekanntschaft mit King ging fünfzehn Jahre zurück, und sie hatten King zufolge »sehr schnell Rapport« entwickelt. Teil davon war dieses bemerkenswerte Ereignis: Als King sechs oder sieben Jahre alt gewesen war, hatte Bussard bei seinen Eltern vorbeigeschaut und Les King das komplette 78er-Lager abgekauft. Zehntausend Platten in Whiskey-Kisten im Keller, die für zehn Cent die Platte an Bussard gegangen waren. »Ich kann mich deutlich erinnern«, sagte King. »Dad hatte Jelly Roll Morton oder die Skillet Lickers auf Columbia, neuwertig. Dad hatte heißen Scheiß, den noch nicht einmal der Herrgott zu Gesicht bekommen hatte.«

Bussard dann aber schon.

Der Ort für unser Rendezvous war Kings Idee gewesen. Damals klang es ganz praktisch: Ich würde mein Auto irgendwo abstellen müssen, damit wir zusammen weiterfahren konnten, und die geografische Lage von Afton passte - ganz in der Nähe des Interstate 64, der uns halb nach Frederick bringen würde. Aber dann kamen die Vorbehalte. Ein paar Tage vor meiner Abreise aus New York schrieb King: »Erst dachte ich, wir würden das Auto auf dem Gipfel von Mount Afton abstellen können, wo ein verlassenes Hotel langsam in sich zusammenfällt, aber dann fiel mir wieder ein, dass sich dort Horden von Menschen versammeln, zum Sightseeing auf Crack.« Ich glaubte nicht, dass sich jemand sehr dafür interessieren würde, meinen dreizehn Jahre alten Honda auszuschlachten - mit seinen von Kit-Kat-Einwickelpapier, Promo-CDs und alten Zeitungen bedeckten Sitzen -, und schließlich gab King nach und schickte mir die Wegbeschreibung. »Sie nehmen die 250 Richtung Westen, vor dem Gipfel gibt es links einen gigantischen Parkplatz ... Dorthin ziehen sich Hotels zum Sterben zurück. Ich werde um neun Uhr früh da sein.«

Ich war am Vortag nach Virginia gefahren und hatte bei Brets Eltern in der Nähe von Barboursville übernachtet. Am Morgen unseres Treffens wachte ich früh auf. Es war Mitte Februar, halb feucht, halb kalt. Ich zog mir alles über, was ich im Koffer an Kleidungsstücken finden konnte. Auf der einstündigen Fahrt Richtung Afton klammerte ich mich mit den behandschuhten Händen ans Lenkrad, bei voll aufgedrehter Heizung und *Five Days Married & Other Laments* aus den Lautsprechern – einer Sammlung von Klage- und Tanzliedern aus dem Südwestbalkan, die King aus einem Stapel ziemlich kaputter 78er aus Griechenland und Albanien geborgen hatte, entdeckt vor ein paar Jahren auf Familienurlaub in Istanbul auf dem Flohmarkt. Es handelte sich um Kings neuesten Release bei Long Gone Sound, und wie all seine Compilations folgte auch diese ganz seinem eigenen Geschmack. Sie versammelte ausschließlich ländliche Musik – dörfliche Volksmusik, wie er in seinen Anmerkungen ausführte, die vor allem »als rustikales, urtümliches Gegengewicht zu *laïki* oder populärer urbaner Musik wie den *rembetika* existierte.« Vor meiner Abreise nach Virginia hatte King mir zögerlich die MP3s gemailt, mit dem Begleittext als PDF. »Man hat mich schon Kulturfaschist geschimpft, vielleicht bin ich aber dazu noch Ästhetikfaschist, qua meiner Bitte, dass Sie beim Hören von *Five Days Married & Other Laments* den Begleittext lesen ... wenigstens ein Mal bis zum Ende?«, hatte er mich gebeten. »Sie wissen, wie wichtig mir der Kontext ist.«

Für die Autofahrt brannte ich mir die Dateien dann auf CD. Wenn es mir nicht gefährlich (und gaga) vorgekommen wäre, hätte ich mir dazu den Begleittext ans Armaturenbrett gepappt.

Anfangs war King mir als Sammler und Produzent begegnet, aber ich lernte ihn langsam auch als Autor kennen. Wenn er abends seine Tochter ins Bett gebracht und sich ins Musikzimmer zurückgezogen hatte, trank er meistens Rotwein und arbeitete fleißig an Kurzprosa oder an den Begleittexten zu seinen Sets, die zusätzlich zu den Standard-Informationen immer auch eine essayistische Tirade über die Natur von Sound an sich enthielten. Als ein Mensch, der schon von vornherein stark auf die Frage fixiert war, warum bestimmte Platten eine bestimmte emotionale Wirkung hatten, verschlang ich sie jedes Mal. Auf King übten eine ganze Bandbreite klanglich unterschiedlicher Genres eine starke Faszination aus, und ich drängte ihn regelmäßig, mir die Überschneidungen zu erklären, den gemeinsamen emotionalen Nenner zu definieren, das Anziehende daran – das, was ihn auf manche 78er mit erschreckender Inbrunst Jagd machen ließ, während er andere achtlos liegen ließ. Er legte Wert auf Seltenheit, ob er es zugab oder nicht, aber ich wollte erfahren, was er erlauschen wollte. Ich wusste, dass seine Anmerkungen der Ort waren, wo er sich selbst so etwas klarmachte: Wo er die Fragen stellte, die sich nicht beantworten ließen, und versuchte, seine eigene Rolle in Tausch und Handel zu verstehen.

Bei der Lektüre der Einführung zu *Five Days Married* merkte ich, wie offen er seine eigenen Impulse und Bedürfnisse hinterfragt hatte. »Dass die auf diesen alten 78ern eingefangenen Musikstücke über Schnittmengen mit anderer, gleichermaßen ausdrucksstarker Musik verfügen, ... das dem Untergang geweihte Flehen von Amédé Ardoin, die entschlossene Trostlosigkeit von Geeshie Wiley, die ungezügelte Ausgelassenheit von Michael Thomasa, bedeutet viel«, schrieb er. »Aber was bedeutet es genau? Was ist das für eine Leere tief in unserem Inneren, die uns diesen Hunger auf erkenntnistheoretische Befriedigung verschafft, und was wäre es nun, das diese offensichtlich irrationale Gier nach einem plausiblen Narrativ befriedigen könnte? Lässt sich etwas, das vor dem stimmlichen Ausdruck liegt, mit Worten fassen?«

Als ich auf meiner Fahrt Richtung Afton darüber nachdachte, wurde mir von der Problemstellung ganz schwummrig. War Kings Frage, ob das, was vor dem stimmlichen Ausdruck liegt – die spezifische Ergriffenheit oder der spezifische Schmerz – in sich vorsprachlich, unbeschreiblich war, berechtigt? Mag sein, dass die Alchemie oder der spirituelle Flash als Antrieb für den Impuls des künstlerischen Schaffens so roh war und so weit jenseits aller Vorstellungskraft lag, dass er sich nicht fassen ließ; vielleicht war schon die Frage danach naiv. Aber im Kontext dieser CDs schien sie besonders relevant. Selbst für Fans zerkratzter alter Bluesplatten stellen die Songs auf *Five Days Married* ... eine auratische Herausforderung dar (die Modalstruktur wird »angedeutet«, die Duette sind »asymmetrisch«), gekennzeichnet durch wilde, kieksende Melodien, die stark nach tränenreichem, atemlosem Schluchzen klingen.

Präzise lässt sich der Klang der albanischen Volksmusiktradition kaum beschreiben: Er ist wehleidig klagend, fixiert auf sündige Streicherklänge und sich endlos im Kreis drehende Melodien. Nannte man sie leiernd, rollte King jedes Mal mit den Augen, aber sie hatten einen faszinierenden Rhythmus, ein hypnotisch repetitives Sirren. Vielleicht weil Takt und Instrumentierung so unvertraut waren, kam ich nie über das Leid und Sehnen hinaus, die hier vermittelt wurden. Mehr konnte ich nicht hören. Kings Interpretation nach hatte mich genau da die offensichtlich irrationale Gier nach einem plausiblen Narrativ gepackt. Die Hörerfahrung war schwindelerregend, und an jenem Morgen im Honda setzte ich mich ihr merkwürdigerweise aus.

Das Wetter war keine große Hilfe. Die Fahrt auf den Afton Mountain ist schon bei klarem Himmel abenteuerlich, aber wenn der Gipfel von Nebel verhüllt wird, ist es, als würde man mit verbundenen Augen durch ein Unwetter steuern. Vor einigen Jahren hat die Verkehrsbehörde von Virginia am Rand des Highways eine aberwitzig teure Landebahnbeleuchtung installiert – genau 834 LED-Leuchten –, sodass die Breite der Straße markiert ist, was die Sichtweite aber nicht verbessert. Wenn man an die Höhe denkt (der Berg fällt steil über 600 Meter ins Shenandoah Valley ab), möchte man hier lieber nicht zufällig vom Weg abkommen. Und darauf, dass die Straße vor einem frei ist, kann man bei Sichtweiten unter fünfzehn Meter nur noch blind vertrauen.

Ich hatte einmal kurz in Charlottesville gewohnt und von der Nebellage schon läuten hören, deshalb war mein Plan gewesen, früh aufzubrechen, langsam zu fahren und am Treffpunkt geduldig auf King zu warten. Mir war nicht ganz klar gewesen, dass der Treffpunkt sich unmöglich ausmachen lassen würde. Ich konnte rein gar nichts sehen: weder die Straße noch den Kühler meines Autos, noch andere Autos, und schon gar nicht den vom drogensüchtigen Pöbel bevölkerten Parkplatz eines aufgelassenen Hotels. Ich schlich den Berg hinan, das Gesicht so nah an der Windschutzscheibe, dass meine Nasenspitze auf dem Glas kleine Abdrücke hinterließ. In regelmäßigen Abständen lugte ich aus dem linken Seitenfenster und hoffte auf ein Loch in der Nebelwand. Dann ging es plötzlich bergab. Aus Kings E-Mail wusste ich nicht mehr, als dass der Parkplatz zu meiner Linken sein würde und dass ich ihn verpasst haben würde, wenn ich den Gipfel erreichte und bergab fuhr. Das wiederholte sich ein paarmal: Ich kroch zentimeterweise bergauf, merkte, dass es wieder bergab ging, machte gegen alle Vernunft mitten auf der Straße eine Kehrtwende und fing wieder von vorn an. Schließlich erspähte ich bei einem meiner Wiederaufstiege eine Abzweigung und betätigte in einem Anfall von übertriebenem Gemeinsinn den Blinker, bevor ich auf das abbog, was hoffentlich der Parkplatz war, aber genauso gut jemandes Vorgarten oder einfach leere Luft hätte sein können. Ein paar Sekunden später fiel das Licht meiner Frontscheinwerfer auf ein bröckelndes Fundament. Ich hielt an und löste langsam die restlichen Finger vom Lenkrad. Neben mir hielt ein grinsender Trucker und bedeutete mir, das Fenster herunterzukurbeln. Ich machte ein Kotzgesicht. King besaß kein Handy, und ich wusste nicht, wie ich ihn wissen lassen konnte, dass ich hier war, oder herausfinden konnte, ob er überhaupt unterwegs war. Umzudrehen wäre für ihn (oder sonstwen) nicht unvernünftig gewesen. Ich saß da, trank müßig Kaffee, schaltete *Five Days Married* aus und dann wieder ein. Ich wusste nicht, ob King mich in meinem Auto entdecken würde, ob er überhaupt mein Auto entdecken würde oder den Parkplatz, aber ich wollte lieber warten, bis der Nebel sich ein wenig lichtete, bevor ich ganz aufgab. Schließlich sah ich im Weiß seinen blauen VW aufblitzen. Vorsichtig hielt er neben meinem Honda. Durch das Beifahrerfenster konnte ich Kings Gesicht erkennen – es war außergewöhnlich blass. Was ich empfand, war eine seltsame Mischung aus Horror (in diesem Augenblick wurde mir klar, und zwar mit Wucht, dass ich ihn unbeabsichtigterweise in Lebensgefahr gebracht hatte, um an ein paar Platten zu kommen) und der Erleichterung, dass er es nicht nur zu unserem Treffpunkt geschafft hatte, sondern körperlich auch einigermaßen unversehrt wirkte. Ich entriegelte meine Türen, stürzte blind auf sein Auto zu, tastete nach dem Türgriff und brach auf dem Beifahrersitz zusammen. Ich wollte ihm in die Arme fallen. Stattdessen tauschten wir ungläubige Blicke. King setzte die Brille ab und putzte die Gläser. Er reichte mir eine Tüte mit Baconcrackern.»Frühstück«, sagte er.

Während ich die Handschuhe auszog und mich aus meinem Schal wickelte, erzählte er, Bussard habe ihn vor ein paar Stunden angerufen und ihm erklärt, er fühle sich nicht wohl, und wir sollten vielleicht ein andermal vorbeikommen. King hatte Bussards Stimmungswandel irgendwie vorhergesehen und schon eine Erwiderung in der Tasche gehabt (ich hörte ihn »Diese Lady ist mit ihren Notizbüchern und Kugelschreibern den ganzen Weg aus New York gekommen!« sagen), und hatte genügt, um Bussard ein halbes Einverständnis zu entlocken und King aufzutragen, ihn anzurufen, wenn wir in der Nähe waren. Dann würde er entscheiden, ob er uns empfangen wollte. Ich war King für seine Beharrlichkeit dankbar, aber gleichzeitig machte mich das Gefühl, nicht willkommen zu sein, nervös. Wir rollten vom Parkplatz und fuhren Richtung Highway.

In den Monaten nach unserem gemeinsamen Flohmarktbesuch in Hillsville war zwischen King und mir eine überraschende, gleichwohl herzliche Verbindung entstanden, auf der Grundlage unseres gemeinsamen Wissens um die transformative Kraft der Musik: Wir freundeten uns an. Unsere Beziehung fand vor allem telefonischen Ausdruck. Ich rief ihn an und klagte über diverse existenzielle Unpässlichkeiten, er spielte mir heilsame 78er vor, und dann plauderten wir über Schallplatten, bis einer von uns müde wurde. Auf unserer Fahrt nach Frederick war es ebenso: Ich knabberte an einem Cracker und gab ihm ein Update zu meinem Leben in New York. King arbeitete an einer Sammlung von Folksongs des Violinisten Alexis Zoumbas aus Epirus und spielte mir ein paar Tracks vor, während wir uns in den Nebel bohrten, der sich endlich langsam auflöste und in kalten, klaren Dunst verwandelte. Zoumbas' Violine jaulte und jammerte. Es mochte am Stress der morgendlichen Reise liegen oder an der Aufregung, bald in Bussards Keller einbrechen zu können, jedenfalls hatten wir nach ein paar Minuten beide Tränen in den Augen.

»Was hörst du da?«, fragte King. Er trocknete sich mit einem Taschentuch die Wange.

»Sehnsucht«, sagte ich. Ich blickte ihn an, dann sah ich aus dem Fenster. Es war die gleiche Frage, von der gleichen Antwort gefolgt: Was trieb das Bedürfnis der Menschen nach Liedern an, was trieb ihr Bedürfnis an, Lieder zu schreiben und zu singen, und wie überwältigend war es, diese Motivationen (besonders die geläufigen) nun auf uns selbst zurückgespiegelt zu sehen, hier im Auto, ein Jahrhundert nachdem diese Klänge das erste Mal zu hören gewesen waren, trotz allen Knisterns in großer Klarheit - all die unveränderten menschlichen Bedürfnisse. Anfänglich fielen mir dazu Worte aus der Feder von George Saunders ein: es sei »ein kraftvolles Wissen: dass das eigene Begehren sich auf Fremde übertragen lässt«. Dann kam mir ein Zettel in den Sinn, den Nathan Salsburg mir gezeigt hatte, aus den Hinterlassenschaften von Don Wahle: ein Brief des Sammlers John Edwards mit den Worten OBERSTE GELÜSTE in Großbuchstaben. Da saßen wir nun immer noch mit unseren Gelüsten. »Sehnsucht,

Verlangen, Reue, ungerichteten Hunger«, hakte ich mit Blick in den Seitenflügel ab.

»Ach«, seufzte er.

Schließlich verriet King mir das Wenige, das er über Zoumbas wusste. Über einen Sammlerfreund war er auf eine Kurzbio zu Promozwecken gestoßen, auf Griechisch, und als sie übersetzt war, hatte King Infos genug, ein paar Behörden zu kontaktieren und ein paar Verwandte aufzutreiben. Er konnte sich eine Geschichte zusammenstückeln. Oder, wie er es ausdrückte: »Ich habe jetzt ein ganz anständiges Dossier.« Im Jahr 1880 war Zoumbas in Epirus geboren worden, einem umkämpften Landstrich zwischen dem Pindosgebirge und dem Ionischen Meer. Im Jahr 1913, gegen Ende des zweiten Balkankrieges, beschwerte er während eines Aufstands in seinem Dorf gemeinsam mit einem anderen Mann einen »schweinischen türkischen Grundbesitzer namens Iakoub« mit Steinen und warf ihn in einen Brunnen, was dieser nicht überlebte. »Einen Mann umzubringen ist das eine«, sagte King, »aber ihm Steine umzuhängen, während er noch lebt, und ihn dann in einen Brunnen zu werfen, Scheiße, das ist noch einmal etwas anderes.« Im Jahr darauf verließ Zoumbas Epirus und wanderte in die Vereinigten Staaten aus. 1923 war er dort schon der musikalische Begleiter der populären griechischen Sängerinnen Marika Papagika und Amalia Bakas. In der zweiten Hälfte der Zwanzigerjahre nahm er ein paar Dutzend Violin-Solos auf; dies waren die Platten, für die King sich interessierte. Aber ein zentraler Teil seiner Geschichte fehlte. Im Jahr 1930 war Zoumbas auf mysteriöse Weise verschwunden. »Vielleicht vom gleichen Abgrund verschluckt, in den er Iakoub geworfen hatte«, sagte King.

Als ich mich Wochen nach unserem Trip nach Maryland zum Gegenchecken von ein paar kleinen Details aus Zoumbas' Leben an King wandte, erklärte er, dass es mit dessen großem Bogen komplizierter geworden sei. »An dem, was wir sicher zu wissen glaubten, sind unerwartete und möglicherweise auch unliebsame Zweifel aufgekommen«, schrieb er. »Für Zoumbas scheinen zwei Lebensläufe zu existieren ... ein griechischer und ein amerikanischer. Deine Zusammenfassung des griechischen ist korrekt. Der amerikanische Lebenslauf, der auf einer Volkszählung von 1930 beruht, auf ein paar Passagierlisten, einer Einbürgerungsakte und einem Wehrpass (???!!!) zeichnet ein etwas anderes Bild. Die Volkszählung verzeichnet sein Geburtsjahr als 1885, aber auf dem Wehrpass steht 1883. Die Volkszählung gibt das Jahr seiner Einbürgerung außerdem als 1910 an, nicht als 1914. Die beiden Diskrepanzen lassen sich damit erklären, dass Zoumbas beide Male falsche Angaben gemacht haben könnte, um jünger zu erscheinen (wofür ich ihn bewundere), aber auch damit, dass er das System durcheinanderbringen wollte, weil er tatsächlich ein Verbrechen begangen hatte«, fuhr er fort. »Das kurioseste US-Dokument ist eine Passagierliste vom Juli 1928. Dieser Liste nach schiffte Zoumbas sich im Februar 1928 wieder nach Griechenland ein. Das wäre für einen migrantischen Musiker sehr teuer gewesen, und gleichzeitig sehr riskant, falls das, was er Iakoub angetan hatte, weiter als Mord behandelt wurde.«

King war schon im Aufbruch, er wollte nach Korfu und Ioannina in Nordgriechenland, nahe der albanischen Grenze, mit der ganzen Familie. Bevor er das nächste Set herausbrachte, wollte er die biografischen Ungereimtheiten unbedingt klären. Er hatte Termine gemacht und wollte alle Zeitzeugen abklappern. »Alle neu aufgekommenen biografischen Fragen werden geklärt werden (oder auch nicht!) ... Ich habe Treffen mit ein paar Verwandten und einem lokalen Historiker vereinbart«, sagte er.

Noch vor Kings Abreise nach Europa traf ein Päckchen bei mir ein; es enthielt eine Vinyl-Testpressung von *Five Days Married & Other Laments*, dazu eine CD in einer durchsichtigen Plastikhülle. Daran war vorn mit Klebeband eine blaue Karteikarte befestigt. King hatte mir mit seiner Remington eine kurze Nachricht darauf getippt: »Amanda, welche von beiden ist menschlich-all-zumenschlicher?« Die CD enthielt zwei der schwermütigsten Auftritte von Zoumbas, »Lament from Epirus« und »Albanian Nightingale«. Beide Tracks machten mir das Hören mit ihrer unermesslichen Traurigkeit nach einer Weile unmöglich. Zoumbas hatte zu Lebzeiten zahlreiche 78er aufgenommen, oft als Begleitmusiker, aber diese beiden klangen, als würde jemand sein Innerstes nach außen kehren, und alle Organe hingen plötzlich in der kalten Luft. »Das ist völlig anders als alles, was er sonst gemacht hat«, sagte King, als ich ihn an jenem Abend anrief. Ich weiß nicht, ob Zoumbas von Schuldgefühlen zerrissen oder ein-fach weiter von dem verzehrt wurde, was ihn überhaupt erst zum Mord getrieben hatte. Alles klang so menschlich, direkt aus den finstersten Winkeln der Seele. Shakespeare fiel mir ein: »Nicht durch die Schuld der Sterne, lieber Brutus, / Durch eigne Schuld nur sind wir Schwächlinge.«

Und ganz kurz verstand ich, was Sammler meinten, wenn sie beklagten, was der zeitgenössischen Musik fehle: diese reine Kom-munion, diese Unbefangenheit, dieses Gefühl, dass Kunst uns immer noch erlösen, uns von unseren Sünden freisprechen kann. Heute wissen wir es besser und erwarten keine Erlösung mehr.

King trank am liebsten eine bestimmte Sorte Zichorienkaffee, geröstet und handgemahlen in Louisiana, aber auf dieser Reise würde die Dunkin'-Donuts-Version von der Tankstelle genügen müssen. Als wir am Tresen warteten, bot ich ihm an, ihn einzu-laden. Unter den Umständen dieses Vormittags kommt mir das wie eine kleine Geste vor. »Okay«, willigte King ein. »Ich habe nämlich nur fünftausend Dollar in Hundertdollarscheinen.« King hatte es auf ein paar von Bussards raren Cajun-Platten abgesehen. Es ging ihm um zwei Upgrades, in, wie er es ausdrückte, »drän-gender Begierde«: »Mon Chere Bebe Creole« von Dennis McGee und Sady Courville, Vocalion 5319, und »La Danseuse« von Blind

Uncle Gaspard und Delma Lachney, Vocalion 5303. Er besaß beide in E-Minus-Qualität. Bussard hatte sie in E-Plus.

Nach ein paar Stunden Fahrt kamen wir schließlich in die Nähe von Bussards Vorstadtsiedlung. Ich sollte ihn anrufen und herausfinden, ob er nachgeben und an die Tür gehen würde. Auch nach vielen Jahren als Reporterin finde ich auch einfache Telefonanrufe qualvoll bis komplett furchterregend, und das Bewusstsein, dass der Angerufene vielleicht nicht Willens war, machte es nur noch schlimmer. Ich verzog das Gesicht, sah King an und wählte. Bussards »Hallo« war ohrenbetäubend. Ich stellte mich irgendwie stammelnd vor. Seine Stimme knisterte und schlug um, als würde man eine Zeitungsseite zusammenknüllen und wieder glattstreichen. Ich war vor seiner lauten Stimme gewarnt gewesen und hielt mir den Hörer ein paar Zentimeter vor das Ohr. Ich lachte heftig, anlasslos, und bedankte mich in einem fort bei ihm für seine Gastfreundschaft; das hielt ich für eine bessere Taktik, als ihn zu fragen, ob wir vorbeikommen dürften. Schließlich gab er nach. Ich glaube, seine Worte lauteten: »Kommt mich abholen, dann könnt ihr mich zum Lunch einladen.«

King erklärte mir das Lunch-Ritual. Bussard besuchte ein Diner namens Barbara Fritchie. (Benannt nach einer örtlichen Bürgerkriegsheldin, die angeblich im Alter von 95 Jahren auf die Straße gelaufen war und vor den konföderierten Truppen von Stonewall Jackson eine Fahne der Union geschwungen hatte, um sie ab- oder umzulenken; sehr wahrscheinlich ein Märchen, was aber niemanden zu stören scheint.) Von seinem Besuch verlangte er oft, zum Essen dorthin gefahren zu werden, bevor er ihn in seinen Keller ließ. Er aß inzwischen seit über dreißig Jahren im Barbara Fritchie, manchmal drei Mal am Tag. King hatte ihn schon oft dorthin begleitet. »Ich würde das ›Tortenstück‹ vorschlagen, wahrscheinlich das Gesündeste dort, lehmgrün«, kommentierte King die Speisekarte. »Wirklich empfehlen kann ich es nicht«, setzte er hinzu. »Nur ein Vorschlag.«

Wir bogen vom Highway nach Frederick ab, eine mittelgroße Arbeiterstadt, die vor allem von Bürgerkriegs-Begeisterten besucht wurde. (Zusätzlich zum Fritchie-Mythos hatte Abraham Lincoln dort eine Rede gehalten, auf dem Weg zu einem Treffen mit General George McClellan nach der Schlacht von Antietam; außerdem gibt es ein Museum zur Medizin der Bürgerkriegszeit und eine Fülle von Messingtafeln, die an Bürgerkriegsereignisse erinnern.) Bussards Ziegelhaus, das er mit Tochter und Enkelkindern teilt, steht an einer ruhigen Wohnstraße. Kaum war der VW die Auffahrt hochgekrochen, kam er aus dem Haus gesprungen. Er war grauhaarig und hochgewachsen, und so dünn, dass er ein wenig vorgebeugt ging, wie ein vom Wind gebeugter Weizenstängel. An diesem Tag stand sein Haar in alle Richtungen ab. An einem dicken Band hing ihm ein Goldmedaillon um den Hals und blitzte im Ausschnitt seines Holzfällerhemds. Ich kletterte aus dem Auto, gab ihm die Hand und verkroch mich dann sofort auf den Rücksitz. Das war die Haltung, die ich instinktiv einnahm: eine Art verschrobener, nervöser Ehrerbietigkeit.

Ich hatte schon viel von Bussards Sammlung gehört. Sie bestand aus circa fünfundzwanzigtausend Schellackplatten mit Country, Blues, Cajun, Jazz und Gospel, fast alle aus den 1920ern und 30ern, penibel und geheimnisvoll in deckenhohen Regalen, in einer Ordnung, die Bussard kannte und für sich behielt. (»Ach, das habe ich alles im Kopf«, mehr sagte er nicht dazu.) Von 1956 bis 1970 war der Keller die Zentrale seines Labels Fonotone gewesen, vielleicht das letzte existierende 78er-Label. Mit einem über ein Rohr gehängten Fünfzig-Dollar-Bändchenmikrofon und einem Schneidegerät, das er für dreißig Dollar einem nahen College abgekauft hatte, nahm er neues Material und Old-Time-Songs auf. In den Jahrzehnten seit seiner Auflösung war Fonotone eine Kult-Gefolgschaft gewachsen, und im Jahr 2005 gab Dust-to-Digital eine Sammlung mit dem Material des Labels auf fünf CDs heraus, in einer Zigarrenkiste aus Pappe und mit einem vernickelten Flaschenöffner mit dem Logo von Fonotone als Beigabe.

Neben Bussards Ruf als Exzentriker – immer ein verlässlicher Glaubwürdigkeits-Booster – ist Fonotone auch deshalb bedeutend, weil es als erstes Label das Gitarrenwerk von John Fahey veröffentlicht hat. Im Jahr 1959, mit achtzehn Jahren, stieg Fahey in Bussards Keller hinab, um sich ein paar Stücke aus Bussards Sammlung aufzunehmen, und wie viele von Bussards Besuchern nahm er schließlich für Fonotone auf. Bussard gab Fahey den Namen »Blind Thomas« und führte seine Arbeit im Fonotone-Katalog als »Negro Blues«, obwohl Fahey ein junger weißer Collegestudent aus dem nahen Takoma Park war. Diesen Scherz trat Fahey in den folgenden Jahrzehnten dann immer wieder breit – er war natürlich der Ursprung seiner ganzen Blind-Joe-Death-Nummer. Auf »Blind Thomas Blues«, heute selbst eine begehrte 78er, spielt Fahey Gitarre und singt mit einer aufgesetzten »Blues-Stimme«, die man zuerst ärgerlich findet – so, dass man den Kopf schief legen und Im Ernst jetzt? sagen möchte –, die aber im Grunde ziemlich witzig ist. *»I make erry body feel bad when I come around, haha!«*, bellt er, ein Mantra, das sich, wie ich vermute, viele Sammler gern zu eigen machen würden. Irgendwie hatten Fahey und Bussard exakt das Gehampel nach Authentizität herausdestilliert, das für die US-amerikanische Jugend ein halbes Jahrhundert später die bestimmende Neurose werden sollte, und sie sofort wieder verarscht.

Bussard erholte sich gerade von einer Erkältung, und seine Stimme klang noch kratziger als sonst – dabei war sie schon vom jahrzehntelangen Genuss von Zwei-Dollar-Zigarren in einem kaum belüfteten Keller gründlich angeraut. Er konnte wirklich lieb sein, hatte aber einen Hang zum Jammern, besonders wenn er hungrig war. Auf der fünfminütigen Fahrt zum Barbara Fritchie beschwerte er sich über Kings Fahrstil, Präsident Obama, die Liberalen, die liberalen Medien (»Wenn man die liberalen Sender guckt, versteht man natürlich gar nichts – man muss Fox gucken, das ist der einzige, der einzige, auf dem man die Wahrheit zu hören bekommt. Sie glauben mir nicht? Einfach mal einen Abend lang gucken, dann wollen Sie von den anderen nichts mehr wissen!«) und seine diversen Gebrechen, darunter die Infektion, die er sich offenbar bei einem der Enkelkinder geholt hatte.

Auch nach unserer Ankunft im Restaurant, erkennbar an seinem türkisenen Dach und der Zwanzig-Meter-Zuckerstange auf dem Parkplatz, ebbte die Welle der Unleidlichkeit nicht ab. Das Barbara Fritchie gefiel Bussard auch deshalb, weil es keine Dosenmusikbeschallung gab und er nicht ständig seinen grenzenlosen Hass auf modernes Liedgut zügeln musste. Wir setzten uns auf Vinyl-Bänke weiter hinten und bestellten sofort. Bussard bat um eine Tasse Kaffee aus einer »frischen Kanne«. King und er brachten sich mit Sammler-Klatsch auf den neuesten Stand – wer hatte was ergattert, und wo. Dann kamen die Eier.

»Oh, nein, nein, nein, nein«, rief Bussard. »Da hat jemand die Eier versaut! Geht nicht. Geht *gar* nicht. Diese scheiß Eier will ich nicht, das esse ich nicht, nein, nein.«

Unsere Kellnerin, eine Frau Mitte zwanzig mit sanftem Blick, kam gelaufen. »Stimmt was nicht, Schätzchen?«, fragte sie.

»Sag Carlos, er soll mir die Eier machen.«

»Der arbeitet heute am Grill. Wie hätten Sie sie denn gern?«

»Ich komme jeden Morgen, und er macht sie mir, gar kein Problem. Diese Dinger esse ich nicht. Ich will sie weich.«

»Nicht durch?«

»Das sollten Sie wissen«, schnauzte er. Sie nahm den Teller, entschuldigte sich und versicherte ihm, er würde sein Frühstück genau so bekommen, wie er es mochte. Auf ihrem Weg in die Küche hüpfte ihr Pferdeschwanz auf und ab. Ich wand mich ein wenig und warf dem Pferdeschwanz einen mitleidsvollen Blick nach. King dagegen versuchte, elegant das Thema zu wechseln, berichtete erst von seiner Tochter, dann von dem Sammler Ron

Brown. Bussard wollte nichts davon hören. Er war geladen und musste seinem Unmut Luft machen.

»So könnte ich Eier nie essen. Schrecklicher Anblick. Guter Gott. Ich habe noch nie so schauriges Rührei gesehen! Gott. Diese Flocken?«

Wir übten uns in solidarischem Kopfnicken: grässliche Eier! Schließlich fragte ich Bussard, in der Hoffnung, ihn vom verdorbenen Frühstück abzulenken, nach seiner Adoleszenz aus: wie er angefangen habe, sich für Platten zu begeistern, und was er tat oder tun würde, um sich mehr zu beschaffen.

Bussards Familie hatte Geld, also war ein fester Job nie eine dringliche Notwendigkeit gewesen. Mit dem Sammeln hatte er als Kind begonnen (Vogelnester waren das erste Objekt seiner Begierde gewesen), und die Musikbegeisterung hatte mit Gene Autry begonnen, den er noch immer seinen Lieblingssänger nannte. Als er dann in den Sog der 78er geraten war - eine Jimmie-Rodgers-Platte hatte die Sache besiegelt - verbrachte Bussard, sobald er den Führerschein in der Tasche hatte, einen großen Teil der Fünfziger- und Sechzigerjahre damit, den Südwesten von Virginia und das umliegende Kohlebergbaugebiet nach 78ern abzuklappern. Eine Gegend, die kulturell und geografisch unzugänglich wirken kann, ebenso abgeschottet wie schön, aber Bussard schlug sich trotzdem durch, hielt allen, die an die Tür kamen, eine 78er vor die Nase und fragte, ob es auf dem Dachboden mehr davon gebe, ob er mal schnell schauen dürfe, und wie wäre es mit fünf Dollar für den ganzen Stapel? »Ich war an Orten, ich bin Menschen begegnet, das glauben Sie nicht.«

Manchmal nutzte Bussard beim Ankauf sein jungenhaftes Charisma. Mir ist klar, dass er nach dem eben beschriebenen Disput vielleicht nicht gerade wie ein Charmebolzen klingt, aber er hatte etwas auf anziehende Weise Lausbübisches an sich - etwas schelmisch Schillerndes, das die Menschen dazu brachte, ihn unter großen Mühen zum Lächeln und Johlen bringen zu wollen. »Einmal

264

war ich irgendwo südlich von Stanley, Virginia«, erinnerte er sich. »Die Frau an der Tür sagte: ›Hier waren vor ein paar Monaten zwei Männer, die ankaufen wollten, aber die mochte ich nicht. Ich habe nichts, habe ich ihnen gesagt. Aber *du* kannst reinkommen, Schatz.‹« Er grinste. »Ich habe den Blues in der Stimme.«

Obwohl sich der Lagerbestand in den vergangenen fünfzig Jahren erheblich verringert hat, bleibt diese besondere Ecke von Virginia auf dem 78er-Gebiet extrem interessant. Wer dort wohnt, wohnt schon lange dort und ist normalerweise Abkömmling von Farmbesitzern oder Bergleuten mit festem Einkommen, die manchmal ein bisschen Geld für Schallplatten übrig hatten. Das gilt besonders für Blues-Aufnahmen: Wenn man weiß, wo Ende der Zwanziger- und Anfang der Dreißigerjahre Afroamerikaner:innen mit ein bisschen Geld gelebt und gearbeitet haben, stehen die Chancen gut, dort etwas zu finden. Das hatte King und mich nach Hillsville gebracht, und das war der Keim von Bussards Sammlung gewesen. »Virginia und West Virginia sind die beiden besten Bundesstaaten. Mehr Platten als sonst irgendwo«, erklärte Bussard. Er sah einem Haus schon von außen an, ob drinnen etwas zu holen war. »Alte Häuser«, sagte er. »Wo die Heckenkirschen die Veranda überwuchern. Man geht an die Tür, stellt sich in die Zugluft, da kann man sie schon riechen. Sie sollten ein Parfüm draus machen! Oh mein Gott!«

»Nichts riecht schöner«, stimmte King zu.

»Mein Gott, für Platten habe ich mich schon immer interessiert«, fuhr Bussard fort. Ich bin bei jeder Gelegenheit raus und habe mein ganzes Geld dafür ausgegeben. Ein Wochenende rausfahren und mit tausend Platten wiederkommen, war gar nichts. Alles auspacken. Ein paar Tage wieder runterkommen.«

»Genau wie bei mir damals auf dem College«, sagte King und nickte. »Schon mal in Princeton, West Virginia, gewesen? Da haben sie alle paar Kilometer einen Flohmarkt - zwanzig, dreißig Tische, und irgendwer verkauft dann auch alte Platten. Und wenn sie dort keine hatten, dann hatten sie welche zu Hause also bin ich mit ihnen hin.«

Die Kellnerin servierte Bussard die neuen Eier – diesmal anständig gerührt –, und er brach in wildes Gelächter aus. »Danke, Schätzchen!«, brüllte er. Beim Essen erzählten King und Bussard sich noch ein bisschen Flohmarkt-Garn, mit abwechselndem anerkennenden Grunzen und (zumindest von Bussard) einer gelegentlichen Stichelei. Auf mein Drängen hin erzählte King von einer Ladung Händlerware, auf die er einmal in der Nähe von Louisville, Kentucky, gestoßen war. »Alles in Dreißiger-Kisten – alles in einer Dreißiger-Kiste von Columbia. Mit der Aufschrift ›Columbia Records, kühl und trocken lagern‹, und direkt darunter der Stempel ›7. Dezember 1934‹. Die Kisten waren bepackt und versiegelt. Die längste Zeit hatte dieser Typ sie im Haus gehabt, ungeöffnet. Dann hat er sie im Garten in ein Auto gestopft. Kistenweise Händlerware von Columbia, nichts davon jünger als vom 7. Dezember 1934, in einem Auto im Garten.«

Bussard schlürfte geräuschvoll seinen Kaffee. »*Yeah*, von Columbia gibt es kaum was, das einen Dreck Wert ist«, brummelte er.

Heute machte Bussard vor allem mit anderen Sammlern Tauschgeschäfte. »Ich gehe nicht mehr Klinkenputzen, das habe ich aufgegeben«, sagte er. Er besuchte regelmäßig Nachlass-Versteigerungen rund um Maryland, aber nur wenn Schallplatten gelistet waren, und selbst dann erfüllte ihn das, was er sah, meistens mit Enttäuschung, wenn nicht gar Zorn. »Bin zur Versteigerung, fahre quer durch die Stadt, marschiere da rein: LPs«, erinnerte er sich.

Bussard knöpfte sich sofort den Auktionator vor. »Ich war sowas von sauer. ›Das sind keine alten Platten!‹, habe ich gesagt. ›Sie haben ja überhaupt keine Ahnung.‹ Er kam mir dumm. Ich kam ihm dümmer. ›Mich hierher locken, wegen einem Haufen scheiß LPs!‹, habe ich gesagt. ›Die sind nicht alt!‹ Im ganzen Gebäude konnte man uns hören. Ich bin raus, und er ist mir nach und sagt:

›Kommen Sie nicht wieder her.‹ Und ich sage: ›So blöd, wie Sie sind, will ich das auch gar nicht‹«, zischte Bussard. »Ich weiß, das hätte ich nicht machen sollen, aber mir doch egal. In meinem Alter juckt einen das nicht mehr. Scheiß drauf, wissen Sie?«

Bussard war ein halbes Jahrhundert lang mit einer Frau namens Esther verheiratet gewesen; sie war vor ein paar Jahren verstorben. 1999 hatte sie dem Autor Eddie Dean verraten, wie sie über die Gepflogenheiten ihres Gatten dachte, für eine Story über Bussard im *Washington City Paper*. »Ich habe nie eine seiner Platten angefasst, oder sonst etwas in seinem Zimmer, aus Respekt – das ist sein Zimmer«, sagte sie Dean. »Auch wenn ich mich manchmal gekränkt oder verletzt fühle, respektiere ich ihn immer noch für seine Leistung. Er hat seine fantastische Sammlung, und das weiß ich, weil ich Musik zu schätzen weiß, und ich weiß auch zu schätzen, dass er sie für die Nachwelt bewahren möchte.« Über Bussards Privatleben jenseits seiner Sammlung ließ sich kaum etwas in Erfahrung bringen. Alle Geschichten, die er erzählte, drehten sich auf die eine oder andere Weise um seine Sammlung. Selbst Esther hatte er auf Plattenjagd kennengelernt. Bussard hatte auf CB-Funk nach 78ern gefragt und war dabei auf ihren Vater gestoßen, der sie einander schließlich vorstellte. Er wusste, dass seine Tochter Musik mochte.

Wie die meisten Sammler kann Bussard genau sagen, wann ein bestimmtes Genre seiner Ansicht nach seinen unvermeidlichen Abstieg in die Mittelmäßigkeit und schließlich Grauenhaftigkeit begann. »Mit Country war es Fünfundfünfzig vorbei. Das letzte Röcheln. Bluegrass ging dann, na ja, ein paar Jahre später drauf. Das ist jetzt nur noch Murksgrass. Die, die das jetzt singen, haben es einfach nicht drauf. Den besten Bluegrass gab es Mitte der Vierziger, Ende der Vierziger, in den frühen bis mittleren Fünfzigern. Mit Jazz war es Dreiunddreißig vorbei«, ratterte er herunter. »Da hat er seinen wunderschönen Klang verloren – alle Bands hatten den, die herrlichsten Saxofone, Klarinetten, Posaunen, die hatten einfach einen bestimmten Sound. Keine Ahnung, was das war, aber nach Dreiunddreißig war es weg.« Rock ’n’ Roll hielt Bussard für einen schaurigen Witz, die *Midcentury Crooner* machten ihn rasend, er hatte sogar noch Extragift für Sänger wie den Country-Star Vernon Dalhart aus den Zwanzigerjahren übrig, den er Vernan Stalfart nannte. »Die Menschen sind heute so ausgehungert, was Talent, was Musik angeht«, schäumte er. »Hören Sie sich diese Computerscheiße doch an!«

Schließlich waren wir mit Eiern und Kaffee fertig und fuhren wieder zu Bussard zurück, und dessen Stimmung hellte sich deutlich auf. Er führte uns durch die Garage ins Haus, um die Küche herum, eine Treppe hinunter, an eine verschlossene Tür. Das Erdgeschoss seines Hauses befand sich in einem Zustand zarter Verwüstung – auf stapelweise Zeug räkelten sich zwei fette Katzen –, aber der Keller war eine perfekt bestellte Oase, eine Huldigung an aufgenommene Klänge. Die Wände hingen voller Memorabilia: Plattenlabel und -cover, Fotos, Erinnerungsstücke, Zeitungsausschnitte, Werbeanzeigen, ein handsignierter Brief des Astronauten John Glenn. (»Sehr geehrter Mr. Bussard, vielen Dank für das wache Interesse, mit dem Sie mir über den Flug des Raumschiffs *Friendship 7* geschrieben haben, und für das beigefügte Zeichen der Anerkennung.«) Im Zimmer lag Teppich, vielleicht um zu verhindern, dass eine 78er zerbrach, wenn sie versehentlich herunterfiel. An die Holzvertäfelung über dem Schreibtisch waren mit Klebeband ein paar Schulfotos der Enkelinnen geklebt. In einer Ecke stand ein antiker Servierwagen voller Kassetten und Papiere, darauf eine offene Schachtel Graham Cracker. Aus dem nahen Papierkorb quollen die Kassettenverpackungen. Auf einen Anruf hin wird Bussard einem gegen eine kleine Gebühr fast alles aus seiner Sammlung auf Kassette überspielen, aber mit CDs gibt er sich nicht ab. Denn: »CDs sind Schrott!«

All seine Regale zierte eine kleine Warnung auf Pappe, in Versalien auf seiner Smith-Corona getippt: PLATTEN BITTE NICHT

BERÜHREN. Es wäre mir nie eingefallen. In der Story für das *Washington City Paper* hatte Dean Bussards Sammlung »die wichtigste, historisch bedeutendste Privatsammlung amerikanischer Musik aus dem frühen zwanzigsten Jahrhundert« genannt, und fast alle Sammler, mit denen ich gesprochen hatte, waren sich über deren Bedeutung einig. Bussard besaß Dinge, von denen andere nicht einmal wussten, dass man sie besitzen wollen könnte. Dass die Sammlung in Privatbesitz war, wirkte ebenso zentral (Bussard wusste genau, was er besaß und warum) wie nebensächlich, zum Teil weil Bussard bekanntermaßen so großzügig war, wenn es darum ging, Producern oder Fans Überspielungen seiner Platten auf Kassette zu erlauben. Das gab der Sammlung einen größeren Anschein der Nützlichkeit als einem Archiv, in dem die Platten eher ungespielt vor sich hindämmerten. Bussards Sammlung lebte.

King und ich hatten noch nicht einmal die Mäntel abgeschüttelt und sie ihm aufs Sofa geworfen, da schmiss Bussard schon den Plattenspieler an und fragte mich, was ich für Musik möge.

»Sie mag traurige Songs«, sagte King.

Bussard zog eine Scheibe aus dem Regal und deutete auf einen Stuhl an einem Lautsprecher.

Joe Bussard beim Plattenhören zu beobachten, ist eine spirituell erhebende Erfahrung. Oft wirkt er unfähig, sich körperlich zurückzuhalten, als wäre die Melodie ein Ruf zu den Waffen, eine Aufstachelung, die zu ignorieren unmoralisch oder gar unmöglich wäre: Er muss sich bewegen. Er streckt die Zunge heraus, kneift die Augen zu und wippt auf seinem Sitz, lässt die Arme flattern wie eine Wetterfahne im Sturm, dreht sich in die eine Richtung, dann in die andere. Manchmal schien es, als könne er die Schönheit der Musik nicht mehr ertragen. Sie entflammte ihn und belebte jede Zelle seines Körpers. Er unterbrach sich nur, um kurz zu sehen, wie es mir erging: Gefiel mir die Musik? Noch bevor er es erfahren hatte, war er wieder ganz bei sich.

»Und das alles für fünfundzwanzig Cent!«, rief er.

»Wie herrlich die Klänge! Herr des Himmels!«

»Als wenn sie hier vor uns spielten! Man hört einfach *alles!*«

So ging es eine Weile weiter: Bussard trippelte an seine Regale, legte eine Platte auf und drehte durch. Immer wieder hob er mitten im Song die Hände, mit nach außen gekehrten Handflächen, als wollte er »Stopp« rufen.

»Hören Sie nur«, sagte er dann. Tiefen Ernst in der Stimme. »Das wird voll ausgeschöpft.« Als ich mir rasch etwas notieren wollte, schlug er mir mit einer Plattenhülle auf die Finger und drängte mich zu mehr Aufmerksamkeit. Auf dass die Verzückung nicht endete.

So vergingen im Dunstkreis der Musikwiedergabe ein paar Stunden. Dann, während einer kleinen Unterbrechung seines Konzerts, platzte Bussard plötzlich mit seiner berühmtesten Trödel-Geschichte heraus, die er mit sichtlichem Vergnügen nacherzählte, immer noch. Es war die mit dem Stapel von fünfzehn fast neuwertigen Black-Patti-78ern, die er im Sommer 1966 in einem Trailerpark in Tazewell, Virginia, entdeckt hatte. Um das von ihm selbst zu hören, war ich hergekommen – genau wie alle anderen.

Als J. Mayo Williams im Jahr 1927 Paramount Records verlassen hatte, gründete er in Chicago ein *race*-Label namens Black Patti, benannt nach der afroamerikanischen Sopranistin Matilda Sissieretta Joyner Jones, deren (angebliche) Ähnlichkeit mit der italienischen Opernsängerin Adelina Patti ihr den Spitznamen eingetragen hatte. Das Label von Black Patti zierte ein großer, Rad schlagender Pfau in mattem Gold auf dunkellila Papier. (Dem *78 Quarterly* nach nannte der inzwischen verstorbene Sammler Jake Schneider es einmal »das sexieste Label der Welt«.) Der Katalog von Black Patti – insgesamt fünfundfünfzig Platten stark – enthielt Jazz, Blues, Predigten, Spirituals und rührselige, vaudevilleartige Sketche; er sollte der *race*-Reihe von Paramount Konkurrenz machen (und sich möglichst besser verkaufen). Die

Aufnahmen entstanden in verschiedenen Studios und wurden dann im Werk von Gennett Records in Richmond, Indiana, in Schellack gepresst. Black Patti hielt ungefähr sieben Monate lang durch. Über die Gründe für das Ende des Labels ist wenig bekannt, aber vermutlich war es für Williams und seine beiden Partner (Dr. Edward Jenner Barrett, den Schwiegersohn des Paramount-Mitgründers Fred Dennett, und Fred Gennett, einen Manager bei Gennett Records) finanziell nicht tragbar, und um September 1927 wurde das Unternehmen ohne viel Federlesens aufgegeben. Rick Kennedy zufolge, dem Autor von *Jelly Roll, Bix, and Hoagy: Gennett Studios and the Birth of Recorded Jazz*, war es Gennett, der schließlich den Stecker zog.

Heute sind Black Pattis, gepresst in herrlich kleinen Auflagen von einhundert oder weniger und verkauft nur in einer Handvoll von Geschäften in Chicago und den Südstaaten, heiß begehrt. Als ich King erzählte, ich hätte ein paar Wochen lang vergeblich versucht, Verkaufs- oder Vertriebsunterlagen aufzutreiben, versuchte er vergeblich ein schallendes Gelächter zu unterdrücken: »Diese Sachen sind nicht durch die Bücher gegangen«, sagte er. Mit ein paar Ausnahmen sind von jedem Black-Patti-Release weniger als fünf Exemplare erhalten, und manche sind nie gefunden worden. Im Jahr 2000 widmete Pete Whelan der Black Patti eine ganze Ausgabe des *78 Quarterly*: Auf dem Cover tritt eine dunkle, kaum erkennbare Gestalt mit goldenen Augen aus dem Schatten und hält dort, wo die Brüste sein müssten, zwei Black-Patti-Label. Dazu der Slogan: »Die verführerischste Coverstory aller Zeiten!«

Ganz so erregend finde ich sie vielleicht nicht, aber geheimnisvoll sind die Black Pattis auf jeden Fall. (In der gleichen Ausgabe des *78 Quarterly* werden sie als »historisch, bizarr und idealistisch« bezeichnet.) Die meisten von Williams rekrutierten Künstler sind heute Chiffren, mit Namen wie Steamboat Joe & His Laffen' Clarinet oder Tapp Ferman and His Banjo. Im Jahr 1927 spielte ein Orgelpfeifer mit dem verwirrenden Namen Ralph Waldo Emerson für Williams fünf Tracks ein. Stilistisch war das Label eine wilde Mischung, aber seine Anziehungskraft auf Sammler ist geradezu unheimlich.

Im Sommer 66 war Bussard auf Tour und fuhr in einem Harvester Scout seine übliche Route durch die Appalachen ab. Er glaubt heute, er hätte einen Kumpel dabeigehabt, aber das spielt für die Legende keine Rolle, in Bussards Augen jedenfalls nicht. Auf der Suche nach einem Flohmarkt verfuhr er sich. So etwas passierte ihm oft. »Ich alter Blödmann, ich dummes Arschloch, da bin ich wohl rechts abgebogen statt links«, erklärte er. Eine Pause. »Ich bin noch nie besser links abgebogen.«

Bussard kam in Fahrt, seine blauen Augen blitzten im Gleichtakt wie Ampeln. »Ich bin also eine Meile die Straße runter, da denke ich, hier gibt es keinen Flohmarkt. Da kommt ein alter Mann die Straße rauf, also frage ich ihn, und er sagt: ›Klar, da oben, Stück weiter.‹ Sage ich: ›Wollen sie auch hin? Springen sie rein.‹ Ich hatte ein Tape im Player, komisches Zeug. Sagt er: ›Kommt das aus dem Radio?‹. Ich sage: ›Nein, das ist ein Tape.‹ Sagt er: ›War ja klar‹, weil, na ja, der wusste sehr genau, so gute Sachen gab es nicht im Radio. Also sind wir da hoch und sind da rumgelaufen, und ich habe natürlich nichts gefunden. Dann habe ich ihm erzählt, was ich suchte.« Bussard spielte jetzt alle Rollen: sich selbst und den alten Mann. »»Davon habe ich einen ganzen Haufen zu Hause.‹«

Bussard fuhr den Mann die rund fünfundzwanzig Meilen nach Hause, zu einem kleinen Schuppen hinter einem Trailerpark. »Das versiffteste Loch, das man sich vorstellen kann – als wenn eine Bombe eingeschlagen wäre. Wir sind in diese Hütte rein, und er geht durch einen Flur, dann nach links, und zieht unter dem Bett einen Karton raus«, fuhr er fort. Bussard spürte den gewohnten Kitzel, aber er wusste, dass Deals wie dieser schnell kippen konnten. Die Platten könnten Müll sein, oder der Verkäufer – plötzlich mit dem kaum unterdrückten Eifer eines Fremden konfrontiert – wollte plötzlich nicht mehr verkaufen.

»Der Karton war so eingestaubt – wie schneebedeckt, wie nach einem Schneesturm.« Bussard beugte sich vor und tat, als würde er den Staub wegpusten. Er blies die Backen auf, dann zogen sie sich wieder zusammen, wie im Zeichentrickfilm. Die nächsten fünf Minuten würden Bussards Leben verändern – ja, geradezu bestimmen –, aber das konnte er noch nicht wissen. »Die erste Platte, auf die ich stieß, war von Uncle Dave Macon. Durchschnittsware. Carter Family. Charlie Poole. Und dann die erste Black Patti. Ich grabe ein bisschen tiefer. Noch drei! Wahnsinn! Schließlich bin ich den Karton durch, und da waren fünfzehn davon. Ich sage: ›Wo hast du die Platten her?‹ Er sagt: ›Ach, die hat 1927 irgend so ein Typ meiner Schwester geschenkt, haben uns nicht gefallen, also kamen sie in den Karton unterm Bett.‹ Ich sage: ›Was willst du dafür haben?‹, und er: ›Zehn Dollar.‹«

Bussard bezahlte den Mann und lud alles auf seinen Truck. Kaum war er wieder in Frederick, verbreitete sich die Kunde von seinem Fund, und die ersten Angebote gingen ein. Der Erste sei der Sammler Bernie Klatzko gewesen, erzählte Bussard, der aus New York gekommen sei und ihm für Black Patti 8030 – den »Original Stack O'Lee Blues«, gespielt von Long Cleve Reed und Little Harvey Hull, den Down Home Boys – 10 000 Dollar geboten habe. Ein paar der Black-Patti-Master waren später auch bei anderen Labeln erschienen, bei Champion oder Gennett, oft mit anderen Namen für die Musiker, aber den »Original Stack O'Lee Blues« gab es nur exklusiv bei Black Patti. Und Bussard besaß das im Jahr 1966 weltweit einzige bekannte Exemplar. »Und danach rief dann Don Kent an, kam vorbei, bot mir mehr. Es gab noch andere Gebote. Das ging rauf bis zwanzigtausend Dollar, dann fünfundzwanzig, dann dreißig, dann fünfunddreißig, dann hoch bis fünfzigtausend Dollar.« Bussard hechtete an die Regale. »Nicht hingucken, wo ich sie habe!«, sagte er, zog die Platte heraus und trottete wieder an den Schreibtisch. Er hielt sie mir auf eine Weise hin, die zu sagen schien: »Schauen Sie sie sich ruhig gründlich an, saugen Sie alles auf, aber wagen Sie nicht, sie anzufassen.« Auf seinem Gesicht lag ein gigantisches Grinsen.

Als Bussard den Eindruck hatte, der Anblick habe genug Wow in mir erzeugt, zog er die 78er aus ihrer Hülle, legte sie auf den Plattenspieler und wischte sie mit einer Plattenreinigungsbürste ab, die ein wenig an einen Tafelschwamm erinnerte. Obwohl Bussard mir wiederholt versicherte, sein Exemplar des »Original Stack O'Lee Blues« sei weltweit noch immer das einzig erhaltene, flüsterte King mir später zu, er habe gehört, es sei ein weiteres entdeckt worden und befinde sich im Besitz eines ungenannten Sammlers in Kalifornien.

Das Wenige, das man über Black Patti 8030 weiß, ist, dass die Aufnahme im Mai 1927 in einem Studio in Chicago entstand. Der Song selbst (auch bekannt als »Stagger Lee«, »Stagolee«, »Stack-A-Lee«, nebst anderen phonetisch ähnlichen Varianten) ist eine ungeheuer populäre, häufig adaptierte *American Murder Ballad*, eine Mordballade, veröffentlicht zum ersten Mal im Jahr 1911 – nachdem der Volkskundler John Lomax von einer Frau in Texas Teile einer Transkription erworben hatte, die der Historiker Howard Odum beim *Journal of American Folklore* einreichte –, und erstmals aufgenommen im Jahr 1923 von den Fred Waring Pennsylvanians. Verfasst wurde sie vermutlich gegen Ende des neunzehnten Jahrhunderts. »Stack O'Lee« erzählt die Geschichte eines Mordes zu Weihnachten, an einem fünfundzwanzigjährigen Deicharbeiter namens Billy Lyons, erschossen von einem Zuhälter aus St. Louis namens Lee Shelton, auch unter seinem Spitznamen »Stack« oder »Stag« bekannt. Dem Buch *Stagolee Shot Billy* von Cecil Brown zufolge gehörte Lee zu einer Gang von »*exotic pimps*«, die sich Macks nannte und deren Mitglieder sich »als Gegenstand der Aufmerksamkeit präsentierten«. Sie trugen speziell geschnittene Anzüge aus ausländischem Tuch – ein Verweis auf den Pariser Stil – und breitkrempige Stetsons. Der Hut war wichtig. Wie Brown schrieb: »In jener Ära war er für Schwarze ein Zeichen für höchsten Status, das für das schwarze St. Louis selbst stand ... Wer einem Mann symbolischen Schaden zufügen wollte, konnte nichts Schlimmeres tun, als ihn des Stetsons zu beschneiden.« Außerdem weist Brown darauf hin, dass Freud den Hut zumindest in Träumen für ein Symbol »des Genitals hielt, meistens des männlichen«, und dass es eine Art Stellvertreter-Kastration sei, jemandem den Hut vom Kopf zu schlagen.

Shelton und Lyons tranken an jenem Abend im Bill Curtis Saloon, einem lokalen Treffpunkt im Besitz und unter Führung des Namenspatrons. Außerdem handelte es sich dabei um das Hauptquartier des Four Hundred Club, einer sozialen und politischen Vereinigung einflussreicher schwarzer Männer; Shelton war deren Vorsteher. Ein Bericht aus dem St. Louis Globe-Democrat von 1896 beschrieb Curtis und sein Unternehmen so: »Obwohl Gestalten aus seinem Hauptquartier regelmäßig in der Leichenhalle und im städtischen Krankenhaus landen, lässt seine Beliebtheit nie nach, weil allgemein eingeräumt wird, dass er der Gesellschaft einen Dienst erweist, indem er unerwünschte Elemente der schwarzen Gemeinde an seinem Geschäftsort abfertigen lässt.«

Shelton und Lyons saßen am Tresen, soffen und unterhielten sich. Sie waren auf gewisse Weise Kollegen, wenn auch nicht unbedingt Freunde. Das Gespräch kam, wie das manchmal so ist, auf ein strittiges Thema - vielleicht Politik -, und um dem Streit Zunder zu geben, beschloss Lyons, Shelton den geliebten Stetson vom Kopf zu schlagen. Langte einfach hin und schlug ihn weg. Eine Machtdemonstration: kindisch, dennoch erniedrigend, an Überheblichkeit kaum zu toppen. Shelton verlangte seinen Hut zurück. Der Wortwechsel ist nicht überliefert, aber er dürfte heftig gewesen sein. Lyons wollte ihn nicht hergeben. Also zog Shelton blitzschnell den Revolver, jagte Lyons ein paar Kugeln in den Bauch und nahm dann - recht gelassen und ohne den äußeren Anschein von Bestürzung - den Hut und setzte ihn sich wieder auf. Dann schlenderte er davon.

Für Shelton war die Wunde am Ende tödlich, und im Jahr 1897 wurde Shelton vor Gericht gestellt, verurteilt und eingesperrt. (Seltsamerweise hat man ihn im Jahr 1909 begnadigt und entlassen, aber nur zwei Jahre später saß er wegen Raubes und tätlichem Angriff wieder ein und starb im Gefängnis, angeblich an Tuberkulose.) Die Story ist von einer tarantinoesken Brutalität, die mit Stolz zu tun hat, mit Rachsucht, Vergeltung und was sich sonst noch so begleitend niederschlägt, und wenn man sich einen Whiskey gönnt und ein wenig darüber nachdenkt, was wäre Shelton sonst noch zuzutrauen? Mit einem zickigen Fünfundzwanzigjährigen »Affen reizen« spielen? In seinem Stammlokal, vor den Augen Seinesgleichen?

Geschwind wurde die Story als Folksong adaptiert, und, wie bei fast allen Geschichten wandelten sich die Einzelheiten je nachdem, wer sie erzählte. Bemerkenswerte Fassungen existieren unter anderem von Woody Guthrie, Bob Dylan und den Grateful Dead; die der Dead spielt im Jahr 1940 und wird aus der Perspektive von Billy Lyons Geliebter erzählt, Delia, die Stagger Lee am Abend des Mordes zur Strecke bringt, indem sie ihn »in die Eier schießt«. Auch die Single »Devil's Haircut« von Beck aus dem Jahr 1996 war eine Fassung dieser Mär: »Ich hatte diese Idee, dass ich einen Song nach der Legende von Stagger Lee schreibe. Man kann sie sich zu einem Country-Blues-Gitarrenriff gesungen vorstellen«, sagte er 1997 Mark Kemp vom *Rolling Stone*.

Vom Kontext her ist am »Original Stack O'Lee Blues« nichts ausgesprochen Interessantes - noch eine Variante eines Songs, der schon von allen gesungen wurde, gespielt von zwei Leuten, die über diesen Track hinaus kommerziell kaum Erfolg hatten, auch wenn sie noch ein paar Songs für Gennett aufnahmen, vermutlich in derselben Session. Bussards Interesse rührte zwar zum Teil vom Status der Aufnahme als Rarität her, hatte aber (zumindest ihm selbst zufolge) mehr mit deren ästhetischer Überlegenheit zu tun. Er findet alles daran vollkommen. King ist nicht ganz dieser

Meinung, auch wenn er eine Black Patti grundsätzlich als würdige Verlockung einstuft. »Ich glaube nicht, dass dieses Label in den vergangenen zwanzig oder dreißig Jahren sehr viel an Prestige eingebüßt hat«, erklärte er mir später. »Das Einzige, was abgenommen hat, ist vielleicht die Zahl der Sammler, die bereit sind, obszöne Summen für eine Scheibe eines seltenen Labels hinzulegen, die musikalisch vielleicht gar nicht von übermäßiger Durchschlagskraft ist.«

Bussard brauchte ein paar Minuten, bis er sich sicher war, dass er die richtige Nadel hatte, dann senkte er sie auf die Platte. Sein Gesicht wurde schlaff. Er zuckte. Seine Schultern fingen an zu mahlen. Die Darbietung ist in der Tat sehr schön – vor allem wenn Reed und Hull die Köpfe zusammenstecken und im Refrain harmonisch zusammenfinden, mit genau im richtigen Maß ineinander verschränkten Stimmen. Das Gitarrenspiel hat etwas Liebliches und Melancholisches, und es entsteht ein Gefühl, dass Gewalt sich manchmal nicht vermeiden lässt, dass Billy Lyons und Lee Shelton dazu bestimmt waren, einander zu vernichten, wie Feinde oder wie ein Liebespaar, so wie wir es manchmal eben tun. Sobald es vorbei war, bedankte ich mich bei Bussard dafür, dass er mir die Platte vorgespielt hatte, ganz im Ernst. Er war noch immer ganz aufgedreht und wackelte mit dem Kopf.

Es wurde spät, und ich spürte, dass King sich auf den Rückweg machen wollte. Er fuhr nicht gern nachts. Er fing an, sich eine Zigarette zu drehen. Bussard, der vor ein paar Jahren endlich aufgehört hatte, wandte sich zu mir. »Von dem Scheiß müssen wir ihn runterkriegen.«

»Sie halten ihn fest, und ich klaue ihm den Tabak?«, schlug ich vor.

»Es gibt eine Platte, für die ich das tun würde«, sagte King. »Mit dem Rauchen aufhören.« Bussard schnaubte. Er wusste, worauf King es abgesehen hatte – auf die Cajun-Upgrades. Und es gab noch etwas. Während Bussard Platten holte, hatte King ein Exemplar von »Perrodin Two Step« / »Valse de la Louisiane« des Akkordeonisten Angelas LeJeune erspäht, ohne das er jetzt nicht wieder gehen wollte. Eine Platte zu entdecken, die man braucht, das ist für die meisten Sammler nicht anders, als einen Menschen, der einem wirklich viel bedeutet, berühren zu wollen, das Gesicht in dessen Nacken zu drücken und die unkalkulierbare Mischung aus Pheromonen und Erinnerungen auf einen wirken zu lassen. Ein überwältigendes, unerschütterliches Begehren. King geriet, so wie es seine Art ist, dennoch nicht aus der Fassung. Er ist ein geduldiger und gemächlicher Verhandler, ohne Angst davor, etwas aussitzen zu müssen, einer, der sein Schmachten immer unter Kontrolle hat (nach außen hin jedenfalls).

Bussard besaß inzwischen so viele Raritäten, dass ein Tauschhandel mit ihm beinahe unmöglich geworden war. Was man ihm anbieten konnte, hatte er vermutlich schon, also ging es jetzt vor allem um Upgrades. Er hatte uns zuvor erzählt, dass er sein Exemplar von Frank Hutchinsons »K. C. Blues« auf mindestens E-plus hochstufen wollte. »Ja, das hat sich irgendein Arsch nicht verkneifen können«, sagte er, hielt uns die Platte hin und zeigte auf einen Schaden, den eine Victrola mit ihrem schweren Tonarm angerichtet hatte. »Diese blöde Aufziehkiste.«

Frank Hutchison war ein weißer Gitarrist und Bergmann im Kohlebergbau von West Virginia, der zwischen 1926 und 1929 (Bussards Lieblingsperiode) einundvierzig Plattenseiten für Okeh Records aufgenommen hatte; seine spritzige Version von »Stackalee« mit Mundharmonikabegleitung, in der Billy Lyons um Gnade bettelt, war in die *Anthology* aufgenommen worden. 1945 war Hutchison gestorben, vermutlich an den Folgen seines Alkoholismus. King hatte den »K. C. Blues« - einen instrumentalen Gitarren-Ragtime mit einem denkwürdigen gesprochenen Zwischenspiel, in dem Hutchison verkündet, er komme »gerade gut drauf, durch den guten roten Schnaps« - in seiner Sammlung, aber sein Exemplar war in keinem besseren Zustand.

»Ich glaube nicht, dass ein sauberes Exemplar davon existiert, Joe«, sagte King.

»Irgendwo bestimmt!«, jammerte Bussard.

King würde es beim LeJeune mit Cash versuchen müssen.

»Die gebe ich nicht her, solange du nicht einen Haufen Geld zum Verbrennen hast«, sagte Bussard.

»Was anderes als Geld zum Verbrennen habe ich gar nicht dabei.«

»Lass mal hören.«

King öffnete seine Brieftasche und zog ein zerfleddertes kleines Stück Papier heraus. Langsam faltete er es auf. »Bei meinem letzten Besuch, als ich deine Cajun-Platten wirklich durchgehen konnte – da war das die Liste davon. Den LeJeune hast du mir verschwiegen, sonst wäre er auf der Liste. Und wie du hier genau sehen kannst, habe ich diesen und den, aber deinen habe ich nicht«, sagte er und hielt den Zettel hoch. »Du brichst mir wirklich das Herz.«

»Na ja«, sagte Bussard. Er ging wieder an seine Regale und fing an, mehr 78er herauszuziehen, um sie uns vorzuspielen. Das ging eine Weile so weiter: Bussard, der Unsummen Geldes verlangte, King, der eine Reihe zunehmend verzweifelter Seufzer ausstieß. Schließlich beschloss King, es für heute gut sein zu lassen. In ein paar Tagen würde er Bussard dann anrufen und versuchen, eine annehmbare Lösung auszuhandeln. (Sein Plan sollte aufgehen: Nach ein paar Monaten sollte King die Platte zu seinem Wunschpreis bekommen. »War heute bei Joe und habe das Archivexemplar des LeJeune abgeholt, schicke gleich via WeTransfer ein Image«, mailte er. »ENDLICH ZUFRIEDEN.«) Aber für heute Abend mussten wir zurück nach Virginia.

Aus Joe Bussards Keller wieder herauszukommen, ist fast so schwierig wie der Weg hinein. Vielleicht ist Menschen Platten vorspielen überhaupt Bussards Lieblingsbeschäftigung. Seit 1956, als er bei sich zu Hause einen Piratensender gründete, ist er ein eifriger Radio-Producer; zurzeit ist er Co-Moderator einer Sendung mit dem Titel Country Classics, immer freitags auf dem

Sender WREK aus Atlanta. Als wir uns die Mäntel überwarfen, schnappte er sich eine akustische Gitarre, legte sie sich übers Knie und spielte ein Blues-Riff, mit einem Schraubenzieher als Bottleneck. Danach erklärte er mir die diversen Phonographen, die er im Keller aufgebaut hatte. Dann trat er an einen Aktenschrank, zog eine Schublade auf, holte eine Krawatte mit weinrot-goldenem Muster heraus und behauptete, dies sei der Schlips, den Hank Williams an seinem Todestag getragen habe. »Den Knoten hat der Bestatter gelöst«, sagte er. »Hank hat nie einen Krawattenknoten gelöst. Er hat sie einfach weggeworfen. Hat sie immer nur ein Mal getragen.« Ich bekam das Gefühl, dass man ganze Tage in Bussards Keller zubringen konnte, und der wundersamen Dinge wäre kein Ende. King und ich machten unsere Honneurs und traten den Rückzug zum VW an.

Die Rückfahrt war halsbrecherisch: Der Schnee war in Regen übergegangen, und es gab überfrierende Nässe durch eisigen, am Pflaster klebenden Matsch. In Harrisonburg aßen wir in einem indischen Restaurant und hielten Manöverkritik. King fand, Bussard hätte den Preis des LeJeune hochgetrieben, um mir zu gefallen (er hatte Recht), glaubte aber, ich habe ein ziemlich authentisches Bild vom Kellergeist bekommen: ein bisschen Übermut, ein bisschen Verspieltheit und Zugang zu einer Unmenge unbezahlbarer Platten. Den Rest der Fahrt nach Afton über sprachen wir über Liebe und Tod im Liedgut, zum Teil weil wir uns nicht sicher waren, ob wir es auf den Berg und wieder hinunter schaffen würden - die Wetterbedingungen verschlechterten sich stetig. Als wir endlich wieder an meinem Auto waren, brauchte ich eine Viertelstunde, um die Windschutzscheibe freizukratzen, was für den Zustand der Straße, die vom ewig dichten Nebel verschluckt war, nichts Gutes verhieß.

King und ich wechselten beim Abschied ahnungsvolle Blicke und wagten uns in höchster Anspannung vom Parkplatz herunter. Die Rückfahrt nach Barboursville war lang und voller Schrecken.

Brets Eltern begrüßten mich mit einem Bourbon, den ich ver-
zweifelt in einem Schluck hinunterkippte. Als ich schließlich mein
Telefon checkte, fand ich eine neue Mail von King. Er war zu
Hause angekommen. Keine neuen Platten, aber er war am Leben.
Immerhin.

VIERZEHN

Ein zwanghaftes Bedürfnis, Veränderung zu verhindern, und ein sich Versenken in obskures Wissen

Sarah Bryan, »Skokiaan«, Girls,
Zwangsstörungen, David Linden, Autismus,
Schaltkreise der Befriedigung, Neurobiologie,
»Genuss wird durch Verlangen ersetzt, aus dem
Gefallen wird der Wunsch«

Gemeinsam mit Sarah Bryan bewunderte ich die korallen-roten Achselhöhlen der siebeneinhalb Zentimeter langen Stab-schrecke, die auf ihrer kleinen ausgestreckten Handfläche hockte. Ich bin nicht so der Insektentyp, aber dieses spezielle Tier ver-fügte über eine außergewöhnlich charmante Physis - wozu vor allem gehörte, dass es mehr nach Stab aussah als nach Insekt, und mit Stäben habe ich kein Problem. Es sprach für Bryans Einfühlungsvermögen - vielleicht auch ihr Erbarmen -, dass sie mich nicht drängte, es in die Hand zu nehmen; dies waren ihre Stabschrecken, und ich war ein Eindringling mit einem Notiz-block und einem Hotelkugelschreiber, schlecht dafür gerüstet, mich solchen Wesen auszusetzen. Das Insekt saß bewegungs-los auf ihrer Hand. Ich fragte mich kurz, ob es Kräfte sammelte, mir ins Gesicht zu springen. Bryan blickte mich mitleidsvoll an und lachte. Die Stabschrecke wurde wieder in ihr Habitat hinabgelassen, und wir zogen uns in die Küche zurück, füllten uns die Teller mit kalten Salaten und frischem Obst und ließen uns im Wohnzimmer auf dem Sofa nieder.

Bryan, die eine zweimonatlich erscheinende Musikzeitschrift mit dem Titel *Old-Time Herald* herausgibt – für Sammler und Liebhaber der Musik von gestern eine lebendige und wichtige Lektüre –, ist Vegetarierin und Tierfreundin, und zusätzlich zum bereits erwähnten Terrarium gab es in ihrer Wohnung in Durham, North Carolina, zwei süße gescheckte Katzen, einen großen goldgelben Hund und einen älteren Papagei. Außerdem waren da noch Regale über Regale voller 78er, gesammelt von ihr und ihrem Gatten Peter Honig, der mich an diesem lauen Frühlingsabend eingeladen hatte. Ich würde mir ein paar der Platten anhören dürfen – an der Wand über der Victrola hatte ich schon eine Charley Patton entdeckt – und war so aufgeregt, dass ich beim Essen kaum die Hände stillhalten konnte.

Den größten Teil des Tages hatte ich im Archiv der Southern Folklife Collection (SFC) der University of North Carolina in Chapel Hill verbracht, wo ein geduldiger junger Archivar namens Aaron Smithers mir im kühlen dunklen Aufnahmestudio des Archivs einen Stapel 78er von Blind Blake vorgespielt hatte – sämtlich Pressungen der Paramount –, während ich komische Fratzen malte, mir Notizen machte (*»Holy shit!«*) und versuchte zu verdrängen, was Chris King und mir in Hillsville entgangen war. Die Universität hatte im Jahr 1983 die John Edwards Collection erworben, bestehend aus circa zehntausend in der Region verwurzelten 78ern, angehäuft vom australischstämmigen Sammler John Edwards, der 1958 in Kalifornien verstorben war. Edwards' guter Freund Eugene Earle organisierte die Schenkung der Platten, zunächst an die UCLA und dann, zwanzig Jahre später, nachdem eruiert worden war, das Material sei am Ursprungsort der Musik »effektiver«, an die University of North Carolina. (Am Ende übergab auch Earle seine eigene Sammlung aus fast achtzigtausend 78ern, Singles, LPs und *transcription discs* an die SFC.)

Blues-Forscher hatten lange angenommen, dass Blind Blake aus Jacksonville, Florida, stammte, einer von der Paramount irrtümlich angegebenen Adresse wegen, aber als Ende 2011 sein Totenschein entdeckt und von einem Team aus Sammlern und Wissenschaftlern veröffentlicht wurde (namentlich Alex van der Tuuk, Bob Eagle, Rob Ford, Eric LeBlanc und Angela Mack), kam heraus, dass er in Wahrheit aus dem sechshundert Meilen weiter nördlich gelegenen Newport, Virginia, stammte und im Jahr 1934 in Milwaukee an Lungentuberkulose gestorben war. Chapel Hill war auf jeden Fall ein angemessenerer Ort für Blakes Musik, die Ende der Zwanzigerjahre für die Entwicklung des Piedmont Blues entscheidend gewesen war – eines regionalen Gitarrenstils, benannt nach dem Piedmont (dem plateauförmigen Landstück zwischen Atlantik und den Appalachen, das sich grob gesagt von Richmond bis Atlanta erstreckt) und gekennzeichnet durch eine komplexe Art des Fingerpicking, die den galoppierenden Synkopen des Ragtime folgt. Der Piedmont Blues hat eine Leichtigkeit, die ich im Vergleich zu den raueren, anrüchigeren Klängen des Delta Blues bisher weniger geschätzt hatte, aber Blakes besänftigendes und würdevolles Crooning, seine Art, die Finger über die Saiten schnalzen zu lassen, die Unbesonnenheit des ganzen Unternehmens hat etwas Unwiderstehliches. Selbst wenn Blake von *trouble* singt, klingt er verspielt, geradezu schelmisch. (*»When you see me sleeping, baby, don't you think I'm drunk / I got one eye on my pistol, and the other on your trunk«*, verspricht er im »Early Morning Blues« – Wenn du mich schlafen siehst, denk ja nicht, dass ich betrunken bin. Ich habe immer ein Auge auf meine Pistole und auf deinen Koffer.) Trotz des schwierigen Verhältnisses der meisten Sammler zur Wissenschaft und zu Archiven im Besonderen vermachen viele ihre Platten noch immer lieber Institutionen, anstatt ihre schon schwere Erbmasse auch noch mit Hunderten

Kilo Schellack zu belasten. Der Kurator der Southern Folklife Collection, Steve Weiss, schätzte, dass fast fünfundneunzig Prozent des Bestandes der SFC aus Privatsammlungen stammten, nicht aus Firmenarchiven oder öffentlichen Quellen. Interessanterweise war Weiss für den Beitrag der Sammler dankbar, nicht nur zu dem ihm selbst unterstehenden Archiv, sondern zum Gebiet der Folklore als Gegenstand wissenschaftlicher Forschung überhaupt – dessen Bedeutung erst in den Fünfzigern und Sechzigern gewachsen war. »Damals wurde über volkstümliche Musik nicht ernsthaft wissenschaftlich gearbeitet«, erläuterte er. »Und ich glaube, zu den Verdiensten der Sammler gehört, dass sie dieser Musik a) Interesse eingebracht und b) Legitimität verliehen haben, sodass man sich ernsthaft mit ihr auseinandersetzen konnte. Sie haben diese Musik wirklich bewahrt, und sie haben auch für sie geworben. Auf ihre eigene Weise sind sie selbst Archivare«, sagte er. »Vielleicht mehr noch als manche Profis.« Es mochte manchmal Spannungen zwischen Sammlern und Akademikern geben, aber es gab auch eine Symbiose.

Bei Bryan zu Hause plapperte ich Honig und ihr etwas über den universitären Blues-Bestand vor und über alles, was ich an diesem Tag sonst noch gesehen und gehört hatte. Bryan, die lange braune Haare und rosige Wangen hat, hörte teilnahmsvoll zu. Ich fragte sie, ob sie sich an ihr erstes Hörerlebnis mit einer 78er erinnern könne. »Ganz deutlich«, erwiderte sie. »Peter und ich waren damals befreundet. Ich lebte im Norden von Virginia, und er wohnte in Charlottesville. Ich fuhr ihn mit einer gemeinsamen Freundin besuchen. Musikliebhaberin war ich schon - musizierte selbst und hörte Wiederveröffentlichungen -, aber Peter wusste, dass ich noch nie eine 78er gehört hatte. Er besorgte eine, von der er wusste, dass sie mir gefallen würde, nämlich »The NuGrape Song«, einen Werbejingle der Crown Cola Company aus den Zwanzigerjahren. Als ich ankam, legte er sie sofort auf. Das Zuhören war so ein Spaß, dass ich zuerst gar nicht groß über den Klang der

Platte nachdachte. Und dann legte er noch eine Platte auf, von der er wusste, dass sie mir gefiel, »Diamond Joe« von den Cofer Brothers, eine grobschlächtige Streichkapelle aus dem Georgia der Zwanziger. Und dieses Mal war ich zum Hören ausreichend zur Ruhe gekommen, und die Innigkeit des Klangs haute mich einfach um. Ich hatte viele LPs gehört, es war also nicht so, dass ich nur digitalisierte Musik kannte. Aber das einfach so zu hören, durch Holz und Metall und das kleine Häufchen Glimmer ...« Sie lächelte. »Es war, als wären sie wirklich dort. Ich sehe mich noch immer bei Peter im Wohnzimmer sitzen, und in meiner Vorstellung sitzen die Cofer Brothers nebenan. So eindrucksvoll war das.« Honig – ein mittelgroßer Mann mit braunem Haar und Seitenscheitel – strahlte und richtete sich auf seinem Stuhl ein wenig mehr auf.

Beim Essen spielten Bryan und Honig mir ausgewählte Stücke von Uncle Dave Macon, Peg Leg Howell and His Gang und den Roane County Ramblers vor. Bei der Auswahl wechselten sie sich ab und würdigten einander mit wissendem Grinsen. (Zu Anfang ihrer Beziehung hatte Honig Bryan eine antike Victrola geschenkt, die Fächer vollgestopft mit Platten, von denen er glaubte, dass sie ihr gefallen würden. Das finde ich ungefähr die romantischste Geste, die ich mir bei einem balzenden Paar Schallplattennerds vorstellen kann.) Zum Klang einer Platte von Washington Phillips biss ich in ein Plätzchen und erlaubte Bryans klotzköpfiger Katze, sich von der Sofalehne aus an meinem Ohr zu reiben. Die Platten und das ganze Drumherum machten mich high, und ich hätte sofort meine Zahnbürste in den Halter über dem Waschbecken gesteckt und wäre geblieben, solange sie mich ließen.

Bryan – vielleicht weil sie spürte, dass ich so weit war –, suchte eines ihrer Lieblingsstücke heraus: ein Zulu-Trinklied mit dem Titel »Skokiaan«, dargeboten von der Bulawayo Sweet Rhythms Band. Sie hatte die Platte vor acht oder neun Jahren auf einem Flohmarkt bei Richmond ergattert, bei einem Händler, den Peter und sie schon eine Weile kannten – »ein sehr alter Mann namens

Pop«, erzählte sie. »Pop ging seine Platten durch, weil er Peters Geschmack kannte, was Platten und Labels anging. Er legte Sachen zur Seite und sagte: ›Das würde ihm gefallen, das nicht.‹ Und dann stieß er auf ›Skokiaan‹ und sagte: ›Keine Ahnung, was das ist.‹ Ich sah es mir nur so zum Spaß mal an und merkte am Namen, dass es afrikanisch war. Und er sagte: ›Dafür nehme ich einen Dollar.‹ Also habe ich den Dollar bezahlt, und wir haben sie mitgenommen. Unter all meinen Fundstücken meine Lieblings-78er.«

Ursprünglich ist Skokiaan ein in Afrika illegal auf der Straße verkauftes Gesöff, manchmal tödlich, gebraut von sogenannten Skokiaan Queens, die, Informationen von *Time* aus dem Jahr 1954 zufolge, »wissen, wie man es mit ausreichend Methylalkohol versetzt, damit es knallt, aber nicht killt.« (Später im selben Jahr übersetzte *Time* »Skokiaan« in einer kurzen Rezension des Musikstücks frei als »*happy-happy*«.) Die Platte war 1954 zuerst bei Gallotone erschienen, einem Imprint der Gallo Record Company, dem ältesten unabhängigen Plattenlabel des afrikanischen Kontinents. Komponiert hatte das Stück August Musarugwa, ein Bandleader aus Südrhodesien (damals eine britische Kolonie, heute heißt das Land Simbabwe), der es Ende der Vierziger- oder Anfang der Fünfzigerjahre mit seiner Band, der African Dance Band of the Cold Storage Commission of Southern Rhodesia, aufnahm. Als es bei Gallotone herauskam, hatte jemand den Namen der Gruppe in die vergleichsweise plakative Bulawayo Sweet Rhythms Band geändert. Das Stück verkaufte sich in Südafrika beeindruckende 170 000 Mal, und schließlich bekam Bill Randle, ein DJ bei der Radiostation WERE in Cleveland, ein zerkratztes Exemplar der Platte in die Hand gedrückt, überbracht von einem Freund – der Septemberausgabe von *Downbeat* im Jahr 1954 zufolge war er »Pilot auf der Südafrika-Route«. Randle war ausreichend angetan, um beim Label ein frisches Exemplar anzufordern, das dann vier Mal über den Sender ging. *Downbeat* berichtete: »Die Schlacht brach los. Privatkunden, Vertriebe, Einzelhändler, alle balgten sich um

Exemplare.« Kurz darauf brachte das britische Label London - ein internationaler Partner von Gallotone - die Platte in den USA heraus (Bryans Exemplar ist eine Pressung von London und trägt die Nummer 1491). »Skokiaan« war ein mittelerfolgreicher Hit und erreichte in jenem Jahr Platz siebzehn auf den Billboard Charts. Das Stück wurde viel gecovert, darunter zwei Mal eher freudlos von Louis Armstrong, einmal instrumental und einmal mit improvisiertem Gesang, aufgenommen im August 1954 für Decca.

Ein paar Jahre zuvor hatte sich »Wimoweh« in der Version der Weavers in die Top Ten von Billboard geschlichen (die Originalversion, »Mbube«, hatten Solomon Linda and the Evening Birds im Jahr 1939 für Gallo aufgenommen; der Zulu-Refrain *uyimbube* wurde angeblich von Pete Seeger als »wimoweh« missverstanden, und so entstand der neue Titel), und 1961 landete das Pop-Sextett The Tokens aus Brooklyn mit einer weiteren Bearbeitung einen Number One Hit, nun unter dem Titel »The Lion Sleeps Tonight«. Aber für viele US-amerikanische Kids war »Skokiaan« die erste Begegnung mit Weltmusik von Nicht-Amerikaner:innen - eine Offenbarung.

Ganz einfach gesagt: Wenn Sie jemandem den Tag retten möchten, dann legen Sie ihm »Skokiaan« auf. Wenn dieser Jemand das Stück nicht schon kennt, wird er es Ihnen nie vergessen. Musarugwas wabbeliges Saxofonspiel trägt die Melodie, und so etwas wie seinen speziellen Klang habe ich sonst noch nie gehört. Sein Spiel ist weder hektisch noch trunken - es ist süß und auf mühelose Weise freudenreich, ein entglittenes schallendes Gelächter, ein großer ausgedehnter Spaß. Es gehört zu den menschlichsten Klängen, die je auf Platte gebannt wurden.

Bryan erzählte mir, es habe eine Weile gedauert, bis sie das Stück hören konnte, ohne zu weinen.

Obwohl ich weiter störrisch darauf beharrte, dass es sie irgendwo geben musste, still und leise großartige Sammlungen aufbauend,

blieb Sarah Bryan die einzige 78er-Sammlerin, die ich hatte auftreiben und treffen können. Ich wusste, dass es mindestens noch
eine weitere gab – im Jahr 2010 schenkte eine Frau namens Sherry
Mayrent der Madison Mills Library der University of Wisconsin
ihre Sammlung aus fast siebentausend jiddischen und hebräischen
78ern –, aber das Schallplattensammeln an sich ist eine männlich
dominierte Beschäftigung, und das Sammeln von Schellackplatten
ist es noch mehr. Fast jedes Mal, wenn ich einen Sammler fragte,
ob sie im Business Frauen kennen würden, kniffen sie die Augen
zusammen und murmelten etwas Unverbindliches. Da gibt es eine,
irgendwo, vielleicht. Keine Ahnung.

Jede Art des Sammelns erfordert ein außergewöhnlich hohes
Konzentrationsvermögen. Die Suche hat Anteile von Gewalt-
tätigkeit, eine dysfunktionale Aggressivität, die abstoßend, aber
auch auf rührende Weise verschroben wirken kann. Für Außen-
stehende einschüchternd, gespeist von einer Bereitschaft, sich auf-
zuopfern. Es mochte vielen Sammlern gelingen, funktionierende
oder gar erfolgreiche Beziehungen zu unterhalten – bei anderen
blieben die Bedürfnisse von Freunden, Freundinnen, Partnern,
Familienmitgliedern, Ehefrauen, Geliebten und Kollegen dem
Ankauf neuer Platten immer untergeordnet. Manchmal fragte
ich mich, ob Frauen einfach nicht in der Lage waren, solche Art
Entscheidungen zu treffen, oder es einfach nur seltener taten. Für
die USA der Vierziger- und Fünfzigerjahre, als die erste Welle der
Sammler – Männer wie James McKune und Harry Smith – für das
Gewerbe die Regeln setzte und den Keim für Sammlungen von
Weltklasse legten, galt dies auf jeden Fall.

Ich war es von meinem Beruf her schon gewohnt, die einzige Frau zu sein, aber langsam nahm ich, wie alles andere
auch, die Kluft zwischen den Geschlechtern unter Sammlern
persönlich. Es existieren so viele umfassende unbefriedigende
Verallgemeinerungen über Geschlechterdifferenzen, die breitgetreten werden, um die verschiedenen Arten zu erklären, auf die

Männer und Frauen ihre Musikleidenschaft ausleben: Da gibt es die Vorstellung, dass Frauen, von unkontrollierbaren Wellen der Leidenschaft erschüttert, die Funktionsweise einer Gitarre nicht begreifen können (wenn man dauernd Tränen in den Augen hat, kann man ja sowieso nichts begreifen). Und dass Männer, die von tiefer Bewegung verunsichert werden, die Musikerfahrung auf eine Reihe von Fakten und Zahlen begrenzen müssen - sie müssen sie sezieren, um sie sich praktisch greifbar zu machen, damit sie weniger furchterregend wird. Diese Art von Theorien ist natürlich reduktionistisch, wenn nicht absurd.

Zu erforschen, wie und warum Sammler sammeln - und in welchem Bezug das zu ihrer Mannhaftigkeit steht, wenn überhaupt - ist eine eher undankbare Aufgabe. Fragt man einen 78er-Sammler nach seinen Motiven, wird er in den meisten Fällen lachen, die Frage mit einer selbstironischen Bemerkung abtun oder eine vorbereitete ausgefeilte Rede über seine große und tiefe Liebe zur Musik halten. Letztere habe ich in vielleicht fünfzig Prozent der Fälle geglaubt. Wenig hilfreich war dabei, dass die großen Sammler sich fast einstimmig weigerten, der in den vergangenen sechzig oder fünfundsechzig Jahren aufgenommenen Musik irgendeinen künstlerischen Wert zuzumessen. Eine so wahnwitzige und unerträgliche Haltung (und eine so groteske Spielart der Musikleidenschaft), dass ich gelegentlich einfach sprachlos war. Ich unterdrückte den Impuls, Sammlern CDs von The Clash oder Prince in die geballten Fäuste zu zwingen, im Bewusstsein, dass es verlorene Liebesmüh wäre, und weil ich vermutete, dass ihre Ablehnung zeitgenössischer Klänge fast ausschließlich außermusikalische Ursachen hatte. Die grundsätzliche Zurückweisung von zwölftaktigem Rock 'n' Roll konnte ich ja noch verstehen - schließlich konnte man ihn durchaus für eine unanständig verwässerte/aufgemotzte Abart des Country Blues halten -, aber der Rest war mir ein Rätsel, vor allem die unter Sammlern fast einhellige Ablehnung von Hip-Hop. Ich konnte nicht begreifen, dass Männer, die so sehr von neunzig Jahre alter schräger, sexualisierter, stumpfsinniger Musik besessen waren, sich für deren zeitgenössisches Gegenstück nicht einmal ansatzweise interessierten. Ließ sich Etwas, das es nicht mehr gab, einfach leichter fetischisieren, weil niemand verlangen konnte, dass man aktiv daran Teil hatte? Manchmal fragte ich mich, ob sich in hundert Jahren im Konferenzzimmer irgendeines Hotels ein Haufen alter Männer versammeln würde, um einander MP3s von Lil-B-Mixtapes (»Limited Release«) zu überspielen – oder von sonst einer modernen Musik, die inzwischen in einen Zustand gefahrloser Stase übergegangen war, in Gefilde, die Distanz und Voyeurismus zuließen.

Meine Neugier bezüglich Geschlechterrollen führte natürlich nur zu weiteren, größeren Fragen zu den Themen Besessenheit und Liebe und Kunst und Rassifizierung und Geld und Macht und Beschaffenheit des menschlichen Gehirns. Das Horten und Sammeln hängt beides oft mit einer Zwangsstörung zusammen, oder gar mit einer zwanghaften Persönlichkeitsstörung. Die US-amerikanische Gesundheitsbehörde definiert den Unterschied zwischen beiden wie folgt: »Menschen mit einer Zwangsstörung leiden an unerwünschten Gedanken, während Menschen mit einer zwanghaften Persönlichkeitsstörung diese Gedanken für richtig halten.« Die Persönlichkeitsstörung tritt bei Männern häufiger auf als bei Frauen (die einfache Zwangsstörung ist eher genderneutral), und zumindest einige ihrer acht diagnostischen Kriterien (übermäßige Beschäftigung mit Arbeit; Unfähigkeit, auch wertlose Dinge wegzuwerfen; Rigidität; Geiz; Unfähigkeit zu delegieren; Unwille, Gefühle zu zeigen; übermäßige Beschäftigung mit Details, Regeln und Listen) passen hervorragend zum Archetypus des 78er-Sammlers – mehr noch als das reine Horten selbst, das erst kürzlich als eigene diagnostizierbare psychische Erkrankung zum *Diagnostischen und statistischen Leitfaden psychischer Störungen* des US-amerikanischen Psychiaterverbandes hinzugefügt wurde, erkennbar an »der

Anhäufung von Besitztümern, die bewohnte Flächen verstellen und deren vorgesehenen Gebrauch bedeutend einschränken.«

Was den Sammler vom Messie unterscheidet, ist letztlich eine unerschütterliche Gewissheit dessen, was dazugehört und was nicht. Messies sind oft unfähig, sich überhaupt von Dingen zu trennen, die sie bewusst angeschafft und eingelagert haben, während 78er-Sammler wenigstens laufend Werturteile treffen. In ihrem Buch *Stuff: Compulsive Hoarding and the Meaning of Things* vertreten Randy O. Frost und Gail Steketee die Auffassung, die »Grenze zwischen normalem Sammeln und zwanghaftem Horten« sei durch »Leid und Schädigung« markiert, was eine objektive Benennung der beiden Befindlichkeiten unmöglich macht. An anderer Stelle sind Autor und Autorin optimistisch, was die Bedeutung des Sammelns für den Sammler angeht und beschreiben das Sammlergut als nicht mehr als hilflose Verbindungskanäle zu menschlichen Beziehungen. »Anstatt Menschen durch Besitztümer zu ersetzen, nutzte Irene Besitztümer, um Verbindungen zwischen Menschen und der Welt im Ganzen herzustellen«, schrieben sie über eine Person, nachdem diese ihnen eine Führung gegeben hatte (»Aus der Reifenwerbung ergab sich eine Geschichte über ihr Auto, und daraus eine Geschichte über den Wunsch ihrer Tochter, fahren zu lernen, und so weiter.«) Obwohl ich verstehe, wie man in dem sammlerischen Streben nach historischem Wissen einen Weg sehen kann, menschliche Beziehungen aufzubauen, glaube ich wirklich nicht, dass dieses Verhalten sich als etwas auch nur annähernd Geselliges ausformen kann.

Anders als die meisten Patienten mit einer Zwangsstörung empfinden jene mit einer zwanghaften Persönlichkeitsstörung ihr Vertieftsein nicht unbedingt als störend. Ein wenig wie beim Asperger-Syndrom, einer Störung aus dem Autismus-Spektrum, die das Funktionieren im Alltag wenig beeinträchtigt, und mehr Männer als Frauen betrifft: Angeführt wird ein Verhältnis von bis zu eins zu zehn, und auch wenn sich in dieser Statistik weitverbreitete

Unsicherheiten in der Diagnose widerspiegeln, ist sie für die Feststellung, dass es bei Asperger einen deutlichen Männerüberhang gibt, deutlich genug. Simon Reynolds, der Autor von *Retromania*, und viele andere sehen im obsessiven Plattensammeln aspergersche Momente. Reynolds erklärt es so: Bei dem Syndrom gingen »Schwierigkeiten, Beziehungen zu anderen Menschen aufzubauen, mit einem obsessiven Bedürfnis nach Gleichförmigkeit und einem Eintauchen in verborgenes Wissen [einher].«

Obwohl ich bei anderen Menschen nur ungern überhaupt etwas diagnostiziere – schließlich beschränkt sich meine medizinische Ausbildung auf Wiederholungen von *Dr. House* auf dem Laufband des New York Sports Club –, kamen die Symptome mir arg vertraut vor, besonders was das Anhäufen obskurer Fakten anging. Dem *Diagnostischen Leitfaden* nach gehören zu den Hinweisen auf Asperger (unter anderem) Hemmungen im sozialen Umgang und repetitive Verhaltensmuster, darunter »extremes Vertieftsein in ein oder mehrere stereotype und begrenzte Interessensmuster, abnorm in ihrer Intensität oder Konzentration.« Aber wie bei fast allen psychiatrischen Störungen, besonders jenen aus dem Spektrum, bleibt die Diagnose Asperger trotz aller Kriterien ungefähr und subjektiv. Das Syndrom wurde in den USA inzwischen ganz aus dem Leitfaden getilgt und stattdessen dem Autismus zugeordnet. Was früher Asperger hieß, wird heute nur noch als mildere Form einer Autismus-Spektrum-Störung eingestuft. Als Punkt auf einer Kurve.

Die Ähnlichkeiten mit Autismus und der zwanghaften Persönlichkeitsstörung waren bestechend, aber sofern es um klinisch diagnostizierbare Leiden ging, kam das Sammeln mir am ehesten wie eine gute alte Suchterkrankung vor. Sammler brauchten immer unbedingt den nächsten Schuss, und ihre Abhängigkeit von der stetigen Beschaffung neuer 78er war für sie oft eine Belastung, bis hin zur völligen Lähmung.

Falls die Sucht-Hypothese stimmt, liegen interessanterweise wissenschaftliche Daten vor, nach denen Sammler an Musik sogar weniger Genuss finden als Nicht-Sammler, was bis zu einem gewissen Punkt das Kopf-Herz-Paradox und ihre Konzentration auf Fakten als Ersatz oder unnötige Ergänzung für die emotionale Befriedigung durch die Musik erklären würde. Der Neurobiologe Dr. David J. Linden, Professor für Neurowissenschaft an der Johns Hopkins School of Medicine, hat das Phänomen 2011 in seinem Buch *The Compass of Pleasure* umrissen: »Glauben Sie, wie so viele, dass Drogensüchtige abhängig werden, weil sie aus dem Rausch mehr Genuss ziehen als andere Menschen? Die Biologie verneint das: Sie scheinen den Rausch stärker zu *brauchen*, aber auch weniger zu *genießen*«, schreibt er. »Genuss wird durch Verlangen ersetzt; aus dem Gefallen wird der Wunsch.«

Wer schon einmal nach etwas gelüstet hat, weiß, dass diese Art von tiefem Verlangen bis in die Knochen einen starken Antrieb darstellen kann. Linden berichtet von einem Experiment in Montreal aus dem Jahr 1953, in dessen Verlauf Neurowissenschaftler zufällig entdeckten, wie man das komplexe, vernetzte Belohnungszentrum des Gehirns mit Elektroden stimulieren kann, die eigentlich für die Kontrolle der Schlafzyklen von Versuchsratten vorgesehen waren. Vor die Wahl gestellt, sich zwischen Fressen, Wasser oder der Betätigung eines Hebels zu entscheiden, über den die implantierten Elektroden durch einen kurzen Elektroschock stimuliert wurden, entschieden die Ratten sich durchgehend für letzteren. (Das Experiment wurde später erfolgreich und auf unethische Weise mit Menschen wiederholt.) »Männliche Ratten, die sich selbst stimulierten, ignorierten läufige Weibchen und überquerten wiederholt Bodengitter, die ihnen Elektroschocks in die Füße versetzten, um an den Hebel zu gelangen«, schreibt Linden. »Weibliche Ratten überließen ihre neugeborenen, von ihrer Milch abhängigen Jungen sich selbst, um immer wieder den Hebel zu betätigen. Manche Ratten stimulierten sich im Verlauf von vierundzwanzig Stunden bis zu zweitausend Mal und taten nichts anderes mehr. Sie mussten von der Apparatur getrennt werden, um sich nicht zu Tode zu hungern. Die Betätigung des Hebels war ihre Welt.«

Wir finden alle unsere eigenen Wege, diesen Hebel zu betätigen, und, was noch wichtiger ist, seiner Betätigung Grenzen zu setzen. So definiert sich die zivilisierte Genusserfahrung. In meinen trunkeneren und hedonistischeren Momenten denke ich, das Leben ist hart und kurz, also warum nicht den blöden Hebel betätigen, wenn es uns glücklich macht? Warum sollten wir einander unsere Gänge an den Hebel nicht verzeihen? Aber das Problem ist nie die Bedürfnisbefriedigung selbst (obwohl sie für viele Suchtkranke mit klaren Körperstrafen einhergeht), es sind die externen Konsequenzen: Die Ratte, die ihre Kleinen verstößt, der Süchtige, der seine Familie verlässt, die lange, schmerzliche Spur zerstörter Beziehungen und gebrochener Versprechen. Wir bemessen das Problem der Sucht nach ihren Konsequenzen. Wie Linden schreibt – Sucht ist nicht mehr als die hartnäckige Verfolgung von etwas, ohne Ansehen der »zunehmend negativen Folgen für das eigene Leben.« Die Auswirkungen, wie katastrophal sie auch für alle Beteiligten sein mögen, sind nicht immer stark genug, das Verlangen zu besiegen.

Manche lernen, mit den Kosten besser umzugehen als andere.

Als ich das Buch ein zweites Mal gelesen hatte, nahm ich schließlich Kontakt zu Linden auf und bat ihn, mit mir ein paar der neurologischen Impulse hinter dem Streben nach Genuss durchzugehen und zu erörtern, inwieweit die Lust am Sammeln biologisch bestimmt sein mochte. Vielleicht waren Sammler einfach süchtig nach Platten – vielleicht auch darüber hinaus noch nach deren Erwerb und Kategorisierung. Aber mein Verdacht war, dass es so einfach nicht sein würde.

Linden gehört, wie ich erfahren musste, zu jenen empörend klugen Menschen – überschäumend vor Ideen, die schon vorgefasst klingen, während sie noch spontan entstehen –, die einem sofort das Gefühl geben, seine gesamte naturwissenschaftliche Ausbildung ab der dritten Klasse noch einmal neu abschließen zu müssen. Nachdem ich ihm meine grundsätzlichen Fragen zum Thema Gender in Bezug auf das Sammeln und meine oberflächlichen Beobachtungen der Ähnlichkeiten zwischen dem Archetypus des Asperger-Patienten – wie ich ihn sah – und dem Archetypus des 78er-Sammlers dargelegt hatte, brachte Linden sofort die Arbeiten von Simon Baron-Cohen zur Sprache (eines Vetters des Komikers und *Borat*-Stars Sacha Baron-Cohen), der im Jahr 2006 ein kleines Buch mit dem Titel *Pre-Natal Testosterone in Mind* veröffentlicht hatte, eine bahnbrechende und seltsam packende Studie (»Dies ist ein Buch über eine wissenschaftliche Reise«, lautet der erste Satz) über die Auswirkungen pränatalen Testosterons auf die Entwicklung und das Verhalten nach der Geburt.

»Das erstaunliche war, dass sich am pränatalen Testosteron erstaunlich genau ablesen ließ, wie diese Kinder, männlich wie weiblich, sich innerhalb eines bestimmten Verhaltensspektrums positionieren würden«, sagte Linden. »Und was Baron-Cohen glaubt – und ich glaube, da ist was dran –, ist, dass Autismus einfach Männlichkeit im Extrem ist. In anderen Worten, was wir sonst im Durchschnitt an Unterschieden in kognitiven Ausdrucksweisen und Persönlichkeiten sehen – grob umrissen natürlich, die unglaubliche Variationsbreite unter den Individuen ausgeblendet, aber wenn wir die durchschnittlichen kognitiven Differenzen zwischen Männern und Frauen betrachten, sind Männer stärker objektorientiert, weniger personenorientiert, sie weichen Blicken eher aus, verfügen über geringere soziale Intelligenz, geringere verbale Ausdrucksfähigkeit und eine geringere Fähigkeit zu spontaner Sprachbildung«, fuhr er fort. »Eine ganze Reihe von Dingen kann man testen. Und natürlich gibt es innerhalb der männlichen und weiblichen Bevölkerungsgruppen viel Variation: Es gibt eher männliche Frauen und eher weibliche Männer, und im Extrem

der Männlichkeit, sozusagen, finden wir dann unsere Asperger-
und Autismus-Patienten, die nicht ausschließlich, aber in über-
wältigender Mehrheit männlich sind. Wenn ich jetzt von ihrem
aspergermäßigen Sammlertypus höre – das ist es, was mir dazu
einfällt«, schloss er. »Ich frage mich, wie deren pränataler Testos-
teronspiegel ausgesehen hat.«

Das fragte ich mich auch.

Mir fiel dazu ein Kommentar ein, den Baron-Cohen im Jahr
2005 für die *New York Times* geschrieben hatte: »Ist Autismus eine
Extremform des Männlichen?« Er war erschienen, nachdem Law-
rence Summers, damals Präsident der Harvard University, eine
umstrittene Rede gehalten hatte, in der er die Auffassung ver-
trat, Frauen seien von Natur aus für eine naturwissenschaftliche
Laufbahn weniger geeignet. (Er schrieb dies »unterschiedlich aus-
geprägter Tauglichkeit am obersten Ende der Skala« zu.) Baron-
Cohen war diplomatischer, sagte aber ungefähr das Gleiche und
führte zum Beleg eine Reihe psychologischer und biologischer
Tests an: »In meiner Arbeit habe ich diese Unterschiede unter
der Aussage zusammengefasst, dass Männer durchschnittlich
einen höheren Antrieb zum Systematisieren haben und Frauen
zur Empathie«, schrieb er. Demzufolge wäre es möglich, dass sich
der überwältigend hohe Männeranteil unter den 78er-Sammlern
nie einer spezifischen sozialen, kulturellen oder auch nur persönlichen Ursache zuschreiben ließ. Das Bedürfnis zu horten und
zu systematisieren könnte dem Sammlerhirn schon aufgeprägt
gewesen sein, bevor die Hebamme »Es ist ein Junge!« rufen konnte.

Linden hatte noch reichlich andere Vorstellungen – genug, um
zumindest eine gewollt naive lyrikbegeisterte Person davon zu
überzeugen, dass wirklich alle schambesetzten Angewohnheiten
und schrägen Fetische, denen sie sich jemals heimlich gewidmet
hatte, auf die eine oder andere Weise in ihrem spezifischen Körper
einen biologischen Zweck hatten. »Ich will nicht behaupten, dass
wir alle Sklaven unserer Gene und unserer Chemie sind«, sagte er

glucksend. »Unsere Erfahrungen modifizieren auch unser Gehirn. Das ist keine Einbahnstraße. Unsere Erfahrungen in der Welt verändern unser Gehirn, schon im Mutterleib und dann das ganze Leben lang. So entstehen unsere Erinnerungen, das formt uns zum Individuum. Und unsere Gene und Hirnfunktion beeinflussen unser Verhalten, unsere kognitiven Prozesse, unsere Emotionen und so weiter«, sagte er. »Der Nährboden ist hundertprozentig biologisch, auch wenn dann alles soziokulturell mitbestimmt wird.«

Wir sprachen auch eine Weile über das Jagdfieber (den Kitzel, nicht zu wissen, was man aufstöbern wird und wann, den Reiz des Neuen hinter der nächsten Ecke), ein weiterer verbreiteter Weg, sich Genuss zu verschaffen, den Linden für zumindest teilweise biologisch bestimmt befand. »Der Weg ist das Ziel. Das halte ich für fundamental«, sagte er. »Im Sinne der Biologie scheint das eine tiefe Wahrheit zu sein. In anderen Worten: Die Menschen folgen diesem rationalen, ökonomisch geprägten Modell, demzufolge Unkalkulierbarkeit ein Angstfaktor ist. Etwas nicht im Voraus zu wissen ist immer ein Minus, und belohnt werden wir nur, wenn wir gewinnen. Das Neuroimaging scheint diese Vorstellung nicht zu unterstützen. Es bestärkt eher die Vorstellung, dass wir bis zu einem gewissen Grad dazu ausgelegt sind, dem Ungewissen einen Reiz abzugewinnen. Und da gibt es genetisch wahrscheinlich Variationen, und manchen Menschen wird Ungewissheit mehr Spaß machen als anderen. Ich weiß nicht, ob Sie sich einmal mit zwanghaften Glücksspielern unterhalten haben, aber sie würden Ihnen sagen, dass das Gewinnen das Geringste ist. Sie hungern nach der Action. Und das ist bei Ihren Sammlern, die wirklich gern auf die Jagd gehen, vielleicht genauso.«

Jenseits des Rausches des Aufspürens war Linden meiner Meinung, dass das Beharren auf Fakten und Kenntnis – darauf, über ausreichend Informationen zu verfügen, um eine Platte sowohl lokalisieren als auch korrekt kontextualisieren zu können – ebenfalls neurologische Ursachen haben konnte.

»Wir haben gern ein Gefühl der Handlungsmacht«, sagte er. »Wir planen gern, führen den Plan dann aus und sammeln Informationen, die uns den Erfolg des Plans bestätigen. Das ist etwas fundamental Menschliches und findet bei unterschiedlichen Menschen unterschiedlichen Ausdruck«, fuhr er fort. »Genau das macht Schusswaffen so attraktiv. Man blickt am Lauf entlang, stellt sich vor, was passieren wird, betätigt den Abzug, trifft irgendein Ziel – man erlebt, dass der selbst gefasste Plan aufgeht. Ich habe meinen Vater einmal gefragt: ›Warum spielst du so gern am Aktienmarkt?‹ Und er hat gesagt: ›Ich habe so gern Recht.‹ Wenn ich an Ihre Sammlertypen denke, die so stolz auf ihr Wissen über ihre Sammlungen sind und sich viel Mühe geben, sich in Bezug auf eine bestimmte Platte zu bilden und sie zu bekommen, muss ich mir das so vorstellen, dass die Befriedigung, die der Vorgang ihnen verschafft, mit diesem Gefühl der Handlungsmacht zusammenhängt. Ich würde vermuten, dass diese Menschen auch sehr wählerisch sein werden, was ihr Essen und ihren Wohnraum angeht.

»Ja«, murmelte ich ins Telefon. »Stimmt genau.«

Mir war noch nicht klar gewesen, dass das Rechthaben – in diesem Fall in Bezug auf den ästhetischen und kulturellen Wert bestimmter Musik – ein so starkes Narkotikum sein konnte, obwohl vermutlich schon über weniger genau quantifizierbare Gewissheiten Kriege geführt worden sind. Die Gegenwartskultur mochte Sammler eingeschüchtert (oder sie sozial ungeschickt gemacht oder modisch gefordert oder was auch immer) haben, aber die Rechtschaffenheit ihres Tuns stellten sie selten infrage. Ihr Glaube war fest.

Diese Festigkeit ist die andere prägende Eigenschaft des 78er-Sammlers. Sie ist gewiss für deren Marginalisierung und gelegentliche Garstigkeit verantwortlich. Linden hatte mich überzeugt, dass es für das sammlerische Verhalten eine neurobiologische Basis gab und deren Angewohnheiten möglicherweise nicht geschlechtsunabhängig waren. Außerdem hatte ich das Gefühl, die diversen soziokulturellen Gründe begriffen zu haben, aus denen es befriedigend sein konnte - hoch befriedigend -, diesen sündigen Trieben nachzugeben.

Aber je länger ich darüber nachdachte, desto egaler wurde es mir. Ich bin immer noch nicht ganz überzeugt, dass die sammlerische Arbeit ganz und gar oder auch nur hauptsächlich vom Wunsch nach Anerkennung bestimmt wird, aber manchmal (sagen wir, wenn ich im Musikzimmer von Chris King lange genug Blind Uncle Gaspard höre oder man mir am späten Abend »Skokiaan« vorspielt und mich dabei mit Keksen füttert), merke ich, wie tief dankbar ich ihnen bin, ganz unbekümmert von ihren Motiven oder den persönlichen Konsequenzen, die ihnen aus ihrem Treiben erwachsen sein mochten. Was immer diese Menschen auch dazu getrieben hatte, diese Platten zu retten, ob es nun ihre eigene Physis war oder eine unergründliche himmlische Macht, und welche Opfer sie auch immer gebracht haben - ich bin dankbar dafür, dass es überhaupt geschah.

FÜNFZEHN

Wer möchte schon eine Geschichte über einen Jungen hören, der sich Gitarre aus dem Lehrbuch beigebracht hat?

Michael Cumella, Jerron Paxton,
Kommerzialisierung, Whiskey, Brooklyn,
die Zukunft

Das East Ville Des Folies ist ein Bier- und Whiskey-Fest, das in der Webster Hall, einem Nachtklub und Konzertsaal, stattfand, der zumindest in den Neunzehnhundertzehner- und Zwanzigerjahren für seinen öffentlich gefeierten Hedonismus und seine hippe Klientel bekannt war. (Zu den Stammgästen gehörten angeblich F. Scott Fitzgerald, Man Ray und Marcel Duchamp.) Heute handelt es sich nur noch um einen durchschnittlichen Veranstaltungsraum für Mainstream-Musik in einem durchgentrifizierten Viertel von Downtown New York. Bemerkenswert sind einzig der höhlenartige Grundriss und die Toilettenwärter.

Das Festival hatte einen Speakeasy-Vibe – damit meine ich eine Vintage-Ästhetik im breitesten Sinne. Einige Gäste waren halb kostümiert: Zwanzigerjahre-Kleider aus Polyester, Melonen aus Filz. Aus mir unbekannten Gründen gehörten zum Live-Programm

Burlesque-Dancer, Trapezkünstler:innen und »Zirkusnummern«. Ich wollte dort Michael Cumella treffen, der das Antique Phonograph Music Program des Radiosenders WFMU moderiert und hier dafür bezahlt wurde, auf einer kleinen schwarzen Bühne als DJ auf zwei Phonographen zum Aufziehen 78er aus seiner Sammlung vorzuspielen.

Am Eingang bekam ich beim Einchecken einen kleinen Plastikbecher, in den ich mir Proben von Craft Beer oder Artisan Whiskey einschenken lassen konnte. Eine tückische Art, einen finsteren Winternachmittag zu verbringen. Ich schlängelte mich durch die Menge – das Event war ausverkauft – und drängelte mich zur Bühne durch, wobei ich auf halbem Weg Halt machte, um mir ein Schlückchen Rye zu beschaffen. Ich stellte mich Cumella vor, der Hosen mit hohem Bund trug, eine Fliege und Hosenträger. Er hatte eben einer jungen Frau auf samtenen Plateauschuhen den Phonographentrichter erklärt.

In den vergangenen paar Jahren war eine geradezu unersättliche Lust auf Maßgeschneidertes über New York und andere US-amerikanische Städte gekommen, samt einer Nostalgiewelle. Man befand sich ganz allgemein im Bann der Jahrzehnte vor dem Zeitalter der technischen Reproduzierbarkeit, als alles mit – so die Annahme – äußerster Sorgfalt handgefertigt worden war. Das ganze Ding war ziemlich schwammig. Es umfasste antike ausgestopfte Tiere, Edison-Glühbirnen, Emaille-Geschirr, alte Cocktail-Rezepte, roten Lippenstift, Hemdkleider mit niedriger Taille, Westen mit angeklemmten Taschenuhren und so weiter. Cumella hatte es vorhergesehen: Wer sich der neu-alten Ästhetik verschrieb, würde für Hochzeits- und andere Feste einen DJ brauchen. Nichts würde die Stimmung schneller verderben – einem gar den Whiskey Sour versauern – als ein iPod-Dock mit Kabelsalat. Er nannte seinen Service »Michael Cumella's Crank-Up Phonograph Experience« und versprach »einen Augen- und Ohrenschmaus für Ihre Gäste«. Er war bis ins Frühjahr ausgebucht.

Für 78er-Sammler auf New-York-Besuch durfte ein Auftritt in Cumellas Radiosendung nicht fehlen, und für Fans von Aufnahmen der Musik des frühen zwanzigsten Jahrhunderts, abgespielt auf ihrer Zeit gemäßem Gerät, war das Hörerlebnis ein Muss. Die meisten Sammler mieden die Original-Abspielgeräte, weil deren Tonarme – schweres, monolithisches Geäst – den Platten zu übel mitspielten und die Rillen ausmeißelten, aber Cumella blieb, was solche Schäden anging, ganz locker. »Ich bin nicht so der Denkmalschützer-Typ – ich bin mehr der fröhliche Verschleiß-Typ und habe mich immer offen so positioniert«, sagte er. Ihm gefiel das Synchrone daran. Im Studio von WFMU verwendete Cumella eine Victrola XIV, die ungefähr 1910 auf den Markt gekommen war, einen Phonographen des Modells Edison Standard D aus den Jahren 1908 bis 1911 und eine Victor IV aus ungefähr demselben Zeitraum (»Wahrlich wahr und echt – von der menschlichen Stimme nicht zu unterscheiden!«, hieß es in den ersten Anzeigen). Beim East Ville Des Folies generierte er mit seinem Set-up durchaus Publikum. Beschwipste Schaulustige wirkten geschockt, dass die Geräte »*real*« waren – das war das Wort, das sie wieder und wieder nutzten: »*Is this real?*«

Cumella spielte Tanzmusik der Jazz-Ära. Ein Mikrofon war in den Trichter gerichtet, und Musik ging über den Verstärker des Hauses. Ich sah ihm ein wenig bei der Arbeit zu, wie er Fragen beantwortete, 78er bereitlegte, seine Apparaturen aufzog. Eine Trödel-Nummer, aber mit Trödel, dessen Zeit gekommen war. Ich lehnte mich an die Wand und nippte an meinem exklusiven Whiskey.

Ein paar Monate darauf traf ich mich mit Michael Cumella in dem Café oben in der J&R Music World, dem massigen Relikt eines Elektrogeschäfts in Downtown Manhattan, gegenüber der City Hall. J&R hatte 1971 eröffnet und früher Platten verkauft. Heute verzog ich im Erdgeschoss angesichts der paar kaum besuchten

Ständer mit CDs und der vielen Regale voll mit angestaubtem Computerzubehör das Gesicht. Wir setzten uns an einen Tisch und bestellten Kaffee und Sandwiches. Cumella war unterwegs nach Brooklyn, wo er im neuen Wythe Hotel in Williamsburg eine Besprechung mit Eventmanagern hatte. Das Hotel, eröffnet im Frühjahr 2012, war sofort beliebt gewesen. Den ganzen Sommer über hatte sich eine schreckenerregend lange Schlange für die Rooftop Bar gebildet und aus dem Eingang heraus bis um die Ecke geschlängelt.

Das Schicksal der 78er im Zeitalter der Digitalisierung ließ sich schwer vorhersagen: Wie sehr würde man die Technologie zum Fetisch erheben, was würde verloren gehen?

Vor Kurzem waren mir im Großraum New York ein paar jüngere Sammler begegnet, darunter der Gitarrist Jerron Paxton, mit seinen dreiundzwanzig Jahren der jüngste von ihnen. Paxton war mir zum ersten Mal im Jalopy Theatre and School of Music begegnet, einem schick altmodischen kleinen Performance-Space an der Columbia Street in Red Hook, Brooklyn, ein paar Meter neben der gelb leuchtenden Einfahrt in den Brooklyn Battery Tunnel. Paxton gab Rudeln begieriger Nachwuchsmusiker (dem Augenschein nach vor allem bärtigen weißen Männern in Holzfällerhemden) Gitarren-Workshops im Stil der Größen des frühen Blues – an dem Nachmittag, als wir einander vorgestellt wurden, konzentrierte er sich ganz auf den Reverend Gary Davis, einen Fingerpicking-Spezialisten des Piedmont Blues aus South Carolina. Paxton trug weitgeschnittene Stoffhosen, edle braune Lederschuhe, ein weißes Hemd mit Buttondown-Kragen, eine graue Weste und eine schwarze Melone. Aus der Weste hing eine kurze Silberkette, an der er regelmäßig zupfte, um einen Blick auf eine Taschenuhr mit Gravur zu werfen.

Paxton war goldig und gutaussehend, in der Selbstdarstellung hoch kultiviert – ganz schön durchgestylt! –, aber als ich seinen Vornamen falsch aussprach, grinste er trotzdem und nannte mich *dumb fuck.* Er hatte einen tragbaren elektrischen Plattenspieler und eine kleine Kiste Schellackplatten mitgebracht, die er mir vorspielen wollte, und nach dem Unterricht stapften wir hinunter in die Kellerwerkstatt, wo Geoff Wiley, ein Mitbesitzer des Jalopy, Saiteninstrumente repariert und restauriert. Oben im Hauptraum unterrichtete eine junge Frau die Grundbegriffe der Gesangsharmonien, und durch die Bodendielen schwebten Ausschnitte früher Country-Standards herab - dargeboten von einem Dutzend Sänger:innen in der Ausbildung. Unter den handgefertigten Instrumenten und Ersatzteilen entdeckte Paxton ein gerahmtes Blatt einer Partitur - für »Colored Aristocracy«, einen alten Minstrel-Song - und schnappte nach Luft. »Scheiße, wo hast du das jetzt wieder her?«, fragte er Wiley, der zur Antwort nur lachte.

Paxton tritt unter dem Namen Blind Boy Paxton auf, und der Legende (und seiner Wikipedia-Seite) nach, begann sein Augenlicht im Alter von sechzehn Jahren zu schwinden. Auf Fotos kneift er oft die Augen zu - in Anlehnung an die Werbefotos, die in den Zwanzigerjahren des zwanzigsten Jahrhunderts von Blind Lemon Jefferson aufgenommen wurden -, kann aber offenbar gut genug sehen, um sich ohne große Hilfe bewegen zu können. Das Ganze hatte, wie viele seiner Fakten aus Eigenproduktion, einen Hauch von Trickserei. Paxton war in Watts in South Central Los Angeles von seinen Großeltern aus Louisiana großgezogen worden und war praktizierender Jude (unter seiner Melone trug er eine Kippa). Neben Schellackplatten sammelte er Partituren, antike Rasierer und Füllfederhalter. Paxton war gerissen, und bei seinen Auftritten pflegte er eine Art Akzent aus der Zeit vor dem amerikanischen Bürgerkrieg und sagte oft Dinge wie »Da ich nun ein farbiger Gentleman bin, muss ich ein bisschen Blues spielen.« Er hatte einen Abschluss vom Marist College im Bundesstaat New York, und im Jahr 2008 unterstellte er in einem Interview mit Eli Smith in der *Down Home Radio Show* geradezu, das Gitarrespielen bei Blind Blake gelernt zu haben, von dem Paxton außerdem behauptete, er sei 108 Jahre alt geworden. (Später gab er zu, es sei ein Witz gewesen: »Wer möchte schon eine Geschichte über einen Jungen hören, der sich Gitarre aus dem Lehrbuch beigebracht hat?«) Paxtons Nummer war mir irgendwie sympathisch – phasenweise erinnerte er mich an Faheys Schwindel mit Blind Joe Death und die Legendenbildung von Leuten wie Ramblin' Jack Elliot und Bob Dylan. Manches davon ging bestimmt auf Kosten seiner ernsthafteren Fans, aber Paxtons Gebaren war auch ein schönes Gegengewicht zu der Bedeutungsschwere, mit der Blues-Wissenschaft und -Leidenschaft so gern protzen.

Wieder und wieder spielte Paxton mir im Keller des Jalopy eine Platte vor und weigerte sich dann, mir Künstler oder Titel zu nennen. Aber er nahm mein Aufnahmegerät und legte es auf den Plattenspieler, damit ich eine gute Aufnahme des Songs besaß, die ich mir später anhören konnte, wenn ich wollte. Ich verstand – er fand, die Musik selbst sei die ganze Story.

Genau wie Joe Bussard reagierte auch Paxton auf seine Platten unmittelbar und instinktiv. Während sie sich auf dem Plattenteller drehten, griff er sich ans Herz, grinste und tanzte auf der Stelle. Besonders angetan war er von den Gospelsongs und Predigten der Neunzehnhundertzwanzigerjahre die erschwinglicher waren als Bluesplatten aus der Vorkriegszeit. Es ärgerte ihn, wie man diese Blues-78er zu Geld gemacht hatte. Er spielte mir eine 78er von Blind Joe Taggart und seiner Frau Emma vor. Taggart war ein Gospel-Shouter aus Chicago, der Ende der Zwanzigerjahre unter verschiedenen Namen aufgenommen hatte. »Das ist einer, der hat den Blues gesungen, und dann hat er mit seiner Frau einen Gospel gesungen, also ist das jetzt nichts mehr Wert«, sagte Paxton. »Was für eine Kackscheiße! Warum zahlt man für Blind Willie Johnson ein paar tausend Dollar, und das hier bekomme ich für dreißig?«

Paxton sagte, er sammele 78er zur Erbauung – um Songs zu lernen, ein besserer Musiker zu werden. Die Vorstellung vom Sammeln als konservatorischer Tätigkeit gab ihm nicht viel. »Meine

Kinder können mich mal, mir doch egal, ich will das für mich selbst – das gehört *mir*«, sagte er. »Wie heißt es im Neuen Testament, bei den Korinthern? ›Als ich ein Kind war, da redete ich wie ein Kind und dachte wie ein Kind und war klug wie ein Kind; als ich aber ein Mann wurde, tat ich ab, was kindlich war.‹ Ich will besser werden! Ich lerne was draus. Deshalb sammle ich Partituren – damit ich weiß, dass Reverend Gary Davis ›Candy Man‹ nicht geschrieben hat, dass Blind Blake nicht das geschrieben hat, wofür er so verehrt wird«, sagte er.

Er selbst würde es vermutlich nicht so ausdrücken, aber Paxton war an der akustischen Gitarre ein Virtuose. Bevor ein Freund mir eine Mail mit einem YouTube-Clip von einem seiner Auftritte schickte (Betreff: »Der ist fucking unglaublich«), hatte ich nie einen lebenden Musiker gehört, der den Country Blues mit so viel Schwung und Geschick spielte. Zusammen mit seinen Allüren ergab sich ein wirklich anziehendes, nahezu überwältigendes Bild, und ich musste wieder an die beschwipsten Gäste im East Ville Des Folies denken, wie sie auf Cumella und seinen Aufzieh-Phonographen zusprangen: »Ist das echt?«

Bei J&R Music World unterhielt ich mich mit Cumella über den Tex-Avery-Trickfilm »SH-H-H-H-H-H …«, in dem es eine mit der Okeh-Lachplatte unterlegte Szene gibt. »Ich weiß noch, dass ich gedacht habe: Was für eine merkwürdige Platte!«, sagte Cumella. »Wo kommt das jetzt her?« Cumella, heute fünfzig Jahre alt, hatte angefangen, auf privaten Flohmärkten Platten zu kaufen, und irgendwann auf DJ umgesattelt, zuerst mit LPs und 45ern. »Die Popmusik meiner Jugend interessierte mich auch ein bisschen, aber ich war damals auf ältere Popmusik aus«, sagte er. »Schmalziges Fünfzigerjahre-Zeug, dann die Hits der Vierziger, Bigband-Zeug – Glenn Miller, Artie Shaw, diese Leute. Danach wollte ich noch weiter zurück, in die Dreißiger, aber davon gab es nur wenige Wiederveröffentlichungen. Und wo waren die Zwanzigerjahre-Compilations?«

Er kaufte sich eine Victrola, und mit seinem Interesse an alter Musik wuchs auch sein Interesse an den alten Abspielgeräten. »Ich stellte sie zu Hause auf und legte Platten auf. Ich hatte keine Ahnung davon. Ich musste zum Recherchieren in die Bibliothek.« Es war, wie ich es in der Webster Hall gesehen hatte: Seine DJ-Nummer machte die Menschen oft perplex. Cumella erzählte mir, wie bei einem kürzlichen Auftritt ein Mann zu ihm gekommen sei und gefragt habe: »Was ist das denn, ein Xylophon?«

»Ich muss es den Leuten ständig erklären. ›Was ist das denn?‹ – ›Ist das echt?‹«, lachte er. »Ich bekomme haufenweise Hochzeits-Gigs. Ich habe ein Event in der Bibliothek für darstellende Künste im Lincoln Center gemacht, mit Platten aus deren Sammlung.« Einen Teil der plötzlichen Nachfrage schrieb Cumella »dem *Gatsby*-Ding« zu. »Wenn es etwas ist, dann eine Art Blitzeinschlag in die Kultur. Jetzt ist es allen bewusst und wird romantisiert«, sagte er. »Manchmal spürt man, die Zeit für ein bestimmtes Projekt ist *jetzt*. Keine Ahnung, was daraus wird, aber ich finde unfassbar, wie viel schon draus geworden ist.«

Ich glaubte nicht, dass die Schellackplatte für die trendbewusste Jugend bald die LP ersetzen würde, aber es kam mir vor, als lasse das Medium sich nicht zum Schweigen bringen, auf ganz eigene Art, und das verlieh ihm eine Art zeitlose Anziehungskraft - einer 78er und den Klängen darauf würde immer etwas tief Taktiles und Enigmatisches anhaften: Die Menschen möchten Dinge in die Hand nehmen. Wir möchten lernen und verwandelt werden.

Menschen wie Paxton und Cumella mögen heutzutage Sonderfälle sein, aber sie sind keine Parias; paradoxerweise wird gerade eine Subkultur, die sich gegen den Mainstream entwickelt hatte, von ihm vereinnahmt, wie es Subkulturen so oft geschieht. Lange haben vielbeachtete Exzentriker wie Tom Waits das Format interessant gemacht (im Jahr 2010 edierte Waits zusammen mit der Preservation Hall Jazz Band zwei frühe Gesänge von

Mardi-Gras-Indian-Chants auf Schellack, vermarktet im Paket mit einem Limited-Edition-Plattenspieler für 78er), heute schwärmen Gestalten wie Jack White (von den White Stripes, den Raconteurs, Besitzer des Labels Third Man Records) heftig davon.

Ende 2013 gab Third Man, gemeinsam mit Revenant Records, dem Wiederveröffentlichungslabel, das von John Fahey mitgegründet worden war und nun von seinem früheren Partner Dean Blackwood geleitet wurde, das erste Volume von *The Rise and Fall of Paramount Records* heraus, eine Sammlung von sechs LPs mit zwei vollendet gebundenen Ergänzungsbänden und achthundert MP3s auf einem USB-Stick in »kunstvoller Metallkassette«, die an das Wiedergabegerät eines alten Phonographen erinnerte. Das komplette Set steckt in einem wunderschönen Koffer aus Eichenholz mit aufgestempeltem Logo der Wisconsin Chair Company; es wiegt zehn Kilo, Verkaufspreis vierhundert Dollar. In jenem Herbst schmiss Third Man der Sammlung eine Premierenparty im Freeman's Restaurant, einer sogenannten »unbehauenen, klandestinen Colonial American Tavern« in einer finsteren Gasse der Bowery von New York, und ich tauchte mit Chris King dort auf, der an den Überspielungen beteiligt gewesen und mit dem Bus aus Virginia gekommen war. Die Szenerie war höchst verwirrend. Michael Cumella war als DJ engagiert worden, Jonathan Hiam hatte ihm aus der Sammlung der New York Public Library die 78er gebracht. Greil Marcus trug einen schwarzen Sweater. Junge Menschen lungerten herum, tranken *artisanal cocktails*, strichen sich die Bärte und zupften sich die Röcke zurecht.

Plötzlich erwachte in mir ein heftiger Beschützerinneninstinkt. Ich konnte auf diese ganze Subkultur nicht wirklich einen Anspruch erheben. Aber ich wollte, dass 78er mir - und allen, denen ich begegnet war - in einer sich beschleunigenden, raubtierhaften Welt weiter als privates Gegengift dienten. Ich wollte nicht, dass sie ein Teil dieser Welt wurden. Ich wollte, dass sie weiter uns gehörten.

Da musste ich an eine Szene gegen Ende von Steven Fatsis' Buch *Word Freak* denken, das von den Intrigen ehrgeiziger Scrabble-Spieler handelt. Plötzlich wird Fatsis klar, dass er jetzt zu den ihren zählt. »An manchen Tagen haben sie eindeutig vergessen, dass ich Journalist bin«, schreibt Fatsis über seine Studienobjekte. »Und an manchen Tagen habe ich es gewiss auch selbst vergessen.« Ich hatte da so einiges vergessen.

Im Jahr 1969 trieben sich der schwedische Volkskundler Bengt Olsson und sein Partner Peter Mahlin in Memphis einen Sommer lang im Umkreis der Beale Street herum, interviewten Blues-Musiker und nahmen sie auf. Bestimmt ein schweißtreibender, undankbarer Job. Im Jahr 1970 versammelte Olsson eine Auswahl dieser Interviews in einem schmalen, inzwischen vergriffenen Band mit dem Titel *Memphis Blues*. Darin gibt er ein Gespräch mit dem Gitarristen Furry Lewis wieder, der im Jahr 1893 in Greenwood, Mississippi, geboren worden war und später mit W. C. Handy gespielt hatte, einer Blues-Legende aus Memphis. Olsson hat die Texte nie stark nachbearbeitet – in Druck kam einfach, was er zusammengetragen hatte –, aber gegen Ende des Lewis-Kapitels gibt es ein Zitat, dass sich mir fest in die Hirnrinde eingegraben hat und dort in Endlosschleife läuft wie ein Koan: »Die Leute, mit denen ich rumgespielt habe, die sind jetzt alle ausgestorben«, sagt Lewis zu Olsson. »Und manchmal bekomme ich es selbst mit der Angst zu tun, weil es ganz so aussieht, als wenn ich der nächste bin. Wissen Sie, das ist komisch, aber du kannst eine Sache viele, viele Jahre lang machen, und sie sterben alle aus und du bist noch da«, fuhr er fort. »Wissen Sie, wenn man einfach mal drüber nachdenkt, dann ist das mehr als ein Spruch.«

Ich hatte darüber nachgedacht. Und ich wusste, dass sie alle noch da waren, vereint, in Schellack geprägt und in Papierhüllen gesteckt.

Ich konnte sie hören.

DANKSAGUNG

Ron Brown, Sarah Bryan, Joe Bussard, Michael Cumella, Sherwin Dunner, John Heneghan, Peter Honig, Robert Millis, Ian Nagoski, Richard Nevins, Jerron Paxton, John Tefteller, Jonathan Ward, Richard Weize, Pete Whelan und Marshall Wyatt haben mir ihr Leben und ihre Sammlungen geöffnet, und ohne sie wäre dieses Buch nicht möglich gewesen. Am meisten Dank schulde ich Chris King, einer Quelle, die zum Freund wurde. Chris war mit seiner Zeit, seinem Wissen und seinen Platten so freigiebig, dass ich ihm ein halbes Jahrhundert lang danken könnte und immer noch nicht das Gefühl hätte, genug gesagt zu haben.

Viele Menschen haben über Schellackplatten und ländliche US-amerikanische Musik sehr klug und gedankenvoll geschrieben – Stephen Calt, Samuel Charters, Eddie Dean, Sarah Filzen, Kurt Gegenhuber, Peter Guralnick, Marybeth Hamilton, Alan Lomax, Greg Milner, Robert Palmer, Simon Reynolds, John Jeremiah Sullivan, Alex van der Tuuk, Elijah Wald und Gayle Dean Wardlow bin ich für ihre Arbeit besonders dankbar.

Weiterer Dank geht an die folgenden Personen und Institutionen: die Anthology Film Archives, Susan Archie, Cary Baker, Andy Beta, David Bevan, Clarke Boehling, Delaney Britt Brewer, den Brooklyn Writers Space, Eden Brower, Donna Burrows-Hite, Daphne Carr, Guy Cimbalo, Aaron Cohen, John Cohen, das Colonial Pines Resort, die Columbia University, Kate DellaFera, Andy Downing, Charmagne Dutton, Chris Estey, David Evans, Will Georgantas, John Glynn, Brendan Greaves, Stuart Gunter, Jason Heuer, Jonathan Hiam, Karen Hibbert, Grant Hunnicutt, Charles Hutchinson, Elliot Jackson, das Jalopy Theatre and School of Music, John Kim, Fiana Kwasnik, Lance und April Ledbetter, David Linden, Angela Mack Reilly, Rachael Maddux, Luke McCormick, Mike McGonigal, Tom Moran, die New York Public

313

Library, Patty O'Toole, Jonathan Pace, Jeff Place, Jill Plevan, Jesse Poe, Sam Polcer, Kevin Rooney, Josh Rosenthal, Jeff Roth, Steve Sand, Doree Shafrir, Jennifer Shotz, Rani Singh, Kae und Joe Slocum, Alexia Smith, Aaron Smithers, die Southern Folklife Collection, Dan und Mary Lou Stetka, Elissa Stolman, Neil Sweeney, Mike Taylor, Ashford Tucker, Steve Weiss, Bruce und Gail Whistance, Gregory Winter und Rebecca Winters.

Mein Dank gilt allen Redakteur:innen, die mich über die Jahre gestärkt und hinterfragt haben, darunter David DeWitt, Stephanie Goodman, Sia Michael und Mary Jo Murphy bei der *New York Times*, Roger Hodge beim *Oxford American*, Steve Kandell bei *Buzz-Feed*, Charles Aaron und Caryn Ganz bei *Spin* und Ryan Dombal, Mark Richardson and Brandon Stousy bei *Pitchfork*. Außerdem Dank an Gregory Erickson, June Foley und alle anderen an der New York University, für ihr Mitgefühl und ihre Unterstützung und an meine Student:innen, die mich fordern, genauer und tiefer über Musik und das Schreiben zu reflektieren. Zusätzliche Wertschätzung gebührt Ryan Leas, der viele panische Nachrichten abfing, und August Thompson, der mir an dem Tag, an dem ich dieses Buch abschloss, einen Whiskey ausgab und mich dann beim Air-Hockey plattmachte.

Einige Abschnitte dieses Buchs erschienen zuerst im *Oxford American* und der britischen Musikzeitschrift *Loops*. Deren Redakteur:innen und Verleger:innen bin ich zu tiefem Dank verpflichtet.

Mark Sussman half mir mit dem Transkribieren und gab mir mehr als ein Mal weise Lektorenratschläge. Von Richard Lucyshyn stammen entscheidende frühe Änderungsvorschläge, und dann überzeugte er mich eine Woche vor meinem Abgabetermin, die Arbeit einzustellen und mit ihm an einer Sammlung von Prosagedichten »über Würstchen« zu arbeiten. Unter anderem deshalb bleibt er einer meiner liebsten Mitstreiter. Michael Washburn war der erste Mensch, der dieses Manuskript ganz gelesen hat; er ist nicht nur ein großartiger Autor und Leser, sondern auch ein hervorragender Saufkumpan und ich schulde ihm endlos viele Runden Eagle Rare. John O'Connor hat sich mit vielen frühen Kapiteln beschäftigt, viele Überarbeitungen überwacht und sich in vielen kritischen Augenblicken viele Peperoni-Pizzen mit mir geteilt. Auch Nathan Salsburg war ein beständiger und entscheidender Quell des Beistands, durch seine eigene Arbeit und weit darüber hinaus, und ich bin ihm für seine Freundschaft und Beratung wirklich endlos dankbar.

Reichhaltiger Dank gebührt meinem Agenten, Chris Parris-Lamb, der diese Idee ins Leben gerufen hat, und der ganzen Gernert Company für ihre Unterstützung und Ermutigung.

Zum Besten an diesem Projekt gehört die Zusammenarbeit mit dem unvergleichlichen Brant Rumble und den vielen außergewöhnlich liebevollen und gelehrten Menschen bei Scribner. Danke.

Meine Eltern, John und Linda Petrusich, und meine Schwester Alexandria sind die besten Menschen der Welt, und für alles, was sie für mich getan haben, kann ich ihnen gar nicht genug danken.

Schließlich und endlich Dank an Bret Stetka, den ich sehr liebe.

Einer von dreien auf der Welt. Oder warum ich kein Sammler wurde

Einen kurzen Moment im Leben habe ich eine Art Sammlergedanken gehabt, aber aus guten Gründen, und vielleicht weil ich Herr meiner Sinne geblieben bin, weil ich eine Art von Abgrund, Anziehung, etwas Kopfverdrehendes gespürt habe, etwas durch und durch Beängstigendes, eine Art Kontrollverlust, habe ich davon Abstand genommen, mehr: bin ich davor zurückgeschreckt. Ja, man nenne es, wie man wolle, Feigheit oder Überlebenstrieb.

Einmal stand ich auf dem Limburger Domfelsen und starrte die Felswand hinunter. Es war ein schöner Tag und wäre sicher ein verlockender Tod gewesen. Das ist dreißig Jahre her. Ich sprang nicht. Das war ein ähnlicher Moment.

Ich komme aus der Wetterau, einer Streuobstwiesenregion mitten in Hessen. Land und Kultur waren früher von Apfelwein geprägt. In meiner Jugendzeit trank man allerdings meist nur noch Apfelwein aus ortsfremden Großkeltereien in Flaschen. Das hatte wenig Ambiente. Zu Ambiente neigt der Wetterauer sowieso nicht.

Später zog ich nach Frankfurt. Dort begegnete ich dem Objekt der Begierde, um das es hier geht (damals war es noch keines), zum ersten Mal bewusst. Hin und wieder sah ich es in Apfelweinwirtschaften und begriff nicht sofort, was jenes Ding überhaupt darstellte. Leute - meist Männer, sie verkehrten häufiger in den Wirtschaften als Frauen - holten Leinensäckchen oder Filzfutterale aus ihrer Tasche (die Männer damals öfter noch aus der inzwischen wieder weitgehend ausgestorbenen Herrenhandtasche) und entnahmen ihnen kleine runde Scheiben aus Holz.

Schon die Art, wie sie diese Scheiben hervorholten, und dass diese überhaupt in schützender Hülle transportiert wurden, gab dem Vorgang etwas Zeremonielles, aus dem Alltag Herausgehobenes. Die Menschen pflegten einen Umgang mit jenen Scheiben, als handele es sich um etwas Sakrales. Vor allem aber erschienen mir diese Scheiben als etwas ganz Außerordentliches, weil sie eine Funktion ausübten, auf die ich nie gekommen wäre. Letzteres schon deshalb, da bei Weitem nicht die Mehrheit der Leute in den Wirtschaften mit diesen Holzscheiben hantierten, eher nur eine kleine Minderheit.

Es handelte sich bei diesen Scheiben, und dieses Wort musste ich erst einmal lernen, um Schoppendeckelchen. Ein solches ist ein flaches, rundes, gefrästes Stück Holz, das man auf das Apfelweinglas legt. Wozu macht man das? Zwei Hauptgründe: Erstens um das Apfelweinglas, sitzt man im Gastgarten unter Bäumen, vor Laub, Samen und so weiter zu schützen. Da kann so einiges hineinfliegen. Zweitens muss man sich vorstellen, dass man in Frankfurt oft recht eng am Büffet steht, gestikuliert und schwätzt, und gerade das ältere Publikum artikuliert mitunter ziemlich feucht. Dagegen schützt das Deckelchen ebenfalls.

Das Apfelweindeckelchen gehört zu diesen kleinen Dingen im Weltgefüge, die zu zahllosen Ausgestaltungen und Verzierungen anregen. Es gibt sie in unendlichen Formen und unendlicher Vielfalt. Man sieht eingefräste Zierkränze, unterschiedlichste Hölzer, manche sind getreppt, gefräst, vor allem aber haben viele eine Intarsie - meistens ein rundes Stück Metall, in das etwas eingraviert ist, schriftlich oder figürlich, es kann aber auch gusseisern und erhaben sein. Vor allem diese Einlage macht die Frankfurter Deckel zu einem Kosmos. Stadtveduten, Künstlermotive kamen auf die Deckelchen, ich besitze sogar eines, in den ein winziger Würfelbecher integriert ist, sodass man mit ihm Mäxchen spielen kann. Und natürlich haben durch die Jahrzehnte und inzwischen fast Jahrhunderte zahllose, oft schon gar nicht mehr existierende

Wirtschaften in Frankfurt und dessen direktem Umland Deckelchen mit dem Wirtshauslogo oder einem Abbild der Wirtshausfassade oder dergleichen produzieren lassen.

Je älter nun ein Deckelchen ist und je mehr erkennbare Geschichte es hat, desto wertvoller ist es für Sammler. Mit »erkennbare Geschichte« meine ich zum Beispiel Folgendes: Ein Deckelchen von 1970, der das Wirtshaus »Zum Feuerrädchen« auf der Textorstraße in Frankfurt abbildet, erzählt seine Geschichte von selbst. Dieses Deckelchen gab es nur zu einer bestimmten Zeit, nämlich eben um 1970, fünf Jahre später hatte das Feuerrädchen vielleicht schon andere Deckel machen lassen. Wer im Besitz eines solchen Deckelchens ist, hat es entweder damals in der Wirtschaft erstanden (und nicht etwa auf dem Weihnachtsmarkt oder in irgendeinem Touristenshop, wo völlig geschichts- und wertlose Ramschdeckelchen an die Fremden verkauft werden), oder er hat es von jemandem erworben oder geschenkt bekommen, der es damals im Feuerrädchen erstanden hat, oder das Deckelchen kam auf einen Antikmarkt und wurde, zwecks Preissteigerung, Feilschens etc., dort versetzt und so vom jetzigen Besitzer erstanden. So ein Deckelchen, sage ich, trägt seine Geschichte und seinen Wert in sich selbst.

Nehmen wir zum Vergleich mein Haupt-Alltags-Deckelchen, das ich in einem dieser Säckchen transportiere. Es besteht aus Nussbaumholz, hat drei Ringe und trägt als Intarsie eine Nobelpreis-Gedächtnis- (oder Ehren-)Münze mit dem Porträt Thomas Manns. Dieses hat ein mit mir bekannter Deckelchengestalter extra für mich angefertigt, es ist ein Unikat, auch die Münze hat er besorgt.

Dieses Deckelchen klingt nun zwar nach etwas ganz Besonderem, aber in der Frankfurter Szene werde ich damit überhaupt nicht beachtet, es hat nämlich keine Geschichte, ist ein bloßes Fantasieprodukt, nicht verwurzelt in Frankfurt, und weckt keinerlei Begehrlichkeiten. Vielleicht wird das Deckelchen in einigen

Jahrzehnten mal einen gewissen Wert haben, aber der wird ihm dann höchstens beigemessen werden, weil es »mal im Besitz des schon lange verstorbenen Frankfurter Schriftstellers Andreas Maier« gewesen war. Wenn mich dann überhaupt noch wer kennt.

»Von dem Maier?«

»Der noch die Wirtschaft ›Zu den Drei Steubern‹ gekannt hat, und bei dem man noch heute drüber lesen kann!«

»Sag bloß! Was soll'n des Deckelche kosten? Aber stimmt des auch werklich? Iss des werklich von dem Maier?«

Wert haben also nur alte Deckelchen mit eigener Geschichte, und da sind vor allem die Deckelchen längst vergangener Wirtschaften begehrt. Neulich hat mir ein alter Thüringer ein Deckelchen von eben jenem »Feuerrädchen« zumindest aus den Achtzigerjahren geschenkt. Der Wirt der Buchscheer hat mir einen Buchscheer-Deckel von 1976 überlassen, damals angefertigt zum hundertjährigen Jubiläum. Damit kann man schon eher renommieren als mit meinem Thomas-Mann-Deckel.

Wenn ich den Buchscheer-Deckel aufliegen habe, kommen stets geschwind ein paar Profis an, fragen, ob sie ihn sich mal anschauen dürfen, manche werden dann etwas neidisch, andere besitzen ihn ebenfalls und loben mich. Habe ich meinen Thomas Mann dabei, wird nur kurz registrierend draufgeschaut und kein Wort darüber verloren. Er findet außerhalb des Sammlerkosmos statt.

Es gab nun eine Zeit, etwa ab 2007, in der ich begann, in allen Wirtschaften, die ich abklapperte, die aktuellen Deckelchen zu kaufen. Da kamen vielleicht zwanzig zusammen, eine Art Grundstock, aber ich wollte nicht sammeln, sondern mein Vorsatz war: Immer wenn du in die betreffende Wirtschaft gehst, hast du höflicherweise auch das zugehörige Deckelchen dabei. Manchmal kaufte ich bloß neue Ziermotive, einmal zum Beispiel ein Deckelchen mit Rosen darauf (Porzellan) für meine Frau. Manchmal gefiel mir bei nichtintarsierten Deckelchen das besondere Holz, die Maserung. Bald war ich bei sechzig, siebzig Deckelchen, davon fünfzig

Prozent Neuproduktionen. Die Krönung waren zwei komplett handgeschnitzte Deckelchen von einem Bildhauer, vor allem eines davon (Kirschholz), es zeigt den Kopf des Campagna-Goethes, also mit Schlapphut. Von diesem Motiv existieren insgesamt nur drei Deckelchen, alle handgefertigt, ich hatte das Vorkaufsrecht und erwarb den schönsten, die beiden anderen Goethe-Kopf-Besitzer sind mir ebenfalls bekannt. Ich zahlte 120 Euro für das neue Stück.

Aber alle die erwähnten Deckel sind nichts wert. Sie haben keine Geschichte. Der Goethe-Deckel ist gerade einmal vier Jahre alt, ich kann ihn überdies nicht benutzen, weil er ständig eingeölt werden muss (sonst platzt Goethe die Nase oder wird schorfig), und der Ölgeruch überträgt sich auf den Apfelwein im Glas.

Es gibt nun eine Handvoll Leute in Frankfurt, die auf Deckelchen starren wie andere auf Rolex-Uhren. Sie haben den Sammlerblick, denn sie sammeln Deckelchen. Sie haben, metaphorisch gesagt, Nasen so scharf wie Spürhunde. Einer davon, der aggressivste (obgleich ein lethargischer Charakter, allerdings mit einem Hang, in gleichbleibend monotonem Tonfall zu monologisieren) grast Woche für Woche den Markt ab und zieht derzeit so ziemlich alles auf sich, was man bekommen kann. Natürlich werden zuerst ihm die meisten Angebote zugetragen, weil er der beste Käufer ist. Man kann dann erleben, wie er in jenem besagten Tonfall von seiner neuesten Beute erzählt, so als befinde er sich allein auf der Welt mit seinen Deckelchen und als habe keine andere Person ebenfalls Begehrlichkeiten.

Für mich wäre es vermutlich unerreichbar, auch nur an Deckelchen heranzukommen, die er sicherlich nur für unterklassig hält und die er halt auch mal so »nebenbei« mitgenommen hat.

Wenn er im Gespräch vor einem Menschen steht, steckt er hinten vier Finger in die Hose, umgreift von innen den Hosenbund, steckt dabei seinen Daumen von außen durch die hintere Gürtelschlaufe, in der dieser sich dann wie ein Wurm hin und her bewegt, und auf diese Weise hält er seine Hose fest, obgleich sie gar nicht rutscht. Es gehört eine gewisse Koordinierungsfähigkeit dazu, sich so in Hose und Gürtelschlaufe zugleich zu greifen. Er macht das blitzschnell, ähnlich wie Stan Laurel bei »Kniechen, Näschen, Öhrchen«. Beim ersten Nachahmungsversuch habe ich zwanzig Sekunden gebraucht, vor allem das mit dem Daumen muss trainiert werden. Wenn dieser Sammler um die Ecke gebogen kommt, stecken wir uns die Hand in die Hose und den Daumen in die Gürtelschlaufe, um uns darauf hinzuweisen, wer gerade kommt.

Während seine rechte Hand in der Hose gebunden ist, gestikuliert er mit der linken, er macht beim Sprechen meist aus dem Handgelenk heraus eine drehende Bewegung auf Mundhöhe. Man könnte nach ihm eine dieser Winke-Puppen gestalten, vorn eine Drehbewegung, hinten ein Hochziehen, vorn wieder ein Drehen usw. Das ist der erfolgreichste Deckelchensammler in Frankfurt. Er hatte früher nie etwas mit Apfelwein zu tun. Er war vielmehr Ingenieur und viel im Ausland. Als er sich zur Ruhe setzte, überlegte er, was nun Inhalt seines Lebens sein könnte. Das ist vielleicht sieben Jahre her. Damals wurde er zum ersten Mal beim Apfelwein gesichtet. Nun ist er im Besitz der vermutlich besten Deckelchen-Sammlung weit und breit.

Stets hat er Fünfzig-Euro-Scheine dabei. Es kommt jemand mit einem Deckelchen vorbei, sagen wir »Gaststätte zum Gemalten Haus« um 1960, und zack ist es verkauft. Er geht dabei, wenn es darauf ankommt, gnadenlos an die Fünfzig-Euro-Marke heran. Ich könnte nicht einmal den ungefähren Wert taxieren, und ich kann auch nicht Woche für Woche fünfzig Euro für Deckelchen ausgeben. Das heißt: Ich will es nicht. Es würde mir Angst machen.

Es gibt noch ein paar andere, denen die Deckelchen zuzufliegen scheinen und bei denen klar wird, dass man mit einer gewissen Verrücktheit Geld hinlegen muss, um sich so etwas wie eine ansehnliche Sammlung aufzubauen.

Als ich langsam begriff, wie es in der Deckelchen-Welt wirklich zugeht und dass ich mir zwar aus einer gewissen Liebhaberei inzwischen etwa hundert Deckelchen zugelegt hatte, aber ohne Sinn und Verstand und finanzielle Großwagnisse, sah ich mich vor folgende Situation gestellt: Ich hatte inzwischen gelernt, welche Deckelchen man begehrlich findet, und entwickelte natürlich dieselbe Begehrlichkeit. Mir war klar, wie teuer es würde, jeweils an ein solches Objekt heranzukommen, wenn man nicht schnell genug war. Ich brachte ein paar Adressen zusammen, über die es hieß, dort käme wöchentlich neue (also alte) Ware an. Zu welcher Adresse ich aber auch immer ging, es war stets bereits alles abgegrast. Ich informierte mich, zu welcher *Zeit* und an welchem *Tag* ich vorstellig werden müsste. Meistens hieß es, die jeweiligen Deckel seien schon für einen der drei, vier Hauptsammler in Frankfurt reserviert.

Nicht vorzustellen, zeitgleich mit einem dieser Profis vor demselben Deckel und Verkäufer zu stehen! Ich wäre gar nicht beachtet worden, es sei denn, ich hätte deutlich mehr Geld aus der Tasche gezogen. Dennoch hätten mich vermutlich alle übertrumpft und mir gezeigt, wo die Schranken sind. Vielleicht hätte ich mit Glück den einen oder anderen Deckel erobern können, aber eigentlich wollte ich mit solchen Leuten, die Woche um Woche umherziehen wie die Raubtiere, nicht konkurrieren. Vor allem schreckte mich diese eine Handbewegung ab, nein, ich meine nicht die am hinteren Hosenbund mit Daumen in der Schlaufe. Sondern dieses selbstverständliche Herausziehen von Fünfzig-Euro-Scheinen bei jeder Gelegenheit.

Es gibt natürlich, wie überall, so auch in Frankfurt Sammler, die sich vorsorglich gut Freund bei alten Gastwirten machen, deren Vertrauen gewinnen und nach deren Tod die ganze Wirtschaft leerräumen. Die kostenlos abgeräumten Deckelchen (oder auch Bembel etc.) kommen dann nach und nach auf den Markt und werden sofort von den Profis eingesackt.

Nein, mir liegt das nicht, sagte ich mir damals. Gar nicht erst in Konkurrenz kommen! Den anderen das Feld überlassen, komplett und schon im ersten Augenblick. Nicht vom Limburger Domfelsen springen!

Bis heute spüre ich einen kleinen stechenden Schmerz, wenn mir jemand mal wieder seine neue Errungenschaft zeigt, vielleicht einen uralten Deckel aus den »Drei Steubern«, jener Gastwirtschaft, die ich noch erleben durfte, die nun ebenfalls ausgeräumt und bereits sagenumwoben ist. Oder einen der Adler-Werke aus dem Dritten Reich. Oder von der Buchscheer *vor* 1976. Oder ... Oder ... Ich versuche dem (meistens etwas gezwungen) mit Gelassenheit zu begegnen. Manchmal lasse ich mich immer noch hinreißen und gebe sinnlos viel Geld für ein Deckelchen aus, weil ich meine, ich müsste es haben. Aber dann denke ich an einen Freund, der in Frankfurt sehr beliebt und sehr gut vernetzt ist und der nicht zu den Beutespähern gehört. Zu ihm werden die Deckelchen einfach so hingebracht, weil er so nett ist, er sammelt gar nicht aktiv, hat aber inzwischen ebenfalls eine gewaltige und sehr schöne Sammlung. Und weil die Leute wissen, dass er diese Sammlung hat, bringen sie ihm weitere Deckel, weil sie sie dort gut aufgehoben wissen. Einfach so.

Dieser Mensch hat immer Glück, wenn es um Deckelchen geht. Er ist mein Freund, und ich *will* ihn nicht beneiden. Mich freut *seine* Sammlung. Diese Freude verschafft mir Seelenfrieden und macht den Stachel kleiner. Und ins Grab kann ich sowieso nichts mitnehmen.

Und mir bleibt ja noch mein eingeölter Goethe, den ich alle Woche in die Hand nehme und bei dem ich dann immer den mir selbst unangenehm kiebigen Gedanken habe: »Ha, den haben nur drei Leute auf der Welt, und *ich* bin einer davon!«

Andreas Maier

AUSGEWÄHLTE DISKOGRAFIE

78 rpm

Kid Bailey, »Mississippi Bottom Blues« / »Rowdy Blues«, Brunswick 7114, 1929.

Blind Blake, »Miss Emma Liza« / »Dissatisfied Blues«, Paramount 13115, 1932.

Willie Brown, »M&O Blues« / »Future Blues«, Paramount 13090, 1930.

Bulawayo Sweet Rhythms Band, »Skokiaan« / »In the Mood«, London 1491, 1954.

Cincinnati Jug Band, »Newport Blues« / »George St. Stomp«, Paramount 12743, 1929.

Blind Uncle Gaspard, »Sur le Borde de l'Eau« / »Natchitocheo«, Vocalion 5333, 1929.

Red Gay and Jack Wellman, »Flat Wheel Train Blues Part 1« / »Flat Wheel Train Blues Part 2«, Brunswick 523, 1930.

King Solomon Hill, »My Buddy Blind Papa Lemon« / »Times Has Done Got Hard«, Paramount 13125, 1932.

Mississippi John Hurt, »Big Leg Blues«, Okeh (unveröffentlicht, Matrix 401474-A), 1928.

Mississippi John Hurt, »Blue Harvest Blues« / »Spike Driver Blues«, Okeh 8692, 1928.

Mississippi John Hurt, »Stack O'Lee Blues« / »Candy Man Blues«, Okeh 8654, 1928.

Frank Hutchison, »K.C. Blues« / »Hell Bound Train«, Okeh 45452, 1929.

Skip James, »Devil Got My Woman« / »Cypress Grove Blues«, Paramount 13088, 1931.

Skip James, »Drunken Spree« / »What Am I to Do Blues«, Paramount 13111, 1931.

Blind Lemon Jefferson, »That Black Snake Moan« / »Stocking Feet Blues«, Paramount 12407, 1926.

Robert Johnson, »Cross Road Blues« / »Ramblin' on My Mind«, Vocalion 03519, 1937.

Robert Johnson, »From Four Until Late« / »Hell Hound on My Trail«, Vocalion 03623, 1937.

Tommy Johnson, »Alcohol and Jake Blues« / »Riding Horse«, Paramount 12950, 1929.

Angelas LeJeune, »Perrodin Two Step« / »Valse de la Louisiane«, Brunswick 369, 1929.

Dennis McGee and Sady Courville, »Mon Chere Bebe Creole« / »Madame Young Donnez-Moi Votre Plus Jolie Blonde«, Vocalion 5319, 1929.

Arthur Miles, »The Lonely Cowboy Part 1« / »The Lonely Cowboy Part 2«, Victor 40156, 1929.

Chubby Parker, »Davey Crockett« / »His Parents Haven't Seen Him Since«, Conqueror 7895, 1931.

Chubby Parker, »Nickety Nackety Now Now Now« / »Whoa Mule Whoa«, Silvertone 5011, 1927.

Charley Patton, »High Water Everywhere Part 1« / »High Water Everywhere Part 2«, Paramount 12909, 1929.

Charley Patton, »Mississippi Boweavil Blues« / »Screamin' and Hollerin' the Blues«, Paramount 12805, 1929.

Charley Patton, »Pony Blues« / »Banty Rooster Blues«, Paramount 12792, 1929.

Charley Patton, »Some These Days I'll Be Gone« / »Frankie and Albert«, Paramount 13110, 1929.

Ma Rainey, »Ma Rainey's Mystery Record« / »Honey, Where You Been So Long?«, Paramount 12200, 1924.

Long Cleve Reed and Little Harvey Hull, the Down Home Boys, »Original Stack O'Lee Blues« / »Mama You Don't Know How«, Black Patti 8030, 1927.

Sylvester Weaver, »Guitar Blues« / »Guitar Rag«, Okeh 8109, 1923.

Geeshie Wiley, »Last Kind Words Blues« / »Skinny Leg Blues«, Paramount 12951, 1930.

Alexis Zoumbas, »Tzamara Arvanitiko« / »Syrtos Sta Dyo«, Columbia 56094-F, 1928.

Compilations auf Langspielplatte

The Country Blues, Folkways, 1959.

Country Blues Encores 1927–1935, Origin Jazz Library, 1965.

The Mississippi Blues, 1927–1940, Origin Jazz Library, 1963.

Really! The Country Blues, 1927–1933, Origin Jazz Library, 1962.

The Rise and Fall of Paramount Records Vol. 1, Revenant, 2013 (LP und MP3).

Robert Johnson: King of the Delta Blues Singers, Columbia, 1961.

The Rural Blues: A Study of the Vocal and Instrumental Resources, RBF, 1960.

Compilations auf CD

Aimer et Perdre: To Love & to Lose Songs (1917–1934), Tompkins Square, 2012.*

American Primitive, Vol. I: *Raw Pre-War Gospel (1926–1936)*, Revenant, 1997.

American Primitive, Vol. II: *Pre-War Revenants (1897–1939)*, Revenant, 2005.

The Anthology of American Folk Music, Smithsonian Folkways, 1997 (CD-Wiederveröffentlichung).

Five Days Married & Other Laments, Angry Mom, 2013.*

Fonotone: Frederick, Maryland 1956–1969, Dust-to-Digital, 2005.

Goodbye, Babylon, Dust-to-Digital, 2003.

Skip James: Hard Time Killin' Floor, Yazoo, 2005.

Robert Johnson: The Complete Recordings, Columbia, 1990.*

Mama, I'll Be Long Gone: The Complete Recordings of Amédé Ardoin, Tompkins Square, 2011.

Masters of the Delta Blues, Yazoo, 1991.

Mississippi John Hurt: 1928 Sessions, Yazoo, 1990.

Opika Pende: Africa at 78 rpm, Dust-to-Digital, 2011.

The Return of the Stuff That Dreams Are Made Of, Yazoo, 2012.

Screamin' and Hollerin' the Blues: The Worlds of Charley Patton, Revenant, 2001.

The Secret Museum of Mankind, Yazoo, 1995–1998.

The Stuff That Dreams Are Made Of, Yazoo, 2006.

Victrola Favorites: Artifacts from Bygone Days, Dust-to-Digital, 2008.

To What Strange Place: The Music of the Ottoman-American Diaspora, 1916–1929, Tompkins Square, 2011.*

Work Hard, Play Hard, Pray Hard: Hard Time, Good Time, and End Time Music, 1923–1936, Tompkins Square, 2012.*

Alexis Zoumbas: Lament For Epirus, 1926–1928, Angry Mom, 2014.*

(*auch auf LP veröffentlicht.)

ZITIERTE QUELLEN

Einige der im Text erwähnten Werke liegen in deutscher Übersetzung vor, direkte Zitate daraus wurden aus folgenden Büchern
übernommen, alle anderen Zitate hat der Übersetzer selbst aus
dem Englischen übertragen.

Das Motto von Robert Walser stammt aus dem Buch, *Das Beste,
was ich über Musik zu sagen weiss*, Berlin 2015, S. 18.

Das Zitat auf Seite 95 stammt aus Simon Reynolds, *Retromania –
Warum Pop nicht von seiner Vergangenheit lassen kann*, Mainz
2012, S. 120.

Das Zitat auf Seite 103 stammt aus Samuel B. Charters, *Der Country
Blues*, St. Andrä-Wördern 1994, S. 42.

Die Zitate auf Seite 188 stammen aus Rob Sheffield, *Love is a
Mixtape, Eine Geschichte von Liebe, Leid und lauter Musik*, Köln
2007, S. 37, S. 29.

Das Zitat auf Seite 218 stammt aus T. S. Eliot, »Das wüste Land«,
in: *Neue Schweizer Rundschau*, Heft 4,1, 1927, S. 374.

Die Zitate auf S. 236 stammen aus Elijah Wald, *Vom Mississippi
zum Mainstream: Robert Johnson und die Erfindung des Blues*,
Berlin 2012, S. 29, S. 35, S. 333.

Das Zitat auf Seite 240, ebd., S. 306.

Zitat auf S. 241. ebd., S. 318.

Das Zitat auf Seite 242 stammt aus Keith Richards, *Life*, Mün-
chen 2010, S. 130.

Das Zitat auf Seite 259 stammt aus William Shakespeare, »Julius
Caesar«, in: ders., *William Shakespeare, sämtliche Werke 2*,
Frankfurt am Main 2010, S. 2110-2111.

Das Zitat auf Seite 294 stammt aus Reynolds, *Retromania*, Mainz
2012, S. 118.

INHALT

Amanda Petrusich, 1980 geboren, und lebt in Garrison. Sie ist Mitarbeiterin bei *The New Yorker* und schreibt für *Pitchfork*, *The New York Times*, *Spin*, *The Atlantic* sowie andere Musikmagazine. Sie veröffentlichte die Bücher Nick Drake's *Pink Moon* (33⅓ series) und *It Still Moves. Lost Songs, Lost Highways, and the Search for the Next American Music*, lehrt Musikkritik an der NYU Gallatin School und wurde 2019 für den Grammy nominiert.

Robin Detje, 1964 in Lübeck geboren, war nach einer Schauspielausbildung als Autor und Kritiker für Zeitungen wie *DIE ZEIT* tätig. 2014 wurde er mit dem Preis der Leipziger Buchmesse für die Übersetzung *Europe Central* von William T. Vollmann ausgezeichnet.

Christoph Dallach, 1964 geboren, arbeitet als Journalist für *Spiegel Online* und *ZEITMagazin*. In seinem ersten Buch *Future Sounds* schreibt er über Krautrock.

Andreas Maier, 1967 in Bad Nauheim geboren, studierte Philosophie und Germanistik, anschließend Altphilologie. Er lebt zurzeit bei Frankfurt am Main.

Diese Publikation erscheint in der Reihe *Die Ganze Welt*, herausgegeben und gefördert von Jan Szlovak.

Umschlaggestaltung: Dirk Lebahn, Berlin
Satz: Tom Mrazauskas, Berlin
Druck und Bindung: Pustet, Regensburg

ISBN 978-3-7518-0392-2

www.matthes-seitz-berlin.de